Karin Böllert · Nina Oelkers (Hrsg.)

Frauenpolitik in Familienhand?

Karin Böllert
Nina Oelkers (Hrsg.)

Frauenpolitik in Familienhand?

Neue Verhältnisse in Konkurrenz,
Autonomie oder Kooperation

VS VERLAG FÜR SOZIALWISSENSCHAFTEN

Bibliografische Information der Deutschen Nationalbibliothek
Die Deutsche Nationalbibliothek verzeichnet diese Publikation in der
Deutschen Nationalbibliografie; detaillierte bibliografische Daten sind im Internet über
http://dnb.d-nb.de abrufbar.

1. Auflage 2010

Alle Rechte vorbehalten
© VS Verlag für Sozialwissenschaften | GWV Fachverlage GmbH, Wiesbaden 2010

Lektorat: Stefanie Laux

VS Verlag für Sozialwissenschaften ist Teil der Fachverlagsgruppe
Springer Science+Business Media.
www.vs-verlag.de

Umschlaggestaltung: KünkelLopka Medienentwicklung, Heidelberg
Druck und buchbinderische Verarbeitung: Ten Brink, Meppel
Gedruckt auf säurefreiem und chlorfrei gebleichtem Papier
Printed in the Netherlands

ISBN 978-3-531-16564-6

Inhalt

Einleitung: Frauenpolitik in Familienhand?

Karin Böllert & Nina Oelkers

Gegenwärtig ist ein enormer Aufschwung der Familienpolitik zu beobachten. Die Folgen des demographischen Wandels, die Notwendigkeit des Ausbaus von Kindertagesstätten, die Forderungen nach familienfreundlichen Bildungs- und Arbeitsbedingungen sind gleichermaßen Anlass für familienpolitische Debatten und die Etablierung entsprechender Initiativen und Angebote. Familie rückt dabei insgesamt stärker in das Zentrum des öffentlichen Interesses. Vergleichbares ist für den Bereich der Frauenpolitik nicht festzustellen. Geschlechterfragen werden stattdessen im Kontext der Thematisierung von Familie für Frauen und Männer gleichsam mit beantwortet.

In dem vorliegenden Band werden aktuelle Tendenzen des familialen Wandels, der Familienpolitik und der Frauenpolitik analysiert und miteinander in Beziehung gesetzt. Im Fokus der Analyse steht das Verhältnis von Familien- und Frauenpolitik sowie Fragen nach politisch konstituierten Geschlechterverhältnissen.

Ausgehend von der politischen (Mit-)Konstruiertheit von Geschlechterverhältnissen sind diese auch den jeweils vorherrschenden Familienpolitiken unterworfen bzw. werden durch diese strukturell konstituiert. Je nach familienpolitischen Leitbildern und Motiven in der Ausrichtung von Maßnahmen, Programmen und Gesetzgebung geht es beispielsweise eher um die Belange einzelner Mitglieder von Familie also um die individuellen Rechte von Frauen, Männern und Kindern oder eher um Familie als ‚Ganzes‘. Dabei zeigt sich mit dem gegenwärtigen postwohlfahrtsstaatlichen Rückbau, dass ‚Familie‘ als Ressource wieder verstärkte politische Aufmerksamkeit gewinnt. Die Rechte von Frauen, Kindern und Jugendlichen bzw. Frauenpolitik und Kinder- und Jugendpolitik werden unter einer Familienpolitik subsumiert bzw. von dieser überlagert. Die Rahmenbedingungen für Familien sind trotz anders lautender familienrhetorischer Forderungen nach mehr Geschlechtergerechtigkeit insofern auf ein traditionelles Familienmodell ausgerichtet, als es zwar einerseits um die Förderung der Vereinbarkeit von Familie und Erwerbstätigkeit und dabei insgesamt um die Durchsetzung der Zweiverdiener-Ehe geht, andererseits die Bewältigung der hiermit einhergehenden familialen Aufgaben u. a. des Zeitmanagements, der außerinstitutionellen Kinderbetreuung, des Ausbalancierens von familienbezogenen und arbeitsmarktförmigen Erwartungen und Bedürfnissen einseitig den Frauen in Familie aufgebürdet wird. Der institutionelle Kontext ist nach wie vor durch eine unzureichend ausgebaute und in ihren Zeitpolitiken unzureichende Kinderbetreuung (insbesondere für Kinder unter drei Jahren) und ein entsprechend fehlendes flächendeckendes Angebot an Ganztagsschulen geprägt.

Eine Rollenverteilung: Mann, als erwerbstätiger Vater und Frau, als (teilzeit-)er-
werbstätige Mutter und Hausfrau wird von der Familienpolitik begünstigt, indem
Familienpolitik notwendige Veränderungen der institutionellen Rahmung von Familie und die Forderungen nach einer familienfreundlichen Gestaltung des Arbeitsmarktes weitgehend ausblendet und dabei eine an Gleichberechtigung orientierte
Rollenverteilung als individuelle Herstellungsleistung von Familie, die es zu aktivie-
ren gilt, betrachtet. Finanziellen Risiken, die mit der Gründung einer Familie einhergehen, werden zudem im Kontext wohlfahrtsstaatlichen Wandels nicht mehr mit
Sicherheit abgefedert und für Frauen durch das neue Unterhaltsrecht sogar verschärft. Die öffentliche Verantwortung für die Lebensgestaltungsmöglichkeiten in
Familien wird insgesamt zurückgenommen und damit ist von neuen Wechselwirkungen und Überkreuzungen von sozialen Ungleichheiten und Differenzen in familialen Kontexten auszugehen.

  Der erste Teil der Beiträge fokussiert Familienpolitik als *vergeschlechtlichte Wohl-*
fahrtsproduktion. Ausgehend von einer post-wohlfahrtlichen Transformation des
Sozialen werden die Neuordnung familialer Arrangements, die veränderte familien-
und geschlechtsspezifische Wohlfahrtsproduktion im Kontext Sozialer Arbeit sowie
die gewandelten Geschlechterverhältnisse und Ungleichheiten in den Mittelpunkt
gestellt.

  Nina Oelkers und *Martina Richter* thematisieren den (politisch gesteuerten) Zusammenhang einer Neuordnung des Familialen und sogenannter Post-Wohlfahrtsstaatlichkeit, in dessen Zuge Sicherheiten brüchig, wohlfahrtsstaatliche Leistungen abgebaut und soziale Risiken refamilialisiert werden. Die Reprivatisierung
und Refamilialisierung von Verantwortung wird als Übertragung von Verantwortung in den privaten und familialen Kontext gefasst, wobei vor allem Frauen von
den Prozessen der Refamilialisierung betroffen sind. Soziale Arbeit erfährt in diesem Kontext eine fragwürdige Aufgabenzuweisung und Aufwertung.

  In dem Beitrag von *Catrin Heite* werden der Zusammenhang von historischen
und aktuellen Frauenpolitiken, die Denkweise von ‚Frauenberufen‘ und die derzeitig
stattfindende postwohlfahrtstaatliche Aufwertung von Familie aufgezeigt. Dies
geschieht aus einer professionstheoretischen Perspektive entlang der Ungleichheitskategorie Geschlecht. Da im Handlungsfeld Soziale Arbeit mehrheitlich weibliche
Personen tätig sind, wird davon ausgegangen, dass diese innerhalb der geschlechterhierarchischen Arbeitsmarktstrukturen weniger anerkannt und als so genannte
‚Semi-Professionelle‘ abgewertet werden. Im Hinblick auf den Paradigmenwechsel
von der wohlfahrtsstaatlichen Fürsorge hin zur post-wohlfahrtsstaatlichen Selbstsorge professionalisiert sich derzeit die Soziale Arbeit als Aktivierungsinstanz und
erfährt damit eine Aufwertung. Catrin Heite problematisiert in diesem Kontext,
dass mit dem verstärkten Appell an die Eigenverantwortung und die Selbstsorge der
Gesellschaftsmitglieder im Post-Wohlfahrtsstaat die Soziale Arbeit sich selbst de-
professionalisiert.

Birgit Riegraf geht in ihrem Beitrag auf die wiederkehrende Diskussion um Intersektionalität ein. Im Verlauf dieser Debatten haben ein Paradigmenwechsel und Perspektivenerweiterungen stattgefunden, die u. a. auf die theoretischen und methodologischen Diskurse in der Frauen- und Geschlechterforschung und auf gesellschaftliche Umbrüche zurückzuführen sind. Die Frage nach der Relevanz von Überschneidungen und Wechselwirkungen von sozialen Ungleichheiten und Differenzen für politische Konzepte, Strategien und Programme ist zentral, da der politische Umgang mit dem analytischen Konzept der Intersektionalität sich als problematisch darstellt: Verschiedenen Formen von Diskriminierung kann anscheinend nicht mit denselben Politiken und Strategien begegnet werden, da dadurch wiederum neue Ungleichheiten erzeugt würden. Dies stellt Wirtschaft, Politik und Verwaltung vor große Herausforderungen.

Karin Jurczyk untersucht die Intention der Ansätze einer 'neuen' Familienpolitik kritisch. Zentraler Ausgangspunkt ihrer kritischen Analyse ist, dass diese Ansätze Geschlechtergerechtigkeit zwar mit einbeziehen, aber dennoch die soziale Lage der Geschlechter in Bezug auf die Wechselwirkungen und Überkreuzungen von sozialen Ungleichheiten und Differenzen unberücksichtigt lassen. Familienpolitik ist damit in der Implementierung ihrer Strategien von Widersprüchen geprägt. Die Erreichung einer gleichen Teilhabe von Frauen und Männern unterschiedlicher Schichten und Ethnien wird zur aktuellen Herausforderung einer Familienpolitik, die nachhaltig und demokratisch für Rahmenbedingungen sorgt, welche es ermöglichen, Familie in all ihren Facetten zu leben.

Johannes Hüning und *Corinna Peter* veranschaulichen, inwiefern Soziale Arbeit Familie und die Rolle der Frau bzw. Mutter in der Familie aus der Perspektive der Kinder- und Jugendhilfe heraus in den Fokus nimmt. Sozialer Arbeit als signifikantem Element des wohlfahrtsstaatlichen Gefüges kommt im Familien-Diskurs eine prägende Rolle zu. Ausgehend von der sozialen Konstruktion von Familie werden die heterogenen Handlungsoptionen Sozialer Arbeit bzw. der Kinder- und Jugendhilfe im Hinblick auf Familie und die Stärkung der Interessen und Wünsche von Frauen kritisch in den Blick genommen.

Die Beiträge im zweiten Teil des Buches stellen die *Familienverhältnisse* – die Verhältnisse in den Familien und die familiale Arbeitsteilung in den Fokus. Ausgehend von geschlechtsspezifischen Aufgabenzuweisungen in Familie und Gesellschaft geht es um die Vereinbarkeit von Familie und Beruf, um die Verteilung der Hausarbeit im Eheverlauf und die Rolle der Kindertagesbetreuung sowie um das analytische Konzept hegemonialer Männlichkeit.

Dass eine vorrangig am Ausbau der Kindertagesbetreuung interessierte Familienpolitik dem Anspruch, wirkungsvoll zu einer gleichberechtigten Bewältigung der Vereinbarkeitsproblematik von Familie und Erwerbstätigkeit beitragen zu können, nicht gerecht werden kann, zeigt *Karin Böllert* in ihrem Beitrag. Eine solchermaßen verkürzte Familienpolitik blendet sowohl die strukturellen Veränderungsnotwendigkeiten des Arbeitsmarktes als auch die subjektiven Bedürfnisse und Interessen von Familie aus. Hinzu kommt, dass eine vorrangig an institutionellen Rahmungen von Familie interessierte Familienpolitik dethematisiert, dass auch in den männlichen Rollenerwartungen und Familienvorstellungen die Orientierung an herkömmlichen Geschlechterrollen dominiert.

Florian Schulz und *Hans-Peter Blossfeld* richten ihren Blick auf die Arbeitsteilung zwischen den Geschlechtern innerhalb von Familie, über die im zeitlichen Verlauf sehr wenig bekannt ist. Basierend auf einer Längsschnittstudie, dem Bamberger Ehepaar-Panels (BEP), werden theoretische Erklärungsansätze zur geschlechtsspezifisch innerfamilialen Arbeitsteilung kritisch geprüft.

Michael May betrachtet die Diskussion um das Konzept der hegemonialen Männlichkeit in der BRD in ihren unterschiedlichen theoretischen Bezugspunkten. Darüber hinaus analysiert er das gegenwärtige Verhältnis von Frauen- und Familienpolitik aus hegemonietheoretischer Sicht. Zentral sind dabei Fragen nach den aktuellen hegemonialen Formen von ‚Mütterlichkeit' und ‚Väterlichkeit'. Insbesondere die ungleichen (Lebens-) Situationen und Handlungsoptionen von Frauen und Männern werden abgebildet und als Ausgangspunkt für eine Reformulierung des Konzepts der hegemonialen Männlichkeit unter Einbeziehung familaler Aspekte thematisiert.

Ausgehend von der nordrhein-westfälischen Landespolitik analysiert *Bernt-Michael Breuksch* die veränderten Aufgaben der Kindertagesbetreuung und fokussiert seinen Beitrag in juristischer Perspektive auf die Frage, ob die Kindertagesbetreuung familienergänzende oder familienersetzende Funktionen hat. Gefragt wird dabei u. a. danach, ob rechtlich Möglichkeiten bestehen, Kindertagesbetreuung als verpflichtend in Anspruch zu nehmende Leistung zu institutionalisieren bzw. eine ‚Kindergartenpflicht' in den Fällen anzuwenden, in denen Familien ihren Aufgaben der Betreuung, Erziehung und Bildung von Kindern nicht nachkommen können.

Insgesamt veranschaulichen die Beiträge dieses Bandes die Widersprüchlichkeiten der gegenwärtigen Familienpolitik durch ihre Einbindung in postwohlfahrtsstaatliche Programmatiken. Der gewachsenen Bedeutung von Familienpolitik auf der einen Seite steht die Vernachlässigung von Fragen und Inhalten der Frauenpolitik und der Geschlechtergerechtigkeit auf der anderen Seite gegenüber. Soziale Arbeit als eine verstärkt auf Familie bezogene Institution steht in diesem Kontext vor einer doppelten Herausforderungen. Eingebunden in wohlfahrtsstaatliche Politiken wird sie einerseits zu einer Repräsentantin der aktuellen Familienpolitik, andererseits besteht genau hierin die Gefahr, erreichte Fortschritte im Leistungsspektrum und in der Professionalisierung zugunsten der Etablierung als individualisierende Aktivierungsagentur aufzugeben.

Als Herausgeberinnen möchten wir uns bei allen Autorinnen und Autoren herzlich für die gute Zusammenarbeit bedanken. Unser besonderer Dank gilt der Gleichstellungsbeauftragten der Westfälischen Wilhelms-Universität, Frau PD Dr. Christiane Frantz für die finanzielle Unterstützung der diesem Band zugrunde liegenden Ringvorlesung.

I Familienpolitik –
vergeschlechtlichte Wohlfahrtsproduktion

Die post-wohlfahrtsstaatliche Neuordnung des Familialen

Nina Oelkers & Martina Richter

Zur Einleitung

Der Titel „Frauenpolitik in Familienhand" verweist auf den Trend, frauen- bzw. geschlechterpolitische Themen zunehmend einer familienpolitischen Ausrichtung zu unterwerfen. Zum Ausdruck kommt diese Orientierung als Teil des neoliberalen bzw. neosozialen Diskurses in aktuellen Vorschlägen im Zuge der sogenannten Finanzkrise: „In der Krise wird die Erwerbstätigkeit erheblich sinken. Warum nutzen wir dies nicht familienpolitisch, indem sich junge Paare jetzt den Kinderwunsch erfüllen?" (BILD 18.05.2009). So zitiert die BILD den Präsidenten des Instituts für Wirtschaftsforschung Halle (IWH) Ulrich Blum. Wenn junge Frauen aufgrund des Konjunktureinbruchs ihre Erwerbsarbeit verlören oder keine Arbeit fänden, dann sollten sie die Krise zum Kinderkriegen nutzen. Damit der Anreiz zum Wagnis der Familiengründung etwas höher und die ‚finanziellen Risiken' verringert würden, solle der berufstätige Partner einen besseren Kündigungsschutz erhalten (vgl. ebd.).

Der Hinweis auf die ‚finanziellen Risiken', die mit der Gründung einer Familie einhergingen, deutet zumindest an, dass Sicherheiten zunehmend brüchig werden: Die wohlfahrtsstaatlichen Leistungen, die soziale Risiken von Familien bisher deutlich abfederten, z.B. bei Arbeitslosigkeit, Trennung und Scheidung der Eltern etc., erfahren einen weitreichenden Umbau. Im Zuge dieses Umbaus wird der vormals aktiv Leistungen erbringende Wohlfahrtsstaat zunehmend in ein neues Arrangement des Sozialen überführt, das auch als post-wohlfahrtsstaatlich bezeichnet werden kann (zur Post-Wohlfahrtsstaatlichkeit s. auch Kessl/Otto 2009; Oelkers 2009).

In diesem Zusammenhang erfahren Strategien der Aktivierung und ‚Verantwortlichung' des einzelnen gegenüber rechtlich verbrieften Leistungen eine Aufwertung. Die Zuschreibung von Verantwortung bzw. die ‚Responsibilisierung' insbesondere von Familien fungiert dabei als sozialstaatlicher Regulationsmodus (vgl. Heidbrink 2003). Soziale Risiken werden verstärkt ins Private verschoben, so dass gegenwärtig von Prozessen einer ‚Refamilialisierung' zu sprechen ist, die vor allem Frauen betreffen. Offensichtlich münden die Ende des 18. Jahrhunderts mit der Etablierung wohlfahrtsstaatlicher Leistungen verbundenen Prozesse einer so genannten ‚Defamilialisierung' oder auch ‚Dekommunitarisierung', verstanden als „Abbau familialer und gemeinschaftlicher Abhängigkeiten und Zwänge" (Ullrich 2005, S. 109), zunehmend in einen Prozess der gesellschaftlichen Refamilialisierung.

Das heißt, die aus sozialstruktureller Benachteiligung resultierenden klassen- und geschlechtsspezifischen Zumutungen werden (wieder) verstärkt zum Privatproblem erklärt (vgl. Pühl 2003) oder mit den Worten von Sabine Sauer (2008): gerade „Geschlechterungleichheit bildet eine Ressource der Transformation von Staatlichkeit" (ebd., S. 239) und wird damit zur Grundlage gegenwärtiger post-wohlfahrtsstaatlicher Kontexte.

(Post-)Wohlfahrtsstaatlichkeit und Familie

Wohlfahrtsstaatlichkeit und Familie standen und stehen in einem politisch gesteuerten Zusammenhang. Als eine wesentliche Funktion des wohlfahrtsstaatlichen Arrangements des Sozialen gilt seine legitimierende und pazifizierende Wirkung (vgl. Kaufmann 1997). Wie Franz-Xaver Kaufmann argumentiert, entfalte das wohlfahrtsstaatliche Arrangement diese Wirkungen dadurch, dass es die sozialen Bedingungen der Wohlfahrtsproduktion gewährleiste und zugleich bestimmte private Lebens- und Familienformen stabilisiere, in deren Rahmen jene Humanvermögen (re-)produziert würden, die von verschiedenen Gesellschaftsbereichen beansprucht werden. Eine Erzeugung ‚normaler' Verläufe dieser Lebensformen sei dabei ein wesentlicher Gegenstand von Familienpolitik. Tatsächlich liegen dem gesamten wohlfahrtsstaatlichen Arrangement diesbezüglich bestimmte normative wie empirische Normalitätsannahmen zu Grunde, insbesondere die „der dauerhaften Erwerbstätigkeit der Männer bei lediglich sporadischer Erwerbstätigkeit der Frauen, der Selbstverständlichkeit des Eheschlusses und der Familiengründung für beide Geschlechter sowie einer interfamilialen Arbeitsteilung im Sinne des Modells der Hausfrauenehe" (Kaufmann 1997, S. 60). Die starke Orientierung an der traditionellen Kernfamilie findet sich daher gerade in der Glanzzeit des Wohlfahrtskapitalismus.

Aufgrund post-wohlfahrtsstaatlicher Transformationsprozesse erscheint der Wohlfahrtsstaat auch und gerade für Familien nicht mehr als Garant für soziale Unterstützungsleistungen, die im Bedarfsfall i.d.R. zuverlässig erwartbar waren und damit als Voraussetzung für ökonomische und soziale Stabilität gelten konnten. Dies spiegelt sich in den aktuellen Lebensbedingungen von Familien wieder: So lebt in Deutschland ein gutes Drittel aller kindergeldberechtigten Kinder in Familien mit einem jährlichen Haushaltseinkommen von unter 16.000 Euro (vgl. Deutscher Bundestag 2006). „Das durchschnittliche Haushaltsnettoäquivalenzeinkommen von Familien auf Basis der europaweit harmonisierten Erhebung EU-SILC beträgt nach den zuletzt verfügbaren Daten für das Jahr 2005 16.556 Euro. [.] Alleinerziehenden-Haushalte und Haushalte mit drei und mehr Kindern weisen dabei im Durchschnitt mit etwa 77% bzw. 87% die niedrigste Einkommensposition auf" (BMAS 2008, S. 85). Die Armutsrisiken für Familien treten insbesondere dann auf, wenn der ‚Nor-

malverlauf' durch Arbeitslosigkeit, Trennung und Scheidung ‚gestört' wird: „Wenn
die Eltern nach einer Familiengründung bzw. nach der Geburt eines weiteren Kindes mittelfristig keine neue stabile Balance zwischen Erwerbs- und Familienarbeit
finden, werden bestehende oder neu auftretende Armutsrisiken verstärkt. Wird im
Falle von Arbeitslosigkeit, Trennung oder Scheidung keine neue familiäre Stabilität
mit Unterhaltsleistungen und wirtschaftlicher Unabhängigkeit gefunden, kann dies
ebenso zu Armut und Ausgrenzung bzw. deren Verfestigung führen" (BMAS 2008,
S. 85). Steigende Arbeitslosenzahlen und Scheidungshäufigkeit lassen einen hohen
Problemdruck auf familiale Arrangements vermuten. „Vor dem Hintergrund der
Erosion von ‚Normallagen' im Bereich Familie, des Rückgangs der Familiengröße
und ihrer Stabilität, der erhöhten Scheidungszahlen, des Anstiegs der Zahl alleiner-
ziehender Eltern, weniger Geburten und der wachsenden Bedeutung nichtehelicher
Lebensgemeinschaften scheint die Entwicklung von Selbstregulierungsmechanis-
men wenig wahrscheinlich. Ebenso ist eine systematische Übernahme familialer
Aufgaben durch andere Lebensgemeinschaften kaum zu erwarten" (Gerlach 2000,
S. 140). Gleichzeitig oder besser aufgrund dieser Entwicklungen gewinnt ‚Familie'
als Ressource (wieder) eine verstärkte sozialstaatliche und sozialpolitische Aufmerksamkeit, genauer die familiale Zuständigkeit für die Bewältigung sozialer Probleme.
Dieser verstärkte politische Rückgriff auf Familien lässt sich als Refamilialisierung
und Reprivatisierung von sozialer Verantwortung fassen, wobei sich dieser eben
nicht geschlechtsneutral vollzieht und sich damit auch Fragen der ‚Re-Genderisierung' stellen (vgl. dazu Heite in diesem Band). Im Kontext postwohlfahrtsstaatlicher Transformationen geraten machtanalytische und ungleichheitssensible Perspektiven an den Rand sozialpolitischer Auseinandersetzung (vgl. Richter 2004).

Reprivatisierung und Refamilialisierung von Verantwortung

Die sozialpolitische Forcierung von Verantwortung als aktive persönliche Eigenverantwortung und normative individuelle Selbstverantwortung begründet sich darin,
dass die BürgerInnen dazu gebracht werden sollen, sich um ihre persönlichen Belange und sozialen Aufgaben selbst zu kümmern. „Der Verantwortungsbegriff dient
dem Zweck, die Gesellschaftsmitglieder zu aktivem und engagiertem Verhalten zu
bewegen und sie notfalls – falls dies nicht geschieht – für ihr sozialschädliches Handeln mit entsprechenden Sanktionen zur Rechenschaft zu ziehen" (Heidbrink 2006,
S. 26). Im Kontext sozialpolitischer Rhetorik wird dabei der Begriff der Eigenverantwortung regelmäßig genutzt, um Leistungskürzungen zu legitimieren (vgl. Kaufmann 2006, S. 53).
　　Verantwortungszuschreibung und Verantwortungsübernahme stellen einen
Modus sozialer Steuerung in unüberschaubar komplexen Handlungszusammenhän-
gen dar (vgl. Kaufmann 2006, S. 54). Familie bietet einen solchen unüberschaubaren

komplexen Handlungszusammenhang, der sich aus der Perspektive politischer
Steuerung als sperrig erweist. Kaufmann (1995, S. 219) beschreibt Familie als „historisch wandelbares, kulturgeprägtes, umweltabhängiges und politikresistentes Phänomen", welches im Wesentlichen über seine Umweltabhängigkeit Ansatzpunkte
für sozialpolitische Gestaltungsabsichten bietet. So sollten sich „[p]olitische Maßnahmen [.] auf die institutionellen Voraussetzungen und Opportunitätsstrukturen
[richten], unter denen konkrete Familien sich bilden, die für ihre Entwicklung notwendigen Ressourcen gewinnen, ihr Leben führen und damit die gesellschaftlich
erwünschten Leistungen in mehr oder weniger erfolgreicher Form erbringen"
(Kaufmann 1995, S. 190). Eine solche politische Steuerung über die ‚Umweltabhängigkeit' von familialen Lebensführungsweisen erfolgte im wohlfahrtsstaatlichen
Arrangement des Sozialen, zumindest so erfolgreich, dass sich die traditionelle Familienmodell des ‚männlichen Brotverdieners' und der ‚weiblichen Hausfrau' weitestgehend durchsetzen konnte und sich auch weiterhin, geänderter Einstellungen
zum Trotz, hartnäckig hält (vgl. Schulz/Blossfeld in diesem Band).

Im Kontext post-wohlfahrtsstaatlicher Transformation werden die Rahmenbedingungen für familiale Lebensführungsweisen dahingehend verändert, dass die
‚Umweltsteuerung' über soziale Leistungen zurückgebaut wird. Familie, als unüber-
schaubarer komplexer Handlungszusammenhang, wird dabei zum Gegenstand
responsibilisierender Strategien. Die Reprivatisierung und Refamilialisierung von
Verantwortung als Übertragung derselben in den privaten und familialen Kontext,
erweist sich für eine steigende Zahl von Familien als Überforderung, wenn einerseits das familiale Netzwerk und die privaten Ressourcen nicht (mehr) zur Bewältigung der zunehmenden strukturell bedingten Probleme ausreichen und andererseits
soziale Leistungen reduziert werden. Die Übertragung von Verantwortung steht im
engen Zusammenhang mit Aktivierungsstrategien. ‚Aktivierung' meint hierbei „die
Zuschreibung von Verantwortung auch unter Bedingungen, unter denen wir nach
üblicher Betrachtung gerade nicht in der Lage sind, wirklich Verantwortung zu
übernehmen. Aktiviert ist nicht nur der, der tatsächlich ‚aktiv' und erfolgreich zu
agieren versteht, sondern auch derjenige, der dabei scheitert, resigniert und sich dies
nun zurechnen lassen muss" (Kocyba 2004, S. 20f).

Die gegenwärtige Re-Formulierung sozialstaatlicher Unterstützungsstrukturen,
die mit einer stärkeren Überantwortung von sozialen Risiken an familiale und auch
andere informelle Netzwerke verbunden ist, ist dabei keineswegs generell als Rückzug des Staates und mithin eine Reduktion staatlicher Macht zu begreifen. Es zeigt
sich vielmehr eine „Transformation des Politischen" (Lemke/Krasmann/Bröckling
2000, S. 26), die zu Verschiebungen des Verhältnisses von öffentlicher und privater
Sphäre führen und als modifizierte Form der Aufgabendelegation zwischen Staat
und Familien gefasst werden kann (vgl. Böllert 2008).

Diese Verschiebung sozialer Risiken ins Private betrifft in hervorgehobener
Weise bspw. die durch Frauen geleistete Care-Arbeit: „Privatisierung von Care-

Arbeit heißt sowohl Refamilialisierung wie auch Vermarktlichung bzw. Kommodifizierung" (Sauer 2008, S. 243). Mit der zunehmenden ‚Be-Grenzung' des Wohlfahrtsstaates findet eine Redefinition der Privatheit von Frauen statt. Privatheit wird „als Sphäre der Selbstbestimmung prekarisiert, wie nicht zuletzt der demographische Diskursdruck deutlich macht" (ebd., S. 243). Mit einer nach wie vor schlecht bezahlten Fürsorgearbeit stellt Politik gegenwärtig neue Geschlechterverhältnisse in der so genannten Privatheit her: „Die soziale Verantwortung für die kommenden ebenso wie die Reproduktion gegenwärtiger Generationen bleibt an das weibliche Geschlecht gebunden, wenn auch mit Unterschieden in Bezug auf die Klassenposition und den ethnischen Hintergrund von Frauen" (Sauer 2008, S. 243).

Post-wohlfahrtsstaatliche Neuordnung des Familialen und Soziale Arbeit

Im Kontext eines post-wohlfahrtsstaatlichen Arrangements versteht Sozialpolitik ihre Aufgabe keineswegs mehr primär in der Durchsetzung einer bestimmten Form der Reproduktionssicherung, sondern es geht vielmehr darum, einen Rahmen herzustellen, innerhalb dessen sich verschiedene Reproduktionsweisen herausbilden können, die mit der Gesellschaftsform weitgehend kompatibel sind oder dieser zumindest nicht widersprechen (vgl. Schaarschuch 1990). Die sozialpolitische Förderung und Stützung der ‚Normalfamilie' als zwingende Voraussetzung für den Wohlfahrtsstaat wird zunehmend hinfällig, plurale familiale Lebensweisen erfahren eine zunehmende Legitimation. Diese findet ihren Ausdruck bspw. in neueren Gesetzesentwürfen (vgl. zum neuen Kindschaftsrecht Oelkers 2007).

Der in diesem Zusammenhang seit den späten 1970er Jahren des 20. Jahrhunderts geführte Diskurs um eine Pluralisierung und Individualisierung familialer Lebensformen bezieht sich dabei nicht lediglich auf eine vermehrte Vervielfältigung familialer Lebenskonzepte (vgl. Beck 1983; Peuckert 2007; Lange/Lettke 2007), sondern er ist verknüpft mit der nicht unstrittigen Annahme einer zunehmenden Autonomie der Individuen in der Wahl ihrer Lebensführungsweisen „jenseits von Stand und Klasse" (Klein et al. 2005; Hartmann 2002). Dieser scheinbare Zuwachs an Freiheit und Autonomie geht zugleich einher mit erhöhten Anforderungen an die eigene Leistung und Verantwortung. Die Zuschreibung von Verantwortung bezieht sich dabei zugleich implizit auf die Idee freier und rational handelnder Individuen, denen vermeintlich eine zunehmende Autonomie in der Wahl ihrer Lebensführung offen stünde (vgl. Klein et al. 2005; Hartmann 2002, 2009). Zwar erfahren – wie bereits oben angedeutet – familiale Lebensformen wie z. B. Alleinerziehende auf normativer Ebene eine deutlichere gesellschaftliche Anerkennung, zugleich unterliegen die verschiedenen familialen Lebenskonzepte aber einer unterschiedlichen Bewertung. Diese Differenzierungsprozesse sind auch als machtvolle Hierarchisierungsprozesse zu begreifen, also als eine Besser- beziehungsweise Schlechterstellung familialer Lebensformen, die sich nicht zuletzt in materiell benachteiligten Existenzweisen ausdrücken, denn die ‚Kosten' einer nicht ‚vollständigen' Familienkonstellation werden der einzelnen ‚privat' überantwortet. Damit findet nicht zuletzt ein früherer und auch stärkerer Rückgriff auf Familien statt (vgl. Rosenbaum/Timm, 2008).

Der tendenziellen Ausdifferenzierung familialer Lebensarrangements und der damit verbundenen Vervielfältigung von Problemlagen steht ein Rückbau von wohlfahrtsstaatlichen Unterstützungsarrangements gegenüber, deren prekarisierende Wirkungen gerade auch Familien erreichen, da der Blick weniger auf die Voraussetzungen gerichtet wird, einen differenten Lebensentwurf zu realisieren. Im Post-Wohlfahrtsstaat steht somit weniger die institutionelle Absicherung eines öffentlich verfassten Normalisierungssystems im Vordergrund staatlicher Steuerung, sondern es geht darum, die „Freiheit zur Differenz" (Kessl/Plößer 2009; i.E.) zu ermöglichen. Die Orientierung auf ein allgemein gültiges Normalitätsmodell verliert an Bedeutung. Staatliche Regulierung richtet sich weniger auf normierende und fürsorgliche Eingriffe in die Lebensführungsweisen, demgegenüber rücken Eigeninitiative und Eigenverantwortung in den Vordergrund. Nun ist aber Eigenverantwortung eben keineswegs voraussetzungslos: „Die Ausbildung einer Verantwortungskultur erfordert institutionelle Voraussetzungen sowie eine hinreichende Verbreitung von kulturellem und ökonomischem Kapital. Erst dies bringt eine Infrastruktur der Verantwortungskultur mit entsprechend günstigen verantwortungsgenerierenden Dispositiven, Praktiken einer arbeitsteiligen Verantwortung und Bestimmung der Reichweiten, identifizierbaren Akteuren und rational gerechtfertigten Kriterien auf den Weg" (Maaser 2006, S. 78).

In dem hier skizzierten Kontext wäre als ein erster Schritt in Richtung angemessener Gestaltung staatlich-öffentlicher Verantwortung anzuerkennen, dass die Gestaltung von familialen Lebenslagen in der Regel nicht (ausschließlich) individuell zu verantworten, sondern in massivem Umfang gesellschaftlich bedingt ist (vgl. Marquard 2008). Dazu ist auch eine Familienpolitik notwendig, die den individuellen Bedürfnissen und Rechten einzelner Familienmitglieder (unabhängig von familialen Arrangement) Rechnung trägt sowie eine Soziale Arbeit, die sich im Zuge einer gegenwärtigen Konjunktur von Eigenverantwortungsprogrammen im sozialen Sektor nicht als Aktivierungs- und Responsibilisierungsinstanz im Kontext einer Produktion des Sozialen be- bzw. – vernutzen lässt (vgl. Chassé 2008; Richter et al. 2009). Zumal sich gegenwärtig eine verstärkte Aufwertung Sozialer Arbeit als ‚unterstützungskompetente Profession' zeigt, da sie eben jene aktivierenden Strategien zur Hand hat, die der Förderung von Eigenverantwortung, sozialem Engagement, Eigeninitiative und Selbstvorsorge dienen (vgl. Dollinger 2006a). Damit besteht zugleich die Gefahr, dass sie einer Verantwortungsaktivierung als post-wohlfahrtsstaatliche Aufgabenzuweisung auf den Leim geht, anstatt die Möglichkeiten dieser

„paradoxale(n) Anerkennung" (Kessl/Otto 2004, S. 451) für eine sozialpolitische (Neu)Positionierung im Hinblick auf die Herstellung einer ungleichheitssensiblen Neuordnung des Familialen zu ergreifen, gegenüber einer „Pädagogisierung sozialer Bedarfs- und Problemlagen" (Galuske 2008, S. 11). Zwar ist Soziale Arbeit „nicht im Steuerungszentrum der Gesellschaft angesiedelt" (ebd., S. 25), nichtsdestotrotz bleibt ihr die Chance der aktiven politischen und fachlichen Einmischung, was zugleich bedeutet, „einen ehrlichen, ideologiekritischen Umgang mit den eigenen Angeboten und Programmen [vorzunehmen]), auch und gerade mit den autoritären Zumutungen der neuen, aktivierenden Sozialstaatspolitik" (ebd.).

Literatur

Beck, Ulrich (1983): Jenseits von Stand und Klasse? Soziale Ungleichheit, gesellschaftliche Individualisierungstendenzen und die Entstehung neuer sozialer Formationen und Identitäten. In: Kreckel, Reinhard (Hrsg.): Soziale Ungleichheiten. Göttingen, S.35-74. (Soziale Welt, Sonderband 2)

Bundesministerium für Arbeit und Soziales (BMAS) (2008): Lebenslagen in Deutschland. Der 3. Armuts- und Reichtumsbericht der Bundesregierung. Berlin

Böllert, Karin (Hrsg.) (2008): Von der Delegation zur Kooperation. Bildung in Familie, Schule, Kinder- und Jugendhilfe. Wiesbaden

Chassé , Karl August (2008): Wandel der Lebenslagen und Kinderschutz. Die Verdüsterung der unteren Lebenslagen. In: Widersprüche, 28. Jg., Heft 109, 71 – 83

Dollinger, Bernd (2006a): Zur Einleitung: Perspektiven aktivierender Sozialpädagogik. In: Dollinger, Bernd/ Raithel, Jürgen (Hrsg.): Aktivierende Sozialpädagogik. Wiesbaden, S. 7-22

Dollinger, Bernd (2006b): Prävention. Unintendierte Nebenfolgen guter Absichten. In: Dollinger, Bernd/ Raithel, Jürgen (Hrsg.): Aktivierende Sozialpädagogik. Wiesbaden, S. 145-154

Deutscher Bundestag (2006): Steuerliche Entlastung von Ehen und Familien. Antwort der Bundesregierung auf die Kleine Anfrage der Abgeordneten Dr. Barbara Höll, Dr. Axel Trost, Werner Dreibus, anderer Abgeordneter und der Fraktion Die LINKE. BT-Drucksache 16/2213, 18. Juli 2006

Galuske, Michael (2008): Fürsorgliche Aktivierung – Anmerkungen zu Gegenwart und Zukunft Sozialer Arbeit im aktivierenden Staat. In: Bütow, Birgit/ Chassé, Karl August/ Hirt, Rainer (Hrsg.): Soziale Arbeit nach dem Sozialpädagogischen Jahrhundert. Opladen und Farmington Hills. S. 9-28

Gerlach, Irene (2000): „Generationsgerechtigkeit im politischen Prozeß? Familienpolitik und die Frage des staatlichen Rückzugs". In: Gerlach, Irene/ Nitschke, Peter (Hrsg.): Metamorphosen des Leviathan? Staatsaufgaben im Umbruch. Opladen. S. 125-142

Hartmann, Jutta (2002): Vielfältige Lebensweisen. Dynamisierungen in der Triade Geschlecht – Sexualität – Lebensform. Kritisch-dekonstruktive Perspektiven für die Pädagogik. Opladen

Hartmann, Jutta (2009): Familie weiter denken – Perspektiven vielfältiger Lebensweisen für eine diversity-orientierte Theorie und Praxis Sozialer Arbeit. In: In: Beckmann, Christof/ Otto, Hans-Uwe/ Richter, Martina/ Schrödter, Mark (Hrsg.): Neue Familialität als Herausforderung der Jugendhilfe, Neue Praxis Sonderheft 9, S. 65 – 75

Heidbrink, Ludger (2003): Kritik der Verantwortung. Zu den Grenzen verantwortlichen Handelns in komplexen Kontexten. Weilerswist

Heidbrink, L.udger (2006): Verantwortung in der Zivilgesellschaft. In: L. Heidbrink/ A. Hirsch (Hg.): Verantwortung in der Zivilgesellschaft. Frankfurt a. M./ New York. S. 13-35.

Kaufmann, Franz-Xaver (1995): Zukunft der Familie im vereinten Deutschland, München.

Kaufmann, Franz-Xaver (1997): Herausforderungen des Sozialstaates. Frankfurt a. M.

Kaufmann, Franz-Xaver (2006): „Verantwortung" im Sozialstaatsdiskurs. In: In: Heidbrink, Ludger/Hirsch, Alfred (Hrsg.): Verantwortung in der Zivilgesellschaft. Frankfurt/Main, New York, S. 39-60

Kessl, Fabian/ Otto, Hans-Uwe (2009): Soziale Arbeit ohne Wohlfahrtsstaat? In: Kessl, Fabian/ Otto, Hans-Uwe (Hrsg.): Soziale Arbeit ohne Wohlfahrtsstaat? Zeitdiagnosen, Problematisierungen und Perspektiven. Weinheim und München. S. 7-21

Kessl, Fabian/Otto, Hans-Uwe (2004): Soziale Arbeit. In: Krüger, Heinz-Hermann/ Grunert, Cathleen (Hrsg.): Wörterbuch Erziehungswissenschaft. Wiesbaden. S. 446-452

Kessl, Fabian/ Plößer, Melanie (Hrsg.) (2009): Differenzierung, Normalisierung, Andersheit. Soziale Arbeit als Arbeit mit den Anderen. Wiesbaden. i.E.

Klein, Alex/ Landhäußer, Sandra/ Ziegler, Holger (2005): The Salient Injuries of Class: Zur Kritik der Kulturalisierung struktureller Ungleichheit. In: Widersprüche, 25. Jg., 98, S. 45-74

Kocyba, Hermann (2004): Aktivierung. In: Bröckling, Ulrich/ Krasmann, Susanne/ Lemke, Thomas (Hrsg.): Glossar der Gegenwart. Frankfurt a. M. S. 17-22

Lange, Andreas/ Lettke, Frank (2007): Familie und Generation. Frankfurt a. M.

Lemke, Thomas/ Krasmann, Susanne/ Bröckling, Ulrich (2000): Gouvernementalität, Neoliberalismus und Selbsttechnologien. In: Bröckling, Ulrich/ Krasmann, Susanne/ Lemke, Thomas (Hrsg.): Gouvernementalität der Gegenwart. Frankfurt a. M. S. 7-40

Maaser, Wolfgang (2006a): Aktivierung der Verantwortung: Vom Wohlfahrtsstaat zur Wohlfahrtsgesellschaft. In: Heidbrink, Ludger/Hirsch, Alfred (Hrsg.): Verantwortung in der Zivilgesellschaft. Frankfurt/Main, New York, S. 61-84

Marquard, Peter. (2008): Fördern – Fordern – Kontrollieren. Anmerkungen zu Ambivalenzen der aktuellen Kinderschutzdebatte. In: FORUM Jugendhilfe Heft 4/2008. S. 55-61.

Oelkers, Nina (2007): Aktivierung von Elternverantwortung. Zur Aufgabenwahrnehmung in Jugendämtern nach dem neuen Kindschaftsrecht. Bielefeld

Oelkers, Nina (2009): Die Umverteilung von Verantwortung zwischen Staat und Eltern – Konturen post-wohlfahrtsstaatlicher Transformation eines sozialpädagogischen Feldes. In: Kessl, Fabian/ Otto, Hans-Uwe (Hrsg.): Soziale Arbeit ohne Wohlfahrtsstaat? Zeitdiagnosen, Problematisierungen und Perspektiven, Weinheim und München. S. 71 – 86

Peuckert, Rüdiger (2007): Zur aktuellen Lage der Familie. In: Ecarius, Jutta (Hrsg.): Handbuch Familie. Wiesbaden. S. 36 – 56

Pühl, Katharina (2003): Geschlechterpolitik im Neoliberalismus. In: Widerspruch, 23. Jg., 44, S. 61-83

Richter, Martina/ Beckmann, Christof/ Otto, Hans-Uwe/ Schrödter, Mark (2009): Neue Familialität als Herausforderung der Jugendhilfe. In: Beckmann, Christof / Otto, Hans-Uwe / Richter, Martina/ Schrödter, Mark (Hrsg.): Neue Familialität als Herausforderung der Jugendhilfe, Neue Praxis Sonderheft 9, S. 1-14

Richter, Martina (2004): Zur (Neu)Ordnung des Familialen. In: Widersprüche, 24. Jg., Heft 92, S. 7-16

Rosenbaum, Heidi/ Timm, Elisabeth (2008): Private Netzwerke im Wohlfahrtsstaat. Familie, Verwandtschaft und soziale Sicherheit im Deutschland des 20. Jahrhunderts. Konstanz

Sauer, Birgit (2008): Formwandel politischer Institutionen im Kontext neoliberaler Globalisierung und die Relevanz der Kategorie Geschlecht. In: Casale, Rita/ Rendtorff, Barbara (Hrsg.): Was kommt nach der Genderforschung? Zur Zukunft der feministischen Theoriebildung. Bielefeld. S. 237-254

Schaarschuch, Andreas (1990): Zwischen Regulation und Reproduktion, Gesellschaftliche Modernisierung und die Perspektiven sozialer Arbeit. Bielefeld

Ullrich, Carsten G. (2005): Soziologie des Wohlfahrtsstaates. Frankfurt/Main, New York

Soziale Arbeit – Post-Wohlfahrtsstaat – Geschlecht. Zum Zusammenhang von Professionalität und Politik

Catrin Heite

„Frauenpolitik in Familienhand?" – diese Frage verweist auch auf die Trias von Sozialer Arbeit, Post-Wohlfahrtsstaatlichkeit und Geschlecht, die sich als analytisch ertragreiche Systematisierung professionstheoretischer Überlegungen anbietet. In dieser Systematisierung lässt sich Soziale Arbeit erstens bereits historisch als Teil von Frauenpolitik und zweitens aktuell als so genannter Frauenberuf in den Blick nehmen. Diese Perspektive wird im Folgenden mit der für Soziale Arbeit bedeutsamen Frage verbunden, inwiefern hier historische und aktuelle Frauenpolitiken, die Denkweise von ‚Frauenberufen' und die derzeit zu verzeichnende post-wohlfahrtsstaatliche Aufwertung von Familie miteinander verwoben sind.

Frauen- und familienpolitische Rahmungen

Die Ungleichheitskategorie Geschlecht, die Politikfelder Frauen und Familie sowie das Praxis- und Theoriefeld Soziale Arbeit stehen in einem Zusammenhang, der sich ausgehend von der Strukturkategorie Geschlecht analytisch entfalten lässt. Geschlecht verstanden als einer von vielen Generatoren sozialer Ungleichheit, mit dem zum Beispiel das Verhältnis zwischen öffentlich und privat bestimmt wird, ist das klassische Analyseobjekt der Frauen- und Geschlechterforschung. Diese formierte sich in Form des „academic turn" (Hark 2005) der zweiten westlichen Frauenbewegung und fragt seit ihrer Entstehung nach den strukturellen und individuumsbezogenen Relevanzen der Ungleichheitskategorie Geschlecht. In Kritik an klassenanalytischen Überpointierungen der Ungleichheitsforschung untersucht sie Wechselwirkungen mit anderen Kategorien sozialer Benachteiligung wie Klasse oder „Rasse". Damit wurde die Kategorie Geschlecht nicht als lediglicher „Nebenwiderspruch", sondern als gleich gewichteter Ungleichheitsgenerator in den Blick von Forschung und Theoriebildung genommen. Als solcher Ungleichheitsgenerator ist Geschlecht auch eine der bedeutsamsten Kategorien in der historischen Entstehung und der aktuellen Situation Sozialer Arbeit im Kontext post-wohlfahrtsstaatlicher Transformationsprozesse. Bei der folgenden Inblicknahme dieser Relevanz der Kategorie Geschlecht wird für die historische ebenso wie für die aktuelle Rekonstruktion eine professionstheoretisch orientierte Analyse vorschlagen, die nach den jeweiligen Statuspositionierungen Sozialer Arbeit und ihrer Einbettung in sozial-, frauen- und familienpolitische Entwicklungen fragt.

Wird also die Kategorie Geschlecht analysiert als ein wirkmächtiger Ungleichheitsgenerator, der die Lebenschancen von Menschen wesentlich bestimmt, entlang
dem gesellschaftliche Arbeitsteilung organisiert, die Grenzen zwischen privat und
öffentlich konstruiert, Ausbeutungsverhältnisse formiert und Herrschaftsstrukturen
reproduziert werden, erscheint sie als wirkmächtige *Ausschluss*kategorie, welche die
Genusgruppe Frau systematisch benachteiligt. An dieser systematischen Benachteiligung und Ausbeutung setzen Theorien und Interventionen der ersten ebenso wie
der zweiten westlichen Frauenbewegung und der damit verbundenen Analyse und
Theorie an. In Kritik an der ausschließenden, patriarchale Herrschaft sichernden
Funktion wird die Kategorie Geschlecht resp. die Kategorie ‚Frau' als *Aneignungs*kategorie thematisiert: Geschlecht und „Frau-Sein" wird mit der Forderung nach
Unterlassung und Aufhebung von entsprechenden Benachteiligungen, Ausschlüs-
sen, Ausbeutungen und Diskriminierungen verbunden. Dies impliziert auch die
differenzfeministische Strategie, politische Forderungen mit dem Verweis auf ‚besondere weibliche Qualitäten' zu fundieren, wie sich dies beispielsweise in der –
auch feministisch äußerst kontrovers geführten Debatte – um eine vermeintliche
spezifisch weibliche Moral der Fürsorglichkeit und Empathie ausdrückt (vgl. u. a.
Nunner-Winkler 1991). Ein historisches Pendant dieser differenzpolitischen Strategie ist die Emanzipationsstrategie der ersten westlich-bürgerlichen Frauenbewegung,
die mit dem Konzept *Geistige Mütterlichkeit* auch für die Entstehung Sozialer Arbeit
bedeutsam ist.

Historische Rekonstruktion

In der wechselseitigen Verbindung der entstehenden Sozialen Arbeit mit der ersten
bürgerlich-westlichen Frauenbewegung lässt sich die Relevanz der Ungleichheitskategorie Geschlecht für Soziale Arbeit nachzeichnen. Mit der Emanzipationsstrategie
Geistige Mütterlichkeit nutzten die bürgerlichen Frauen des 19. Jahrhunderts das hegemoniale Weiblichkeitskonzept als aneignendes Machtmittel, um gegen den Ausschluss von politischer Partizipation, Bildung und Hochschulbildung sowie aus den
Professionen vorzugehen. Analytisch betrachtet zeigt Geschlecht sich hier sowohl
als die Kategorie, mit der der Ausschluss begründet wurde als auch als die Kategorie, mit der die Frauenbewegung gegen eben diesen Ausschluss argumentierte. Frauenpolitisch ging es der Bewegung darum, sich insbesondere mittels der Aufwertung
‚spezifisch weiblicher Kompetenzen' einen Zugang zu öffentlichen Bereichen wie
dem sozialen Ehrenamt zu erkämpfen, um die Begrenzung der Lebensgestaltungs-
optionen von Frauen auf die bürgerliche Familie und das Private zu überwinden.
Das Engagement im sozialen Ehrenamt – und im Verlaufe der Entwicklung auch in
Form entlohnter sozialer Berufstätigkeiten – stellten für die bürgerlichen Frauen
emanzipative Erweiterung ihrer Möglichkeiten zur Lebensgestaltung dar, welche die

Wirkmächtigkeit der Ungleichheitskategorie Geschlecht und das klassenspezifische bürgerliche Geschlechterverhältnis veränderte. Diese Veränderung der ungleichheitsreproduzierenden Wirkmächtigkeit – denn von einer Aufhebung ließ und lässt sich nicht sprechen – ist Ergebnis jener Strategie der Aufwertung zeitgenössischer, an die Denkweise dichotomer Zweigeschlechtlichkeit geknüpften Vorstellungen von Weiblichkeit, welche die spezifische bürgerliche Weiblichkeit als Bereicherung der gemeinsamen bürgerlichen Kultur präsentierte. So wurde das Argument stark gemacht, die bürgerliche Frau sei *als solche* besonders qualifiziert für soziale Tätigkeiten und könnte die bürgerlich-männliche Rationalität sinnvoll ergänzen. In der ,Natur der Frau' – kombiniert mit ihrem Klassenstatus als bürgerliche Frau – liege jene Kompetenz *Geistiger Mütterlichkeit*, mit der sie einen wesentlichen, von der männlichen Rationalität bisher vernachlässigten Beitrag zur Gestaltung der bürgerlichen Gesellschaft und zur Bearbeitung der Sozialen Fragen zu leisten in der Lage sei.

Auf diese Art und Weise stellte die Frauenbewegung zwar die *Konsequenz* des von ihnen gelebten Geschlechterdenkens in Frage, welches sie qua Geschlecht in jenem Privaten und Familialen verortete und von der Partizipation am Öffentlichen und Politischen ausschloss. Mit der zweigeschlechtliches Denken affirmierenden Strategie *Geistiger Mütterlichkeit* kritisierten sie das bürgerliche Geschlechterverhältnis, reformulierten es als dichotome Geschlechterdifferenz aber gleichzeitig für den öffentlichen Bereich wie etwa dem ehrenamtlichen sozialen Engagement. Diese Reformulierung trägt sich fort in der weiblichen Codierung sozialer Tätigkeiten und der Entstehung ,typischer' Frauen- und Männerberufe. Argumentativ lösten sich die bürgerlichen Frauen also weder von zweigeschlechtlichem Differenzdenken noch von bürgerlicher Hegemonie. Vielmehr teilten sie die Einschätzung eines im Kontext der Sozialen Frage verschärften Klassengegensatzes und bekundeten mit der Strategie *Geistige Mütterlichkeit* die Bereitschaft, diesen u. a. in Form der *Mädchen- und Frauengruppen für soziale Hilfsarbeit* ergänzend zu bearbeiten. Jene mit *Geistiger Mütterlichkeit* plakatierten ,weiblichen' Eigenschaften wie Fürsorglichkeit wurden dabei als spezifisch weibliche Ergänzung des ,bürgerlich-männlichen Prinzips' als relevanter, fehlender, nicht ersetzbarer und notwendiger Beitrag zur Gestaltung des Sozialen thematisiert. Damit ging es den frauenpolitischen Protagonistinnen um die Schaffung eines Klassenbündnisses zwischen bürgerlichen Frauen und Männern, um den Anspruch auf Anerkennung als bürgerliche Gleiche und *gleichzeitig* geschlechtlich Andere durchsetzbar aufstellen zu können. Das Argument des spezifisch weiblichen Beitrags zum sozialreformerischen Projekt realisierte sich als von Frauen des Bürgertums erbrachte *soziale Hilfstätigkeit* und „Mütterlichkeit als Beruf" (vgl. u. a. Sachße 1986). Mittels dieser frauenpolitisch durchgesetzten Veröffentlichung von zuvor in jenem privat-familialen Rahmen gedachten Tätigkeiten des mütterlichen Sorgens – was auch mit der Ablösung von biologischer Mutterschaft verbunden war – setz-

ten sich die FürsprecherInnen der *Geistigen Mütterlichkeit* für die Erweiterung weib-
lich-bürgerlicher Partizipationsmöglichkeiten ein.

Mit dem Erreichen entsprechender Veränderungen wie etwa der Etablierung
jener *sozialen Hilfstätigkeit*, der Gründung entsprechender Ausbildungsstätten aber
auch der Zulassung von Frauen zum Universitätsstudium und damit der Schaffung
von Möglichkeiten für Frauen, Zugang zu den Professionen zu erhalten, kam es zu
zwei Effekten: Zum einen bildete sich innerhalb der Professionen eine bis heute
aktuelle professions*interne* Geschlechterhierarchie aus (vgl. u. a. Wetterer 2000,
1999). Eine solche Geschlechterhierarchie ist auch in Sozialer Arbeit feststellbar: Sie
konkretisierte sich seit Beginn des 20. Jahrhunderts innerhalb des Straßburger System als Trennung zwischen einem nicht nur symbolisch männlich codierten, sondern auch quantitativ männlich dominierten, adressatInnenfernen, administrativen
Innen- und einen symbolisch weiblich codierten ebenso wie quantitativ dominierten, adressatInnennahen, fürsorgenden Außendienst. Sozialarbeitsintern also stellt
sich diese geschlechterhierarchische Arbeitsteilung in der historischen Differenzierung zwischen beamteten und ehrenamtlichen Tätigkeiten und der entsprechenden
Formierung „weibliche[r] Sozialarbeit nach männlicher Weisung" (Sachße 1986:
306) dar. Mithin lässt sich sagen, dass die historische Herausbildung Sozialer Arbeit
in ihrer Verbundenheit mit der Frauenbewegung und deren Strategie *Geistige Mütterlichkeit* den bürgerlichen Frauen Emanzipationsgewinne brachte, Geschlechterhie-
rarchien jedoch nicht grundsätzlich tangierte und auch nicht tangieren sollte, sondern vielmehr in der Form reproduzierte, als dass der Genusgruppe Frau in Professionalisierungsprozessen weniger prestigeträchtige, schlechter entlohnte und mit
geringeren ‚Karrierechancen' ausgestattete, in den beruflichen Hierarchien tendenziell statusniedrigere Positionen zugewiesen wurden und werden. Damit ist die bis
heute bedeutsame historische Hypothek Sozialer Arbeit nachvollzogen, welche sich
in der These zusammenfassen lässt, dass kraft der binären Geschlechterdifferenz
weiblich codierte Berufe wie Soziale Arbeit als ‚Semi-Professionen' von männlich
codierten ‚klassischen' Professionen abwertend diskriminiert werden (vgl. Bitzan
2005, Brückner 2002, 1992, Gildemeister/Robert 2000, Rabe-Kleberg 1999, Wetterer 2002). Diese ab- und aufwertenden Abgrenzungen und Hierarchisierungen qua
Vergeschlechtlichungen verweisen auf die makrostrukturellen Bedingungen, unter
denen die Herausbildung von Berufen ebenso wie Professionalisierungsprozess
stattfinden.

Makrostrukturelle Rahmungen

Die makrostrukturellen Bedingungen, unter denen Emanzipationsbewegungen
ebenso wie Professionalisierungsprozesse agiert werden, sind u. a. geprägt von der
Ungleichheitskategorie Geschlecht, deren Relevanz sich beispielsweise in geschlech-

terhierarchische Arbeitsteilung übersetzt. Geschlechterhierarchische Arbeitsteilung besteht – trotz der vielbehaupteten These eines aktuellen Bedeutungsverlusts der Strukturkategorie Geschlecht – auch heute als Hierarchisierung von veröffentlichter und bezahlter Produktions- versus privatisierter und unbezahlter Reproduktions- und Familienarbeit. Dabei sind beide Bereiche wiederum in sich geschlechterhierarchisch strukturiert: sowohl innerhalb des Privaten und der dort je klassenspezifisch (vgl. Frerichs/Steinrücke 1993) realisierten Arbeitsteilung bspw. zwischen EhepartnerInnen (vgl. Schulz/Blossfeld i. d. B.) als auch innerhalb der Erwerbsarbeitssphäre als Ungleichbewertung von männlich codierten, als produktiv, leistungsstark und effizient angesehenen, relativ besser bezahlten Berufen und weiblich codierten, als fürsorglich-sozial und naturalisiert thematisierten, relativ schlechter bezahlten (Dienstleistungs)Berufen. In keinem dieser Bereiche lässt sich bisher von einem Zustand der „Geschlechtergerechtigkeit" sprechen.

Mit Blick auf die vergeschlechtlichte Trennung zwischen „Öffentlich" und „Privat" als einem zentralen Referenzpunkt der (post-)wohlfahrtsstaatlichen Regulation des Sozialen lässt sich vielmehr sagen, dass die BRD – trotz Errungenschaften sozialer Absicherung und Implementierung von Zielen in Richtung von „Geschlechtergerechtigkeit" im Sinne der Ausweitung der Möglichkeiten zur autonomen Lebensgestaltung – in ihrer sozialpolitischen Programmatik stets stark ehe- und familienorientiert sowie damit insbesondere verbunden mit dem Paradigma des männlichen Familienernährers deutlich geschlechterhierarchisch strukturiert blieb. Nun ist dieses Paradigma zwar seit den 1970er Jahren von der zweiten Frauenbewegung kritisiert worden, doch wurde und wird der Familie sozialpolitisch-programmatisch weiterhin eine tragende wohlfahrtsproduktive Rolle zugesprochen. Für die aktuellen post-wohlfahrtsstaatlichen Umsteuerungen kann sogar von einer zunehmenden Re-Orientierung auf Familie, Nachbarschaft und Individuum gesprochen werden, die jenen kleineren Einheiten des Sozialen mehr Verantwortung zuspricht resp. abverlangt. Dies reaktualisiert jene Trennung zwischen männlich codierter Erwerbsarbeit versus weiblich codierter Reproduktionsarbeit, restabilisiert die Vergeschlechtlichung von Berufen, vergeschlechtlichte Karrierechancen und Lohnungleichheiten (vgl. Bothfeld et al. 2005; IAB 2009, Leitner 2006; Veil 2002). In diese sozialpolitischen Umsteuerungen, die derzeit als „post-wohlfahrtsstaatlich" analysiert werden, ist Soziale Arbeit in mehreren Hinsichten eingebettet (vgl. Bütow/Chassè/Hirt 2008, Kessl/Otto 2009). Einer dieser Gesichtspunkte lässt sich hinsichtlich binär vergeschlechtlichter Ungleichheitsverhältnisse geschlechtertheoretisch erfassen: der Kollektivakteur Soziale Arbeit ist zum einen hinsichtlich des Ausmaßes sowie der Art und Weise ihrer Erbringung, zum anderen hinsichtlich des ihr nicht zuerkannten Status als Profession sozial- und frauenpolitisch betroffen. Ausgehend von der historischen Rekonstruktion konnte gezeigt werden, dass die emanzipative Leistung der ersten bürgerlich-westlichen Frauenbewegung und deren Konzept der *Geistigen Mütterlichkeit* in der Aneignung eines öffentlichen Tätigkeitsfeldes für bürgerliche Frauen bestand, mit dem auch die Deprivatisierung, Veröffentlichung sowie Verberuflichung und Professionalisierung sozialer Tätigkeiten und damit auch die Entstehung Sozialer Arbeit als so genanntem Frauenberuf verbunden war. Der Umfang sowie die Form öffentlich erbrachter sozialer Tätigkeiten in Gestalt Sozialer Arbeit kann mithin als Ausdruck je spezifischer Geschlechterarrangements analysiert werden. In der Verknüpfung Sozialer Arbeit mit dem sozialreformerischen Projekt besteht, zusätzlich zu ihrer frauenpolitischen Dimension, ein direkter Zusammenhang mit der Etablierung des Sozialstaats. Dieser kommodifizierte und deprivatisierte große Teile bis dahin privat, informell und familial bearbeiteter sozialer Risiken. Die Ent-Familialisierung unbezahlter Sorge- oder Erziehungsarbeitarbeit sowie ehrenamtlich-karitativen Engagements formierte Soziale Arbeit als pädagogische Form sozialpolitischer Interventionen (vgl. Kaufmann 1982, 2003) im Sinne der öffentlich zu gewährleistenden Erbringung sozialer Rechtsansprüche auf Unterstützung in prekären Lebenslagen. In dieser Perspektive zeigt sich Soziale Arbeit als eine je zeitgenössische Form der verberuflichten und professionalisierten Entprivatisierung von Risikoabsicherung, welche fürsorgliche und sozialregulatorische Tätigkeiten wie Unterstützung, Erziehung, Pflege losgelöst von den Reziprozitätserwartungen und Kontingenzen jener privaten Beziehungen öffentlich-wohlfahrtsstaatlich organisiert und rechtlich codifiziert erbringt.

Die berufs- und professionsförmige Erbringung unterscheidet sich vor allem hinsichtlich der Reziprozitätserwartungen und der Gewichtung von Rechten und Pflichten systematisch von als ‚privat' konzipierten personalen Beziehungen. Das Konzept Professionalität, das sich idealtypisch auf Reflexivität, Wissen, Expertise, Wiederherstellung von Autonomie bezieht, ist in der Zusammenführung von professions- und gendertheoretischen Überlegungen dahingehend zu befragen, wie es sich unter den Bedingungen eines Post-Wohlfahrtsstaates verändert. Neben veränderten sozialpolitischen Sichtweisen auf das Klientel und die Profession gilt es, analytisch die Kategorie Geschlecht in den Blick zu nehmen, um dies auf das Konzept Professionalität anzuwenden. So bieten sich Berufen innerhalb der geschlechterhierarchischen Arbeitsmarktstrukturen ungleiche Anerkennungschancen: weiblich codierte Berufe werden im Vergleich mit anderen, ‚etablierten' Professionen niedrigere Positionen zugewiesen. Dies findet seinen Ausdruck darin, dass ‚Frauenberufen' kein gleichwertiger und gleichberechtigter Status zuerkannt wird und beispielsweise Soziale Arbeit als so genannte ‚Semi-Profession' abgewertet wird. Insbesondere die weiblich Codierung Sozialer Arbeit suggeriert, hier seien eher ‚naturwüchsig' vorhandene, ‚weibliche Eigenschaften' denn eine spezifische, wissenschaftlich fundierte Ausbildung erforderlich, um jene Tätigkeiten qualifiziert zu erbringen.

Mit einer solchen Inblicknahme der ungebrochenen symbolischen und materiellen Relevanz vergeschlechtlichter Statusordnungen wird es möglich, die Aberkennung des Professionsstatus gegenüber Sozialer Arbeit als Ausdruck patriarchaler kultureller Wertmuster zu analysieren. So wird deutlich, dass der Streit um den

Professionsstatus Sozialer Arbeit ein Ausdruck geschlechterhierarchischer Abwertungen und zugleich Ausdruck feministisch motivierter Aneignungsprozesse ist. Nachvollziehbar wird dies in der Rekonstruktion der geschichtlichen und derzeitigen Bedeutsamkeit der Kategorie Geschlecht für die Herstellung und Statuspositionierung Sozialer Arbeit, die die Professionalisierung Sozialer Arbeit als „Kampf um Anerkennung" beschreibbar macht (vgl. Heite 2008). Dieser findet im Post-Wohlfahrtsstaat seine Fortsetzung, wenn sozialpolitische Umsteuerungen inhaltlich auf die Aktivierung von Eigenverantwortung und damit die Re-Privatisierung, Re-Familialisierung und Re-Individualisierung bis dato öffentlich-solidarische erbrachter Bearbeitung prekärer Lebenslagen und sozialer Probleme abhebt und sich damit auch der Auftrag an Soziale Arbeit und deren Interventionsfeld verändert. Postwohlfahrtsstaatlich erfahren die Verhältnissetzung von politischer Steuerung, Marktwirtschaft, öffentlicher Erbringung sozialer Dienste und privaten, personalen, community- und freundschaftsbasierten sowie familialen Formen der Wohlfahrtsproduktion eine Neudimensionierung zuungunsten letzterer Formen, denen ein Mehr an Verantwortung und Regelungsverpflichtung bezüglich psycho-sozialer Probleme zugesprochen wird, wofür der sozialinvestive Staat nurmehr die Rahmenbedingungen schafft.

Von der wohlfahrtsstaatlichen Fürsorge zur post-wohlfahrtsstaatlichen Selbstsorge?

Vor diesem Hintergrund stellt sich die Frage, inwiefern es im Kontext aktueller postwohlfahrtsstaatlicher Transformationsprozesse der Rückverlagerung von Verantwortung für soziale Risiken ins Private zu einer Reformulierung der Vergeschlechtlichung dieser Tätigkeiten ebenso wie öffentlich erbrachter personenbezogener soziale Dienstleistungen kommt. In diesem Zusammenhang ist auch zu fragen, wie der Anspruch der mit der Abwertung als so genannte Semi-Profession konfrontierten Sozialen Arbeit auf den Status einer ‚vollwertigen' Profession artikuliert wird.

Dies sind zwei Fragen, die sich hinsichtlich der unterschiedlichen Arten und Weisen, in denen Professionalitäten thematisiert werden, in den Blick nehmen lassen. Auffällig wird dabei, dass gleichzeitig zur vermehrt marktförmigen Erbringung sozialer Dienste Aktivierungspolitiken und aktivierende Soziale Arbeit weniger auf die (Wieder)Herstellung der Autonomie, sondern mit einer Überpointierung des Fall- und Subjektbezugs vor dem Feld- und Strukturbezug auf die individuelle Eigenverantwortung der AdressatInnen Sozialer Arbeit zielen. Mit dieser Einbettung Sozialer Arbeit und deren Erbringungsform in jene Situation, dass staatliche Instanzen Aufgaben der Wohlfahrtsproduktion zunehmend weniger *direkt* wahrnehmen, sondern diese Aufgaben an informelle Akteure delegieren, scheint auch eine genderpolitische Dimension auf, die auf jene Trias Soziale Arbeit – Post-Wohlfahrts-staatlichkeit – Geschlecht und mögliche miteinander verkoppelte Effekte der Re-Genderisierung und Re-Familialisierung verweist. Diese Einbettung lässt sich in zwei Schritten sondieren: mit dem Bezugspunkt wohlfahrtsstaatliche Transforma-tionen geraten erstens die so genannte Care-Debatte und zweitens das Thema Ma-nagerialisierung Sozialer Arbeit in den Blick. Überlegungsleitend sind dabei die strukturierenden Aspekte der frauen- und familienpolitischen Verhältnissetzung von Öffentlichkeit und Privatheit, der Form und Art der der Erbringung Sozialer Arbeit und der Konnex Profession und Geschlecht.

Je zeitgenössische Geschlechterverhältnisse als ein Einflussfaktor auf und in Sozialer Arbeit werden auch von der seit den 1970er Jahren geführten Care-Debatte mit Blick auf geschlechtertypische Kompetenzen und Fähigkeiten thematisiert. So wird etwa die These vertreten, die Berufsmotivation von Frauen zu sozialen Beru-fen sei mit geschlechtstypischer Affinität zu helfenden und sorgenden Tätigkeiten erklärbar. In einer analytischen Perspektive, die die Kategorie Geschlecht einerseits als Ausschluss- und andererseits als Aneignungskategorie und Kritikmittel gegen jenen Ausschluss und Abwertung qua Geschlecht betrachtet, lässt sich sagen, dass das Konzept *Care* differenztheoretisch und im Sinne affirmativer Politiken auf die Aneignung und Aufwertung des ‚spezifisch Weiblichen' zielt. Im Rahmen dieser Strategie wird auch Soziale Arbeit als ‚typischer Frauenberuf' aufwertungspolitisch weiblich codiert. Damit gehe es auch darum, Soziale Arbeit als solchen ‚Frauenbe-ruf' zu professionalisieren, indem sie als spezifisches Verhältnis von Geschlechts- und Berufsrolle verhandelt wird. Weiblich gedachte Eigenschaften, Kompetenzen oder Haltungen wie etwa Fürsorglichkeit, Empathie und Intuition werden – ver-gleichbar mit der Strategie *Geistiger Mütterlichkeit* – als Bestandteil weiblich-profes-sioneller Identität und als besonderer Beitrag der Genusgruppe Frau zur Bearbei-tung psycho-sozialer Probleme und Erbringung personenbezogener sozialer Diens-te thematisiert. Im Sinne von Professionalisierung seien jene ‚weiblichen Kompe-tenzen' zu stärken, da sie „die Essenz der psycho-sozialen Kompetenz sind, die das Herzstück aller Berufe im psycho-sozialen Bereich ausmachen" (Brückner 1992: 535, vgl. auch Eckart 2000).

In diesem Rahmen beschäftigt sich die Care-Debatte mit einer der sozial- und professions*politisch* ebenso wie sozial- und professions*theoretisch* zentralsten Fragen, nämlich der nach Organisation und Erbringungsform sozialer Dienste in jener Dichotomie von Öffentlichkeit und Privatheit. In dieser Frage engagiert sich auch die aktuelle Aktivierungsprogrammatik, die die Aufgabenverteilung zwischen öffent-lich und privat neu justiert. In dieser Neujustierung wird Soziale Arbeit auf den Auftrag der Aktivierung verpflichtet, wobei auch ihre bisherigen Erbringungsfor-men hinsichtlich Effizienz und Effektivität professioneller Deutungskompetenz und Expertise angezweifelt werden. Jener Aktivierungsauftrag an Soziale Arbeit besteht im Zusammenhang mit dem Bestreben, die Absicherung sozialer Risiken in die ‚private' Verantwortung zu verlagern. In diesem Kontext nimmt Soziale Arbeit zurzeit Möglichkeiten wahr, sich als Aktivierungsinstanz zu professionalisieren, indem sie ihre Methoden „aktivierungspädagogisch" (Kessl 2005) umstellt und managerialisierende Aspekte wie Evaluierbarkeit, Effizienz und Effektivität sowie rationaler, wissensbasierter und wirkungsorientierter Hilfeplanung implementiert (vgl. Dahme et al. 2003; Dahme/Wohlfahrt 2005; Otto/Schnurr 2000). Was sich hier abbildet ist ein genderdimensional gestärktes Scharnier post-wohlfahrtsstaatlicher Umsteuerungen, in denen im Zusammenhang mit einer konstatierten sozialstaatlichen Finanzkrise, zu entwickelnder „sozialer Kohäsion", bürgerschaftlicher Verantwortung und Bildung von „Humankapital" das Private, das Individuelle, das Familiale, das Gemeinwesen und das Lokale überpointiert werden und einhergehend mit der Aufwertung familialer Unterstützung in prekären Lebenslagen und ehrenamtlichen Engagements die re-familialisierende und re-privatisierende Umverteilung von Verantwortung für die Bewältigung sozialer Probleme auf das Individuum und seine/ihre informellen Netzwerke erfolgt.

Mit dieser Rückverlagerung stellt sich auch die Frage nach *Re*-Genderisierung. Die implizite Geschlechtersymbolik der aktivierungsprogrammatischen Umstrukturierung Sozialer Arbeit ist um die Vermeidung weiblicher Vergeschlechtlichung und um die männlich codierte Aufwertung der Profession bemüht. So stelle der Versuch der „Entgeschlechtlichung" Sozialer Arbeit den Versuch dar, der historisch begründeten weiblichen Codierung Sozialer Arbeit entgegen zu wirken (vgl. Nadai et al. 2005). So zeigen männlichkeitskritische Forschungen vergeschlechtlichte professionelle Identitäten, Machtverhältnisse und Männlichkeitskonzepte in Sozialer Arbeit auf, die als eher manageriell-rational ausgestaltete Berufsbeschreibung „mehr Anerkennung der eigenen gesellschaftlichen Männlichkeit" (Rudlof 2006) versprechen und die technischen, rationalen, spezialisierten Aspekte des beruflichen Handelns betonen, was als Kultivierung hegemonialer Männlichkeit (vgl. May i.d.B.) gedeutet werden kann (vgl. Christie 2006). Die männliche Vergeschlechtlichung Sozialer Arbeit zielt in diesem Sinne auf die Statusaufwertung Sozialer Arbeit als leistungsstark, effizient, effektiv und outputorientiert. Diese Positionierungen verweisen auf jenes professionstheoretische Erkenntnisinteresse nach den Auswirkungen postwohlfahrtsstaatlicher Transformationen auf die Professionalität Sozialer Arbeit. Es stellt sich die Frage nach veränderten Erbringungs- und Handlungsrationalitäten in der Gestaltung des Sozialen, reformulierten Anforderungen an oder Vorstellungen von Professionalität und der Neubestimmung des Verhältnisses von Staat, Markt und informellen Formen der Wohlfahrtsproduktion.

Jene Bereiche Sozialer Arbeit, die weiterhin als Teil öffentlich finanzierter Wohlfahrtsproduktion erbracht werden, heben aktuell in der Bestimmung sozialarbeiterischer Professionalität ab auf die Aktivierung individueller Eigenverantwortung. In der Erreichung dieses Ziels wird Soziale Arbeit zudem weniger an ‚klassischen' Kriterien von Professionalität wie Freiwilligkeit und der Qualität stellvertretender Deutungsvorschläge, sondern an hegemonialen Kriterien von Leistung, Effizienz und Effektivität bewertet. Rückbezogen auf die Entwicklung, dass Aspekte sozialarbeiterischer Leistungserbringung unter jener Maßgabe ‚Aktivierung' in den Bereich der individuellen Eigenverantwortung, ehrenamtlich und privat organisierter Unterstützungsmöglichkeiten rückverlagert werden, lässt sich die These vertreten, dass es im Post-Wohlfahrtsstaat zu einer Reaktualisierung der vergeschlechtlichten Dichotomie öffentlich-privat kommt: die aktuellen Transformationen zeigen sich als gegensätzlich und rückfällig zu seit den 1970er Jahren frauen- und sozialpolitisch durchgesetzten Verrechtlichung und Entprivatisierung der Verantwortung für psycho-soziale Unterstützung. Die derzeitige Rückverlagerung dieser Verantwortung auf informelle Formen der Wohlfahrtsproduktion reartikuliert jene vergeschlechtlichte Trennung von öffentlich versus privat und überakzentuiert Formen privater, individueller Verantwortung. Damit lässt sich von einen sozial-, familien- und geschlechterpolitischen Rückschritt sprechen, wenn Unterstützung und Wohlfahrtsproduktion vermehrt auf „das Subjekt", „die Familie", „private Beziehungen" und damit letztlich strukturell auf die Genusgruppe Frau verschoben wird. Diese Verhältnissetzung von Formen staatlich-öffentlicher, privat-familialer und marktförmiger Erbringung sozialer Aufgaben ist Ausdruck politischer Entscheidungen, aus denen jeweilige Geschlechterverhältnisse sprechen, in welchen subjektiven und kollektiven Akteuren wie Frauen, der Familie oder Sozialer Arbeit unterschiedliche Formen der Erbringung jener Tätigkeiten zugewiesen werden. In diesem Rahmen erscheint auch die historisch weibliche Codierung Sozialer Arbeit auch heute als ein wesentlicher Aspekt ihrer mangelnden Anerkennung als Profession. In gendertheoretischer Sichtweise lässt sich die Abwertung Sozialer Arbeit als so genannte ‚Semi-Profession' mit dieser weiblichen Codierung (teil)erklären. In Gegenbewegung dazu unternimmt Soziale Arbeit derzeit im Kontext postwohlfahrtsstaatlicher Transformationen unter den Stichworten Aktivierungsprogrammatik und Managerialisierung den Versuch, ihren Status mittels der Präsentation als evidenzbasierte, evaluierbare und ihre AdressatInnen aktivierende Profession zu verbessern. Mit dieser verstärkten Ausrichtung Sozialer Arbeit an der Aktivierung ihrer AdressatInnen und an marktwirtschaftlich reformulierten Kriterien von Qualität, Wirkung oder KundInnenorientierung wird sie – mit dem Ziel, sie auf diese spezifische Art und Weise zu professionalisieren – rational-managerialistisch reorganisiert, da diese Neuausrichtung gesteigerte Anerkennung (als Profession) verspricht. In dieser Professionalisierungsstrategie wird Soziale Arbeit als leistungs- und konkurrenzfähiger Marktakteur präsentiert, die jenen Aktivierungsauftrag effizient und effektiv umzusetzen in der Lage sei.

Gegenargumente

In Kritik an den skizzierten Bewegungen lassen sich professions- und anerkennungstheoretisch informierte Gegenargumente entwickeln. Zunächst ist Stellung zu beziehen gegen die Tendenz, durch die Reduktion des Umfangs öffentlich-wohlfahrtsstaatlich gewährleisteter sozialer Dienstleistungen auch den Rechtsanspruch der AdressatInnen auf diese Dienste zu verringern. Mit der Umstrukturierung wohlfahrtsstaatlicher Leistungen hin zu aktivierenden, individualisierenden, inkludierenden und sozialinvestiven Maßnahmen wird ein Rechtsanspruch auf soziale Unterstützung zusehends weniger einklagbar. Privat gedachte, informelle Beziehungen sind bezüglich ihrer Möglichkeiten, soziale und materielle Unterstützung zu erbringen, ungleich leistungsstark und unzuverlässig und in Beziehungen „von Person zu Person" (Honneth/Rössler 2008) kann kein *Rechtsanspruch* auf irgendeine Unterstützung geltend gemacht werden. Informelle Unterstützungsformen sind somit für die Betroffenen einerseits ungewiss und an individualisierte Reziprozitätserwartungen geknüpft. Andererseits sind sie aufgrund ungleicher materieller und sozialer Ressourcen auch nicht systematisch für alle Unterstützungsbedarfe zu gewährleisten.

Damit reduzieren sich auch die Möglichkeiten, Soziale Arbeit als die prädestinierte Erbringerin solcher, nun durch ihre Privatisierung entzogener Rechtsansprüche zu positionieren. In diesem Zusammenhang der Individualisierung, Privatisierung und reformulierten Vergeschlechtlichung stellt sich die Frage nach der Form der Erbringung von sozialer Unterstützung in professions- ebenso wie in gerechtigkeitstheoretischer und -politischer Perspektive verschärft. Auch gendertheoretisch und -politisch bildet sich diese Frage als äußerst brisant ab, insofern es in aktuellen geschlechterbinären Vergesellschaftungsformen vorwiegend der Genusgruppe Frau zugeschrieben wird, diese Arbeit sowohl in verberuflichten wie in privatisierten Räumen zu erbringen. Mithin sind die korrespondierenden Benachteiligungen und Belastungen wie etwa in Form der materiellen und anerkennungsbezogenen Schlechterstellung in der Erwerbsarbeit dominant von Frauen zu tragen. Professionsbezogen erscheint dabei besonders heikel, dass Soziale Arbeit mit der Erfüllung des an sie gerichteten Aktivierungsauftrags diese Entwicklung forciert, wenn sie nunmehr auf Eigenverantwortung, statt auf personale Autonomie und Handlungsfähigkeit zielt. So betreibt auch Soziale Arbeit die durch Umverteilung öffentlicher Fürsorge agierte Entziehung des sozialstaatlichen Rechts auf materielle und soziale Unterstützung und dessen Reformulierung als Angelegenheit der Selbstsorge der Post-WohlfahrtsstaatsbürgerInnen. Damit vollführt Soziale Arbeit auch ihre eigene Deprofessionalisierung, anstatt insbesondere die Aufrechterhaltung des Rechts auf öffentlich gewährleistete Unterstützung durch sich selber zu begründen. In diesem Zusammenhang ist es professionstheoretisch und -politisch erforderlich, nicht geschlechterhierarchisch rückwirkende Möglichkeit der Statusverbesserung und Professionalisierung Sozialer Arbeit zu entwerfen, die sich beispielsweise aus der Dekonstruktion zweigeschlechtlichen Denkweisen und der gerechtigkeitstheoretisch informierten Beantwortung der Frage nach der Organisation und Bereitstellung sozialer Dienste ergeben mögen. Damit geht es zum einen darum, ohne symbolische Reproduktion binären Geschlechterdenkens die öffentlich finanzierte personenbezogene Wohlfahrtsproduktion durch eine professionelle Soziale Arbeit zu fordern, ohne diese als Teil weiblicher Verantwortung zu formulieren oder sie managerialistisch zu maskulinisieren. Gegenüber einer Konzipierung als weiblich codierter sozialer Tätigkeit einerseits oder der Managerialisierung und aktivierungspädagogischen Neuausrichtung andererseits gilt es, Soziale Arbeit durch ihre Positionierung als sozialstaatlich-öffentlich zu gewährleistende Dienstleistung und professionalisierte Erbringerin sozialer Rechte zu stärken. Als wesentlicher, nicht privatisierbarer und nicht substituierbarer Teil der Wohlfahrtsproduktion bearbeitet Soziale Arbeit als Erbringerin öffentlicher, rechtlich kodifizierter Leistungen in Theorie und Praxis Ungleichheit, Diskriminierung und Benachteiligung, die sich u. a. entlang der Kategorie Geschlecht als ihr Aufgabenfeld und Kompetenzbereich abbilden. In und mit diesem Aufgabenfeld und Kompetenzbereich lässt sich jene Frage nach der gesellschaftlichen Organisation von Unterstützung, Care-Arbeit oder Wohlfahrtsproduktion auf eine Weise beantworten, die sowohl gerechtigkeitstheoretisch als auch professionstheoretisch und -politisch nicht im Sinne der Aktivierung subjektiver Eigenverantwortung ausfällt. Vielmehr geht es um die Stärkung sozialer Rechte und deren öffentlicher Gewährleistung durch Soziale Arbeit. Einhergehend mit feministischer Kritik an dieser vergeschlechtlichten Dichotomie lassen sich die benannten Tätigkeiten und Kompetenzen – anstatt sie differenzfeministisch zu affirmieren und die weibliche Codierung von Care-Arbeit zu reproduzieren – dem Versuch unterziehen, die Erbringung dieser Tätigkeiten als Form der Gewährleistung sozialer Rechte und wesentlichen Bestandteil von Wohlfahrtsproduktion zu formulieren. So kann die Forderung nach Anerkennung für die Erbringung dieser Tätigkeiten aufrecht erhalten werden, ohne binäres Geschlechterdenken zu reproduzieren. In Ablehnung des populären Begriffs der Eigenverantwortung, der den subjektiven Akteuren untragbare Verantwortung für strukturell begründete, aber sich individuelle zeigende Schwierigkeiten zumutet, lässt sich auch ein professionstheoretischer Begriff von Autonomie formulieren. Dieser meint nicht subjektive Eigenverantwortung, sondern akzentuiert die öffentliche Verantwortung für die Lebensgestaltungsmöglichkeiten der BürgerInnen als Bedingung deren personaler Autonomie. So werden strukturelle, z. B. klassen- oder geschlechtsspezifische Beeinträchtigung von Handlungsalternativen in den Blick genommen und Soziale Arbeit als eine interventive Profession benannt, die diesen Beeinträchtigungen etwas entgegen zu setzten hat.

Literatur

Bitzan, Maria (2005): Geschlechterverhältnis und Soziale Arbeit. In: Engelfried, Constance (Hg.) 2005: Soziale Organisationen im Wandel. Fachlicher Anspruch, Genderperspektive und ökonomische Realität. FaM: Campus, S. 81-87

Bothfeld, Silke/Klammer, Ute/Klenner, Christina/Leiber, Simone/Thiel, Anke/Ziegler, Astrid (2005): WSI-Frauendantenreport 2005. Handbuch zur wirtschaftlichen und sozialen Situation von Frauen, Berlin: edition sigma

Brückner, Margit (2002): Liebe und Arbeit – Zur (Neu)Ordnung der Geschlechterverhältnisse in europäischen Wohlfahrtsregimen. In: Hamburger et al. (Hg.): Gestaltung des Sozialen – eine Herausforderung für Europa. Bundeskongress Soziale Arbeit 2001, Opladen: Leske + Budrich, S. 171-198

Brückner, Margrit (1992): Frauenprojekte zwischen geistiger Mütterlichkeit und feministischer Arbeit. In: *neue praxis*, 6/1992, S. 524-536

Bütow, Birgit/Chassè Karl August/Hirt Rainer (Hg.) (2008): Soziale Arbeit nach dem Sozialpädagogischen Jahrhundert. Opladen/Farmington Hills: Barbara Budrich

Christie, Alastair (2006): Negotiating the uncomfortable intersections between gender and professional identities in social work. In: Critical Social Policy, Vol. 26, pp. 390-411

Dahme, Heinz-Jürgen/Wohlfahrt, Norbert (Hg.) (2005): Aktivierende Soziale Arbeit. Theorie-Handlungsfelder-Praxis. Hohengehren: Schneider-Verlag

Dahme, Heinz-Jürgen/Otto, Hans-Uwe/Trube, Achim/Wohlfahrt, Norbert (Hg.) (2003): Soziale Arbeit für den aktivierenden Staat, Opladen: Leske + Budrich

Eckart, Christel (Hg) (2000): Fürsorge, Anerkennung, Arbeit. *Feministische Studien Extra*, Weinheim: Dt. Studien-Verlag

Frerichs, Petra/Steinrücke, Margareta (1993): Frauen im sozialen Raum. Offene Forschungsprobleme bei der Bestimmung ihrer Klassenpositionen. In: Frerichs, Petra/Steinrücke, Margareta (Hg.) 1993: Soziale Ungleichheit und Geschlechterverhältnisse. Opladen: Leske + Budrich, S. 191-205

Gildemeister, Regine/Robert, Günther (2000): Teilung der Arbeit und Teilung der Geschlechter. Professionalisierung und Substitution in der Sozialen Arbeit und Pädagogik. In: Müller, Siegfried/Sünker, Heinz/Olk, Thomas/Böllert, Karin (Hg.): Soziale Arbeit. Gesellschaftliche Bedingungen und professionelle Perspektiven. Neuwied: Luchterhand, S. 315-336

Hark, Sabine (2005): Dissidente Partizipation. Eine Diskursgeschichte des Feminismus. FaM: Suhrkamp

Heite, Catrin (2008): Soziale Arbeit im Kampf um Anerkennung. Professionstheoretische Perspektiven, Weinheim: Juventa

Honneth, Axel/Rössler, Beate (Hg.) (2008): Von Person zu Person. Zur Moralität persönlicher Beziehungen. FaM: Suhrkamp

IAB (2009): http://doku.iab.de/grauepap/2009/ep.pdf [Stand: 24.03.2009]

Kaufmann, Franz-Xaver (2003): Sozialpolitisches Denken. Frankfurt am Main: Suhrkamp

Kaufmann, Franz-Xaver (1982): Elemente einer soziologischen Theorie sozialpolitischer Intervention. In: ders. (Hg.): Staatliche Sozialpolitik und Familie, München, S. 49-86

Kessl, Fabian/Otto, Hans-Uwe (Hg.) (2009): Soziale Arbeit jenseits des Wohlfahrtsstaats: Zeitdiagnosen, Problematisierungen und Perspektiven, Weinheim: Juventa

Kessl, Fabian (2005): Soziale Arbeit als aktivierungspädagogischer Transformationsriemen. In: Dahme, Heinz-Jürgen/Wohlfahrt, Norbert (Hg): Aktivierende Soziale Arbeit. Theorie-Handlungsfelder-Praxis. S. 30-43

Leitner, Sigrid (2006): Von der indirekten zur direkten Förderung von Familienarbeit: Bekannte Enttäuschungen und neue (falsche) Hoffnungen, in: Degener, Ursula/Rosenzweig, Beate (Hg.): Die Neuverhandlung sozialer Gerechtigkeit. Feministische Analysen und Perspektiven, Wiesbaden: VS Verlag, S. 321-339

Nadai, Eva/Sommerfeld, Peter/Bühlmann, Felix/Krattinger, Barbara (2005): Fürsorgliche Verstrickung. Soziale Arbeit zwischen Profession und Freiwilligenarbeit. Wiesbaden: VS

Nunner-Winkler, Gertrud (Hg.) (1991): Die Kontroverse um eine geschlechtsspezifische Ethik. FaM: Campus

Otto, Hans-Uwe/Schnurr, Stefan (Hg.) (2000): Privatisierung und Wettbewerb in der Jugendhilfe: marktorientierte Modernisierungsstrategien in internationaler Perspektive. Neuwied/Kriftel: Luchterhand

Rabe-Kleberg, Ursula (1999): Frauen in pädagogischen und sozialen Berufen. In: Rendtorff, Barbara/Moder, Vera (Hg.): Geschlecht und Geschlechterverhältnisse in der Erziehungswissenschaft. Opladen: Leske + Budrich, S. 103-116

Rudlof, Matthias (2006): Männlichkeit – Macht – Beziehung: Gendersensibilität und Professionalisierung in der Sozialen Arbeit. In: Jacob/Stöver (Hg.): MannSuchtMännlichkeiten – Sucht und Männlichkeiten in Theorie und Praxis (Schriftenreihe „Studien interdisziplinäre Geschlechterforschung"). VS Verlag für Sozialwissenschaften, S. 101-118

Sachße, Christoph (1986): Mütterlichkeit als Beruf. FaM: Suhrkamp

Veil, Mechthild (2002): Familienpolitik und sozialpolitische Konstruktionen der Geschlechterverhältnisse im deutsch-französischen Vergleich, in: Widersprüche, 22. Jg, Heft 84, S. 17-27

Wetterer, Angelika (2002): Arbeitsteilung und Geschlechterkonstruktion. ‚Gender at work' in theoretischer und historischer Perspektive. Konstanz: UVK

Wetterer, Angelika (1999): Ausschließende Einschließung – marginalisierende Integration: Geschlechterkonstruktionen in Professionalisierungsprozessen, in: Neusel, Aylâ/Wetterer, Angelika: Vielfältige Verschiedenheiten: Geschlechterverhältnisse in Studium, Hochschule und Beruf, Frankfurt a. M.: Campus, S. 223-253

Intersektionen von Ungleichheiten und Differenzen: Kursbestimmung im Nebel zwischen Gesellschaftstheorie und politischem Gestaltungsanspruch

Birgit Riegraf

Einleitung

Wie können Wechselwirkungen und Überkreuzung von Ungleichheiten und Differenzen aufgrund sozialer und kultureller Herkunft, sexueller Orientierungen oder des Alters in theoretischen Ansätzen und methodologischen Überlegungen der Frauen- und Geschlechterforschung angemessen berücksichtigt werden? Was bedeutet die Einsicht, dass sich die Interessen zwischen Frauen aufgrund ihrer sozialen und kulturellen Herkunft, sexuellen Orientierungen, Religionszugehörigkeit oder des Alters unterscheiden, für handlungs- und praxisorientierte Konzepte und damit auch für erfolgreiche Geschlechterpolitik? Diese Erkenntnisinteressen, die in der Frauen- und Geschlechterforschung inzwischen eine beachtliche Tradition haben, erleben gegenwärtig unter dem griffigen Terminus „Intersektionalität" eine unübersehbare Konjunktur. Der aktuellen Diskussionsrichtung wird für gesellschaftstheoretische und methodologische Auseinandersetzungen eine paradigmatische Qualität zugeschrieben (Degele/ Winker 2008; Knapp 2005a; 2005b). Welche Herausforderungen die aktuellen Debatten für gesellschaftliche Gestaltungsprozesse und handlungs- und praxisorientierte Gestaltungskonzepte bereit halten, werden erst allmählich ausgelotet. Auch wenn die Paradigmenfrage letztlich noch nicht entschieden ist, kann in jedem Fall prognostiziert werden, dass der Aufschwung der Intersektionalitätsperspektive in theoretischen und methodologischen Debatten in der Frauen- und Geschlechterforschung und in den Queer Studies anhalten und sich noch intensivieren wird. Dies lässt sich auch für andere Forschungsfelder und Disziplinen vorhersagen, wie die Ungleichheitssoziologie oder die Ökonomie. Der Aufschwung wird auch die Diskussionen über handlungs- und praxisorientierte Gleichstellungskonzepte erreichen (Yuval-Davis et al. 2005; Verloo 2006; Knapp/ Klinger 2008; Knapp 2008; Aulenbacher/ Riegraf 2009).

Im Anschluss an die Einleitung werden im Folgenden Dimensionen herausgearbeitet, die erklären, weshalb die Diskussion über Wechselbeziehungen und Vermittlungszusammenhänge von Ungleichheiten und Differenzen gegenwärtig diesen auffallenden Aufschwung erlebt und worin die neue Qualität des nicht ganz neuen Erkenntnisinteresses liegt (Kapitel 2). Anschließend wird die Unterscheidung von Kimberlé Williams Crenshaw zwischen struktureller und politischer Intersektionalität aufgegriffen, um die Bedeutung der Intersektionalitätsdebatte für politische Gestaltungsansprüche und -konzepte ausloten zu können (Kapitel 3). In einem weiteren Schritt werden Gefahren herausgearbeitet, die einer kurzschlüssigen Übersetzung von wissenschaftlichen Debatten zur „Intersektionalität" in politische Gestaltungsansprüche und -prozesse inne wohnen (Kapitel 3). Schließlich werden aktuelle Differenzpolitiken mit dem Ziel diskutiert zu zeigen, dass in diesen Politiken Unterschiede zwischen Gesellschaftsmitgliedern zwar zunehmend anerkannt werden, aber Maßnahmen zum Abbau von materiellen Ungleichheiten und damit Fragen nach Verteilungsgerechtigkeiten aus dem Blick geraten (Kapitel 4). Ein Fazit rundet die Diskussion ab (5).

Kreuzungen von Ungleichheiten und Differenzen: Der Aufschwung der „Intersektionalitätsdebatte"

Dreh- und Angelpunkt der Debatten unter dem Stichwort „Intersektionalität" bilden die Fragen nach den Verbindungslinien zwischen sozialen Ungleichheiten und Differenzen, den Wechselwirkungen zwischen Ausgrenzungs- und Diskriminierungsmechanismen. Dass die Verknüpfungen sozialer Ungleichheiten und Differenzen, wie Geschlecht, race/ Ethnizität und Klasse, aber auch Alter, Religion oder Gesundheit nicht im Sinne der Mehrfachunterdrückungsthese analysiert werden kann, die besagt, dass zu Geschlecht noch weitere Ungleichheitslagen, wie ethnische und soziale Herkunft einfach hinzu zu addieren sind, ist keine wirklich neue und überraschende Erkenntnis. Dies zeigen beispielsweise die Auseinandersetzungen um das sogenannte Triple Oppression-Model, in dem ein Hierarchieverhältnis zwischen Geschlecht, race/ Ethnizität und Klasse in dem Sinne festlegt wird, dass die Erkenntniskategorie Geschlecht Priorität erhält. In einem weiteren Schritt werden die Kategorien race/ Ethnizität und Klasse zu Geschlecht hinzugefügt (Anthias/ Yuval-Davis 1983, S. 62ff; Degele/ Winker 2008). Die Kontroverse um die Wechselwirkungen und Verbindungslinien zwischen Ungleichheiten und Differenzen brachte bekanntlich die Rechtswissenschaftlicherin Crenshaw bereits in den 1980er Jahren im us-amerikanischen Kontext mit der Metapher der Verkehrskreuzung auf den Punkt. Statt die Wirkung von zwei, drei oder mehr Unterdrückungsdimensionen zu addieren, betont Crenshaw mit dem eingängigen Bild der Straßenkreuzung die Verwobenheit von Ungleichheiten und Differenzen, die sich wechselseitig verstärken, abschwächen oder auch verändern können. Demnach lassen sich gesellschaftliche Ungleichheitslagen nicht angemessen erfassen, solange jeweils eine Dimension isoliert betrachtet wird, da sich Machtwege gegenseitig kreuzen, überlagern und überschneiden (Crenshaw 1989). Werden die Wechselwirkungen von gesellschaftlichen Ungleichheitslagen und Differenzen konzeptionell nicht adäquat berücksichtigt, dominiert auch weiterhin sowohl in wissenschaftlichen Analysen als auch in politischen Konzepten zum Abbau von Geschlechterdiskriminierung der „weiße Mittelstandsfeminismus", so Crenshaw. Sie geht insofern noch einen Schritt darüber hinaus, als sie zeigt, dass durch die Konzentration auf eine Ungleichheitskategorie in politischen Konzepten, Strategien und Programmen andere Diskriminierungsdimensionen nicht nur ignoriert, sondern gar verstärkt werden können. Gegenwärtig steht eine konzeptionelle Ausarbeitung der Intersektionen von Ungleichheiten und Differenzen sowohl in grundlagentheoretischer Hinsicht als auch in anwendungs- und gestaltungsorientierter Perspektive, aber auch mit Blick auf die Verbindungslinien zwischen diesen Perspektiven an. „Seen from the perspective of gender equality, there are serious theoretical puzzles attached to these questions, since 'the relationship of gender mainstreaming with other complex inequalities' is one of the major issues in current gender mainstreaming analysis" (Walby 2005).

Mit dem Terminus der Intersektionalität steht ein nach allen Seiten hin offenes und unspezifisches „Buzzword" (Davis 2008; Klinger 2008) zur Verfügung, unter dass sich theoretisch und methodologisch höchst kontroverse Ansätze bequem subsumieren lassen und dort recht unkontrovers verhandelt werden können und das zugleich einen gesellschaftspolitischen Impetus transportiert (Knapp 2008). Bislang sammeln sich unter dem Schlagwort wissenschaftliche Perspektiven und AutorInnen, die sich zwar auf ein allgemeines gemeinsames Set von Kategorien und gleich gelagerter erkenntnistheoretischer Perspektiven beziehen, die aber in sich sehr heterogen sind. Mit der (noch) recht unspezifischen Begrifflichkeit „Intersektionalität" allein lässt sich der Aufschwung der Debatte über Wechselwirkungen und Verbindungslinien von Ungleichheiten und Differenzen sowie die Rede vom Paradigmenwechsel allerdings nicht erklären. Vielmehr verweist die Konjunktur der Debatte zugleich und gleichermaßen auf Weiterentwicklungen in theoretischen und methodologischen Diskursen in der Frauen- und Geschlechterforschung, auf weit reichende gesellschaftliche Umbrüche im Geschlechterverhältnis sowie auf einen Wandel politischer Interventionen, Strategien und Programme.

Die Perspektiverweiterung der Debatte, die sich hinter der gegenwärtigen Konjunktur des Schlagworts „Intersektionalität" verbirgt, liegt *erstens* darin, dass die klassischen Achsen sozialer Ungleichheiten in der Frauen- und Geschlechterforschung und in der Ungleichheitssoziologie, wie Geschlecht, Klasse/ Schicht und race/ Ethnizität um weitere Merkmale, wie sexuelle Orientierung, Bildung, Gesundheit, Religion oder Alter und der damit einhergehenden Diskriminierungserfahrungen konzeptionell erweitert werden sollen. Offen ist bislang allerdings, wie viele und welche Kategorien tatsächlich sinnvoller Weise und auf welcher Ebene Berücksichtigung finden sollen (Degele/Winker 2008). Sind alle Kategorien und auf jeder der gesellschaftlichen Mikro-, Meso- und Makroebenen, um einmal eine in der Soziologie übliche Ebenenunterscheidung aufzugreifen, und dies immer relevant? Und: Wie lassen sich die Verbindungslinien zwischen den einzelnen gesellschaftlichen Ebenen denken? Die weitere und *zweite* Perspektiveerweiterung umfasst, dass die Wirkungen von zwei, drei oder mehr Ungleichheitsdimensionen nicht einfach addiert werden können. Vielmehr betont Crenshaw mit der Metapher der Straßenkreuzung, dass die Dimensionen verwoben sind und sich wechselseitig verstärken, abschwächen oder auch verändern können und nicht alle Ungleichheitsdimensionen in allen historischen, sozialen und geographischen Kontexten in gleicher Weise und in die gleiche Richtung wirken. Damit ist allerdings noch nicht geklärt, wie die Wechselwirkungen der Macht- und Diskriminierungsstrukturen, die unterschiedlichen Herrschaftsverhältnissen entspringen und auf den einzelnen Ebenen sehr unterschiedlich wirken können, jenseits des Bildes der Straßenkreuzung zu konzeptionalisieren sind. *Drittens* weist die Aktualität der Diskussion zur „Intersektionalität" auf grundlegende gesellschaftliche Umbruch- und Umbauprozesse und Verwerfungen in den letzten Jahrzehnten hin, die mit veränderten Positionierungen von Gesellschaftsmitgliedern und der Pluralisierung von Lebenszusammenhängen einhergehen (Aulenbacher/ Riegraf 2009). Unter dem Begriff sammeln sich inzwischen empirische Forschungen, die sich mit „neuen" und „alten" Ungleichheiten und dem Verhältnis zwischen ihnen auseinandersetzen, die sich mit dem nebeneinander von „neuen" und „alten" Ungleichheitsdimensionen im Geschlechterverhältnis, wie neuen Migrationsmuster angesichts von Transnationalisierungsprozesse oder veränderte Ungleichheiten jenseits nationaler Grenzen durch die Zunahme von Globalisierungsprozessen beschäftigten (Aulenbacher/ Riegraf 2009; Aulenbacher 2007). Die skizzierten gesellschaftlichen Umbrüche erschüttern *viertens* axonale Grundbegriffe vieler wissenschaftlicher Disziplinen. Neue und veränderte gesellschaftliche Phänomene können aufgrund der Begrenzungen bisheriger theoretischer Angebote nicht mehr angemessen erfasst werden. Die Umbrüche und Umstrukturierungen stellen Grundbegriffe von Gesellschaftsanalysen grundlegend auf den Prüfstand (Knapp 2008). Die Diskussion zum methodologischen Nationalismus theoretischer Konzepte oder in international vergleichender Forschung (Beck 2002, S.81ff) gibt eine Vorstellung von der Tragweite dieser Umbrüche für soziologische Konzepte. Nicht zuletzt aus diesem Grunde macht es die Perspektive auf die Wechselwirkungen verschiedener „Achsen" von Ungleichheit und Differenz *fünftens* möglich, Gesellschaftstheorien einer (selbst)kritischen Revision und Aktualisierung zum Beispiel darauf hin zu unterziehen, wie sie die Verschränkungen von Ungleichheiten und Differenzierungen systematisch in den Blick nehmen (vgl. Klinger/ Knapp/ Sauer 2007; Aulenbacher/ Riegraf 2009). *Sechstens* etabliert sich Intersektionalität als Gegenbegriff zu dem seit den 1990er Jahren Dominanz beanspruchenden Begriff der Diversität (vgl. Knapp 2005b; Hardmeier/ Vinz 2007; Aulenbacher/ Riegraf 2009). In diesem Kontext werden unter Intersektionalität Forschungen integriert, die die Ungleichheitsdimensionen einer zusehends pluralistischen Moderne verstärkt ins wissenschaftliche Bewusstsein holen. *Siebtens* bringt der konzeptionell noch weiter zu entwickelnde Zuschnitt der „Intersektionalität" durch die Betonung von Differenzen *und* Ungleichheiten unterschiedliche und teilweise gegenläufige Perspektiven der 1990er Jahre zwischen Kultur- und Gesellschaftstheorie, Mikro- und Makrosoziologie, Postmoderne und Kritischer Theorie und vielen mehr (Aulenbacher/ Riegraf 2009; auch: Benhabib 1993; Knapp 1992, 2001) (wieder oder erstmalig) miteinander ins Gespräch, um die seither vielfach eingemahnten gegenseitigen Wahrnehmungen und Perspektiverweiterungen einzulösen, und dies gilt nicht für die Frauen- und Geschlechterforschung (vgl. Klinger 2003; Koppert/ Selders 2003; Klinger/ Knapp 2007; Knapp 2008).

Herausforderungen von Intersektionalitätsanalysen:
Die Bedeutung für gesellschaftliche Gestaltungsansprüche und -prozesse

Zentrale Bezugspunkte der Debatten über die Interferenzen unterschiedlicher Kategorien sozialer Strukturierung sind nach wie vor die Arbeiten von Crenshaw. Sie bilden ebenfalls einen guten Ausgangspunkt für die folgende Diskussion. In ihrer Argumentation konzentriert sich Crenshaw zunächst auf zwei zentrale Achsen sozialer Ungleichheiten, nämlich auf das Wechselverhältnis zwischen Geschlecht und race/ Ethnizität, ohne allerdings die Kategorie Klasse/ Schicht außer Acht zu lassen (Crenshaw 1989; 1994). Sie vergleicht die Situation Schwarzer Frauen mit einem Unfall an einer Straßenkreuzung, an der sich die Diskriminierungsmechanismen von Geschlecht und race/ Ethnizität verschränken. Mit dem Bild der Straßenkreuzung will sie veranschaulichen, dass während einer Weißen Frau oder einem Schwarzen Mann nur auf der einen Straße ein Unfall zustoßen kann (Geschlecht oder race/ Ethnizität), erleben Schwarze Frau durch das Zusammentreffen beider Kategorien an dessen Kreuzung spezifische Verletzungen (Walgenbach/ Eggers/ Grohs 2006). Andere Dimensionen, wie Alter, Religion oder Behinderung werden in ihren Wechselwirkungen mit den Achsen Geschlecht, race/ Ethnizität und Klasse/ Schicht zunächst nicht aufgenommen. Aus einer handlungs- und gestaltungsorientierten Perspektive liegt ein Verdienst der Analyse von Crenshaw darin zu zeigen, dass in us-amerikanischen Antidiskriminierungsgesetzen die Kategorien Geschlecht und race/ Ethnizität als sich gegenseitig ausschließend konzeptualisiert werden. Die Ausschlüsse von Geschlecht und race/ Ethnizität in der us-amerikanischen Antidiskriminierungsgesetzgebung begründet die Juristin Crenshaw mit der Ursprungsgeschichte. Gesetze zum Abbau von Rassendiskriminierung wurden vor allem von Schwarzen Männern gefordert und juristische Interventionen zum Abbau von Sexismus sind vor allem von Weißen Frauen in den USA ausgegangen (Walgenbach/ Eggers/ Grohs 2006). Darüber hinaus kann, so Crenshaw, die Privilegierung einer Kategorie, wie Geschlecht verstärkend auf eine andere Diskriminierungsdimensionen wirken. „Political differences are most relevant here, as strategies on one axis of inequality are mostly not neutral towards other axes" (Verloo 2006, S. 213).

Crenshaw enthüllt anhand von Beispielen, die ausschließlich aus dem us-amerikanischen Kontext stammen, überzeugend die fatalen Folgen, die die Konzentration von politischen Akteuren und Programmen auf lediglich eine Machtkonstellation entfalten kann. So waren Daten über Polizeiinterventionen zu häuslicher Gewalt in Los Angeles offiziell nicht nach Distrikten aufgeteilt verfügbar, um keine Ansatzpunkte für die Stärkung rassistischer Stereotype zu bieten. Die Informationen wurden von politischen Akteuren innerhalb und außerhalb des Polizeidepartments, die sich mit häuslicher Gewalt beschäftigten, gezielt zurückgehalten. Die politisch engagierten Gruppen befürchteten, die Daten könnten dazu missbraucht werden, Stereotype über krankhafte Gewalttätigkeiten dieser gesellschaftlichen Gruppen zu aktualisieren und verstärken (Crenshaw 1989; Crenshaw 1994; Verloo 2006). Eine solchermaßen ausgestaltete Informationspolitik richte sich nun aber potentiell gegen die Interessen von „women of colour", da sie die Frauen nicht darin unterstütze „to 'break the silence' within the respective communities, thus hindering broad mobilization against domestic violence in these communities" (Verloo 2006, S. 213). In einem weiteren Beispiel beschreibt Crenshaw, erneut mit Bezug auf die Thematik häuslicher und sexueller Gewalt, wie in amerikanischen Frauenhäusern aufgrund der vorherrschenden Budgetpolitik ein hoher Anteil der Ausgaben für rechtliche Beratung festgeschrieben wurde (Crenshaw 1989; 1994; Verloo 2006). Crenshaw argumentiert, dass mit einer solchen Politik implizit die Bedürfnisse verdienender und zumeist weißer Frauen aus der Mittelschicht zum Maßstab werden. Hingegen würden die Bedürfnisse von schwarzen und häufig armen Frauen, die Opfer sexueller Gewalt waren, aber gleichzeitig finanzielle Unterstützung und Hilfe bei der Wohnungssuche brauchten, keineswegs berücksichtigt. Damit greift sie die Kritik beispielsweise des Combabee River Collectives am „weißen Mittelstandsfeminismus" aus den 1970er Jahren auf und führt sie fort (Combahee River Collective 1977).

Zusammenfassend bedeutet diese Analyse: Privilegiert die Frauenbewegung oder auch andere politische Akteure eine Ungleichheitsachse, wird also die Kategorie Geschlecht in Politiken betont und werden andere Ungleichheitsstrukturen zum Beispiel aufgrund von Ethnizität, Alter, Körperlichkeit oder Religion nicht oder zumindest nicht in gleicher Weise in Rechnung gestellt, ignorieren Politiken die weiteren Ungleichheitslagen und Diskriminierungserfahrungen nicht einfach nur und lassen sie dadurch unangestattet, sondern sie können sie verfestigen oder gar verstärken (Crenshaw 1994). Anders formuliert: Politische Maßnahmen gegen Rassismus können durchaus Frauen diskriminieren oder Gleichstellungspolitiken Lesben marginalisieren (Verloo 2006, S. 213; Sauer/ Wöhl 2008). „Among the most troubling political consequences of the failure of antiracist and feminist discourses to address the intersections of racism and patriarchy is the fact that, to the extent they forward the interest of people of color and „women," respectively, one analysis often implicitly denies the validity of the other. The failure of feminism to interrogate race means that the resistance strategies of feminism will often replicate and reinforce the subordination of people of color, and the failure of antiracism to interrogate patriarchy means that antiracism will frequently reproduce the subordination of women" (Crenshaw 1994, S. 1256).

Die Wechselwirkungen und Vermittlungslinien von Geschlecht, race/ Ethnizität und Klasse/ Schicht und anderen Benachteiligungsdimensionen gilt es demnach genauer zu begreifen, um politische Konzepte entsprechend ausgestalten zu können. „Feminist efforts to politicise experiences of women and antiracist efforts to politicise experiences of people of color have frequently proceeded as though the issues and experiences they each detail occur on mutually exclusive terrains. Although racism and sexism readily intersect in the lives of real people, they seldom do in feminist and antiracist practices. And so, when the practices expound identity as „woman" or „person of color" as an either/or proposition, they relegate the identity of women of color to a location that resists telling" (Crenshaw 1994, S. 1256). Damit sind für theoretische und methodologische Diskurse und Paradigmen, für anwendungsorientierte Forschungen und für die Ausgestaltung von Politikkonzepten Herausforderungen benannt. Zugleich wird die Notwendigkeit deutlich, die Schnittstelle zwischen Theorie und Methodologie, anwendungsorientierter Forschung und gesellschaftlicher Praxis in diesem Forschungsfeld stärker in den Blick zu nehmen (vgl. hierzu auch: Riegraf 2008a).

Crenshaw differenziert zwischen struktureller und politischer Intersektionalität. Damit kann die Ebene wissenschaftlicher Analyse von der Ebene politischer Konzepte zugleich getrennt und erneut aufeinander bezogen diskutiert werden. Mit der strukturellen Intersektionalitätsanalyse öffnet sich der Blick für gesellschaftstheoretische und methodologische Analysen. Mit der politischen Intersektionalität können Handlungs- und Gestaltungskonzepte, wie Antidiskriminierungspolitiken, politische Strategien, Maßnahmen und Instrumente, also die politische Ebene, fokussiert werden.

Nach Crenshaw erfasst die Perspektive der strukturellen Intersektionalität die Wechselwirkungen und Überkreuzungen von Ungleichheiten und Differenzen, die sich direkt auf gesellschaftliche Ungleichheitslagen von Gesellschaftsmitgliedern und ihrer Subjektpositionen durchschlagen. Wie, wann und warum sich gesellschaftliche Ungleichheitslagen und Subjektpositionen lesbischer Frauen grundlegend von der gesellschaftlichen Situation heterosexueller Frauen und die Situation schwarzer Frauen sich von gesellschaftlichen Ungleichheitslagen und Subjektpositionen weißer Frauen unterscheidet muss auf gesellschaftlicher Mikro-, Meso- und Makroebene bearbeitet werden. Mit einer strukturellen Intersektionsanalyse kann beispielsweise zugänglich gemacht werden, „why a black woman is not considered for one job because she is black since the 'norm employee' is a white woman, while other jobs are also unavailable to her since the jobs available to black persons in that context are predominantly male jobs" (Verloo 2006). Die theoretische, methodologische und anwendungsbezogene Aufforderung des bis hierhin noch sehr weit abgesteckten Forschungsprogramms liegt demnach in folgenden Fragen, die zunächst noch auf Geschlecht, race/ Ethnizität und Klasse konzentriert sind: Wie und in welchen Situationen verändern rassistische Strukturen die gesellschaftlichen Ausprägungen von Sexismus oder Homophobie? Wie und in welchen gesellschaftlichen Situationen verstärkt die Klassenlage Homophobie? Wie und in welchen gesellschaftlichen Situationen erweitert oder bestärkt Homophobie Rassismus? Und im Anschluss daran und mit Blick auf weitere Ungleichheits— und Differenzdimensionen: Wie kann das Zusammenspiel der unterschiedlichen Dimensionen von Ungleichheit und Differenzen theoretisch und methodologisch angemessen erfasst werden? Sind alle soziale Ungleichheiten und Differenzen, wie Geschlecht, race/ Ethnizität und Klasse/ Schicht, Sexualität, aber auch Alter, Religion oder Behinderung gleichursprünglich, in ihrer Wirkung gleichgerichtet, gleichwertig und gleichgewichtig? Wie sind die Wechselwirkungen auf den gesellschaftlichen Makro-, Meso- und Mikroebenen theoretisch und methodologisch angemessen zu konzeptionalisieren? Wie ist der Vermittlungszusammenhang zwischen den einzelnen Ebenen zu begreifen?

Mit einer stärker auf Handlung- und Gestaltungsprozesse bezogenen politischen Intersektionalitätsanalyse gerät in den Blick, in welcher Weise Wechselwirkungen von Ungleichheiten und Differenzen politische Prozesse, Strategien und Programme in Wirtschaft, Politik oder Verwaltung herausfordern. Auch wird mit dem Begriff der politischen Intersektionalität der gesellschafts-emanzipatorische Impetus der Intersektionalitätsperspektive deutlich unterstrichen. „The concept of political intersectionality highlights the fact that women of color are situated within at least two subordinated groups that frequently pursue conflicting political agendas" (Crenshaw 1994, S. 1257). Im Anschluss an die Erkenntnis, dass „political differences are most relevant here, as strategies on one axis of inequality are mostly not neutral towards other axes" (Verloo 2006, S. 213) bilden die zentralen Fragen der politischen Intersektionalität: Wie und in welchen Situationen grenzen Politiken gegen Geschlechterdiskriminierung andere Benachteiligungsdimensionen aus oder verstärken diese gar? Wie und in welchen Situationen marginalisieren Maßnahmen gegen sexuelle Diskriminierungen oder gegen Diskriminierungen aufgrund von race/ Ethnizität Benachteiligungen aufgrund des Geschlechts? Wie und in welchen Situationen schließen Politiken zur Geschlechtergleichstellungen Lesbische Frauen aus? Oder allgemeiner formuliert: Inwiefern sind Überschneidungen und Wechselwirkungen von sozialen Ungleichheiten und Differenzen für politische Konzepte, Strategien und Programme relevant? In genau welcher Weise fordern die Wechselwirkungen von Ungleichheiten und Differenzen politische Konzepte, Programme und Maßnahmen heraus? Wie wirkt sich die Konzentration von politischen Konzepten, Strategien und Programmen auf eine konkrete Ungleichheits- und

Diskriminierungsstruktur auf andere Ungleichheits- und Diskriminierungsstrukturen aus? Immer gegenseitig ausschließend? Was bedeutet diese Diskussion für Antidiskriminierungsstrategien, -maßnahmen und -konzepte? Und daran anschließend: Wie müssen die bisherigen politischen Konzepte, Programme und Instrumente überdacht und weiterentwickelt werden? Gibt es überhaupt Gleichstellungskonzepte, die einem umfassenden Anspruch gerecht werden können?

Im folgenden Kapitel wird die Schnittstelle zwischen gesellschaftstheoretischer Weiterführung der Intersektionalitätsforschung und Antidiskriminierungspolitiken in den Blick genommen. Letztere erhält gerade in Zeiten von gesellschaftlichen Umbrüchen, in denen Gestaltungskompetenzen und -konzepte gefragt sind, besondere Relevanz (vgl. hierzu: Riegraf 2008a; Aulenbacher et al. 2007).

Diversitätspolitiken: Eine kritische Betrachtung durch die „Intersektionalitätsbrille"

Gerade im us-amerikanischen Kontext ist die theoretische Diskussion unter dem Stichwort „Intersektionalität" eng bezogen „to the political project of understanding the effect of gender, classs, and race on women´s identities, experience, and struggle for empowerment" (Davis 2008, S. 28). Umgekehrt allerdings, so führen Birgit Sauer und Stefanie Wöhl mit Bezug auf Alison Woodward aus, zeigen neuere Analyse der europäischen Antidiskriminierungs- und Diversitätspolitiken, dass sich diese selten auf Intersektionalitätsdebatten in der Wissenschaft beziehen (Sauer/ Wöhl 2008). Von Seiten der Wissenschaft werden allerdings Forderungen an politische AkteurInnen und Akteursgruppen herangetragen, Antidiskriminierungspolitiken, Strategien und Programme zu entwickeln, die berücksichtigen, so beispielsweise Lesley McCall, „that some forms of inequality seem to arise from the same conditions that might reduce other forms, including, potentially, a conflict between reducing gender inequality and reducing inequality among women" (McCall 2005, S. 1791).

Mit Bezug auf gesellschaftstheoretische Analysen zu den Überkreuzungen von Ungleichheiten und Differenzen kann verdeutlicht werden, dass der von Crenshaw skizzierte gegenseitige Ausschluss in den Antidiskriminierungskonzepten nicht ohne weiteres auflösbar ist (vgl. bspw: Klinger 2003, 2008; Knapp 2005a; 2005b; 2008; Becker-Schmidt 2008). Bezweifelt werden muss, dass sämtlichen gesellschaftlichen Ungleichheitsstrukturen und Benachteiligungsdimensionen mit ähnlichen gelagerten oder gar gleichen Politiken, Strategien und Programmen begegnet werden kann.

In ihren gesellschaftstheoretischen Arbeiten bezieht Cornelia Klinger die drei personalen Kategorien Geschlecht, race/ Ethnizität und Klasse auf die Strukturkategorien Arbeit, Körper, Fremdheit (Klinger 2003, 2008). Geschlecht, Klasse/ Schicht und race/ Ethnizität bilden demnach drei große „systems of oppression"

(Klinger 2008, S. 55), die den Herrschaftsverhältnissen von Patriarchat, Kapitalismus und Nationalismus/ Imperialismus geschuldet sind. Die drei Strukturkategorien und Herrschaftsverhältnisse stehen demnach ohne Zweifel in Wechselwirkung zueinander, verweisen aber zugleich auf unterschiedliche sozialhistorische Entstehungs- und Entwicklungslinien und auf differente Ausschlusspraxen. Diese „welthistorischen" Ungleichheitssysteme unterscheidet Klinger von den „spielerischen" Differenzierungen, wie Alter oder Religion (Klinger 2003, S. 26). Die Scheidemarke zwischen den Ungleichheiten Geschlecht, Klasse/ Schicht und race/ Ethnizität und den anderen Differenzen liegt in der Bezogenheit der Kategorien Geschlecht, Klasse/ Schicht und race/ Ethnizität auf die drei grundlegenden gesellschaftlichen Strukturierungs- und Herrschaftssysteme. Aber selbst diese drei Kategorien haben als Bezugssysteme unterschiedliche gesellschaftshistorische Herrschaftssysteme. Diese könnten nun nicht über gleich oder ähnlich gerichtete Antidiskriminierungs- und Gleichstellungspolitiken aufgebrochen werden – so Klinger. Eine Politik, die alle Ungleichheitsstrukturen und Benachteiligungsdimensionen mit ähnlichen oder gar gleichen Politiken, Strategien und Programmen begegnet, erkennt nicht die Bezogenheit von Geschlecht, Klasse/ Schicht und race/ Ethnizität auf die drei zentralen Grundmuster gesellschaftlicher Strukturierung und damit nicht ihre hervorgehobene Stellung im gesellschaftlichen Kontext an. Die Gleichstellung der drei grundlegenden Ungleichheiten mit den „spielerischen" Differenzierungen birgt die Gefahr eines Relativismus und einer Abwertung der grundlegend gesellschaftsstrukturierenden Ungleichheiten, so Klinger (Klinger 2003). Die Nivellierung von Ungleichheiten und Differenzen erzeugt damit immer wieder neue Ungleichheiten und Ungerechtigkeiten.

Dass sämtliche Ungleichheitsstrukturen und Benachteiligungsdimensionen nicht mit ähnlichen, gleichgerichtet oder gar gleichen Politiken, Strategien und Programmen begegnet werden kann, lässt sich auch anhand von Debatten um Gerechtigkeitsfragen zeigen, was im vorliegenden Aufsatz aber nur kurz angedeutet werden kann. In den Debatten wird unter dem Stichwort „Anerkennung" versus „Umverteilung" das Verhältnis zwischen Unterschieden und Differenzen im Hinblick auf politische Strategien diskutiert. Nancy Fraser argumentiert in ihren Arbeiten, dass es beispielsweise bei der Kategorie Klasse/ Schicht um Perspektiven der materiellen Umverteilung geht und bei anderen Kategorien eher um Fragen der Anerkennung sozialer und politischer Missachtungs- und Entwertungserfahrungen von gesellschaftlichen Gruppen (Young 1990; Fraser 1995; Fraser/ Honneth 2003). Sie plädiert dafür, ökonomische Ungleichheit und fehlende Anerkennung als zwei voneinander unabhängige Dimensionen von Diskriminierung darzustellen, die politischen Konzepte müssten also jeweils andere sein. Auf theoretischer Ebene verlangt Fraser eine Ausarbeitung einer umfassenden „Theorie sozialer Gerechtigkeit", die sowohl die Forderung nach Umverteilung, als auch die nach Anerkennung zum Beispiel kultureller Verschiedenheit berücksichtigt (Fraser/ Honneth 2003), was dies für politische Forderungen bedeutet ist allerdings noch offen. Im Folgenden sollen vor dem Hintergrund der entfalteten Argumentation bislang praktizierte Differenzpolitiken, die gegen Ungleichheiten aufgrund der Zugehörigkeit beispielsweise zu Geschlecht, race/ Ethnizität, der sexuellen Orientierung, des Alters oder einer Behinderungen angehen, konkreter ausbuchstabiert werden.

Multiple Diskriminierungsstrukturen und –praxen sind in den letzten Jahren durchaus Thema von (Organisations)Politiken, wie beispielsweise der „Politics of muliple Identities" auf UN- und EU-Ebene (Raj 2002; Sauer/ Wöhl 2008). Aber auch die organisationspolitische Strategie des „Diversity Management", die sich zunehmend in Verwaltungen, Schulen, Non Governmental Organisationen und Universitäten finden, wird inzwischen als möglicher Anknüpfungspunkt von Geschlechterpolitik überprüft (vgl. hierzu: Krell 2004; Koall 2001; Frohnen 2005; Rastetter 2007; Riegraf 2008b; Zeitschrift des Deutschen Juristinnenverbandes 2008). Im Gegensatz zu Gender Mainstreaming stellt die Personalpolitik und Organisationsstrategie des Managing Diversity programmatisch nicht mehr allein und auch nicht mehr immer explizit Geschlecht ins Zentrum, sondern Geschlecht soll als eine unter mehreren gleichwertigen Ungleichheits- und Differenzierungskategorien berücksichtigt werden. Eine Wurzel des „Diversity Management" liegt in den us-amerikanischen „Affirmative Action Acts", deren wesentlicher Bestandteil der „Equal Employment Opportunity Act" ist und das Unternehmen, die sich um öffentliche Aufträge bemühen, verbietet, Gesellschaftsmitglieder aufgrund von Geschlecht, race/ Ethnizität, Religion, Alter oder Herkunft zu diskriminieren. Managing Diversity soll Win-Win-Situationen in dem Sinne herstellen, dass der Abbau von Missachtung und die Anerkennung von Differenz zu erweiterten Chancen von Beschäftigten führen soll und dies insgesamt höhere Unternehmensgewinne nach sich ziehe. Unterschiedliche Hintergründe und Erfahrungen, weibliches, multinationales, religiöses oder homosexuelles Humankapital sollen anerkannt, erschlossen und in die Unternehmenspolitik integriert werden. Dabei sind zugleich die Grenzen dieser Politiken angedeutet: Aufgrund der Vagheit des Diversity Konzeptes werden je nach Situation und Konstellation jeweils die Differenzen anerkannt oder verworfen, die den wirtschaftlichen Erfolg befördern oder zumindest nicht gefährden, also wenn sie beispielsweise bei einem Verkaufsgespräch zum erfolgreichen Abschluss verhelfen. Materielle Umverteilungen sind nicht Gegenstand der Diversity-Diskussionen (Riegraf 2008b).

Antidiskriminierungspolitik auf europäischer Ebene formuliert das gesellschaftspolitische Ziel, alle relevanten Merkmalgruppen zu umfassen und keine Hierarchien zwischen den einzelnen Benachteiligungsdimensionen aufzubauen. Auf europäischer Ebene durchlief das Antidiskriminierungsrecht einen langen Weg vom Verbot der Geschlechterdiskriminierung bis hin zu einem Diversity-Ansatz (vgl. hierzu bspw.: Verloo 2006; Sauer/ Wöhl 2008). Beginnend mit dem Vertrag von Amsterdam 1997 dehnte die Europäische Union ihre Politiken gegen Ungleichheiten und Diskriminierungen in den letzten Jahren über die Kategorie Geschlecht hinaus auf andere Benachteiligungsdimensionen aus. In der Folge trieb die Europäische Union nicht nur Politiken gegen die Anerkennung von Differenzen und Unterschieden zwischen Menschen voran, sondern auch zielgerichtete Maßnahmen gegen jegliche Benachteiligung aufgrund des Geschlechts, Race bzw. Ethnizität, Religionszugehörigkeit, Alter, Behinderung oder sexuelle Orientierung (Verloo 2006, Sauer/ Wöhl 2008), was als großer Erfolg herausgestellt wird (European Commission 2004). Die Europäische Union „moves from a predominant focus on gender inequality towards policies that address multiple inequalities" (Verloo 2006, S. 214). Das Antidiskriminierungsgesetz der Bundesrepublik richtet sich grundsätzlich an diesem europäischen Diversity-Ansatz aus und verzichtet gezielt auf Hierarchisierungen von Diskriminierungsmerkmalen, um einen systematischen Schutz gegen Diskriminierung aus Gründen von Geschlecht, Nationalität, race/ Ethnizität, Religion oder Weltanschauung, Behinderung, Alter oder sexuellen Identität zu bieten. Verloo führt drei Bereiche aus, die durch die Ausweitung des Fokus der Politiken der Europäischen Union auf multiple Ungleichheiten sichtbar werden (ebenda, S. 214):

1. Annahme der Ähnlichkeit dieser Ungleichheiten,
2. Notwendigkeit von strukturellen Ansätzen sowie
3. politischer Wettkampf zwischen diesen Ungleichheiten.

Verloo begründet die Problematik die im ersten Punkt liegt damit, dass „different inequalities are dissimiliar because they are differently framed to be relevant as policy problems" (ebenda, S. 221). Dies ist vor dem Hintergrund der bisherigen Überlegungen insofern einsichtig, als herausgearbeitet wurde, dass Diskriminierungsstrukturen sehr unterschiedliche gesellschaftliche und historische Bezugspunkte haben, weshalb nicht sämtliche Ungleichheitsstrukturen und Benachteiligungsdimensionen über gleichgerichtete Politiken, Maßnahmen und Instrumente aufgebrochen werden können. Und, so führt Verloo aus, dass ein „'One size fits all' approach to addressing multiple discrimination is based on an incorrect assumption of sameness or equivalence of the social categories connected to inequalities and of the mechanisms and processes that constitute them" (Verloo 2006, S. 223). Problematisch ist auch, dass in diesen Politiken die Diskussion zur sozialen Konstruktion von Geschlecht nicht aufgenommen wird, die Annahme einer dichotomen Zweigeschlechtlichkeit – weiblich und männlich – weitergeführt und fixiert und damit naturalisiert wird, während Klassenidentitäten als Positionen präsentiert werden, die überwunden werden können, so Verloo (ebenda, S. 216), was sich dann allerdings in den politischen Maßnahmen gegen die ungleichheitsgenerierende Kategorie „Klasse" nicht widerspiegelt. Mit der quantitativen Ausdehnung der als ungleichheits- und diskriminierungsrelevant anerkannten Kategorien, weiteten sich die Politiken und Strategien allerdings nicht in gleicher Weise aus, so die überzeugende Argumentation von

Verloo, vielmehr werden dieselben Instrumente gegen die Diskriminierungsdimensionen angewandt: „The fact that inequalities are dissimiliar means that such 'equality' mainstreaming cannot be a simple adaption of current tools of gender mainstreaming" (ebenda, S. 222). Daran knüpfen die beiden anderen Problembereiche an, die – laut Verloo – eng mit der Ausgestaltung politischer Intersektionalität verbunden sind. Das sind erstens der vorwiegend individualistische Charakter der Antidiskriminierungspolitik, was die Notwendigkeit der Rückkopplung an strukturelle Anätze verdeutlicht. Eine Politik der Antidiskriminierung, die ausschließlich auf Individuen basiert bleibt demnach unzureichend. Antidiskriminierung wird zu einer begrenzten Strategie, wenn strukturelle Unterschiede unangetastet bleiben. Zweitens, die wachsende Konkurrenz „between inequalities is fuelled by the specific nature of current policies" (Verloo 2006, S. 215). Verloo schließt aus ihren Überlegungen, dass der Kampf zwischen verschiedenen Ungleichheiten immer präsent sein werde und daher bestehe die Gefahr der Hierarchisierung, dass diese „hierarchisiert" werden. Sie warnt, dass dies bedeuten könne, dass „gender might lose out, or is already losing out".

Fazit

Im vorliegenden Aufsatz wurde zunächst herausgearbeitet, warum die nicht ganz neue Diskussion darüber, wie sich Wechselwirkungen und Überkreuzungen von sozialen Ungleichheiten und Differenzen in gesellschaftstheoretischen und methodologischen Konzepten angemessen konzeptionalisieren lassen seit einiger Zeit einen erneuten und unübersehbaren Aufschwung erhält. Anknüpfend an die gesellschaftstheoretischen und methodologischen Diskussion spürt der Aufsatz schließlich der Frage nach den Herausforderungen für gesellschaftliche Gestaltungsansprüche und handlungs- und praxisorientierte Konzepte nach, die die Intersektionalitätsdebatte für die Frauen- und Geschlechterforschung bereit hält. Dieser Blick auf die Intersektionen von Ungleichheiten und Differenzen wird – zumindest im deutschsprachigen Kontext – erst allmählich geschärft. Ein deutliches, um es einmal vorsichtig zu formulieren, Spannungsfeld wird erkennbar: Auf der einen Seite kann die Konzentration von politischen Gestaltungskonzepten auf lediglich eine Benachteiligungsdimension, beispielsweise Geschlecht wiederum andere Dimensionen, wie race/ Ethnizität verstärken, dies zeigen die Arbeiten von Crenshaw. Auf der anderen Seite geht die Vorstellung wiederum, dass alle, oder zumindest möglichst viele Benachteiligungsdimensionen gleichgewichtig z.B. in Antidiskriminierungspolitiken aufgenommen werden können und mit gleichen oder ähnlich gerichteten Politiken, Strategien und Maßnahmen angegangen werden können, ebenfalls nicht auf. Dies konnte unter anderem mit Hilfe der gesellschaftstheoretischen Arbeiten von Klinger diskutiert werden. Will die Frauen- und Geschlechterforschung nun an ihrem gesellschaftskritischen und -theoretischen Anspruch festhalte und zugleich den Anspruch an Gesellschaftsgestaltung nicht aufgeben, muss der Blick an der Schnittstelle zwischen Theorie, Empirie und Anwendung weiter geschärft werden.

Literatur

Anthias, Floya/ Yuval-Davis, Nira (1983): Contextualizing Feminism: Gender, Ethnic and Class Division. In: Feminist Review 15, S. 62-75.

Aulenbacher, Brigitte (2007): Vom fordistischen Wohlfahrts- zum neoliberalen Wettbewerbsstaat. Bewegungen im gesellschaftlichen Gefüge und in den Verhältnissen von Klasse, Geschlecht und Ethnie. In: Klinger, C./ Knapp, G.-A./ Sauer, B. (2007) (Hrsg.): Achsen der Ungleichheit – Achsen der Differenz. Verhältnisbestimmungen von Klasse, Geschlecht, Rasse/Ethnizität. Frankfurt/New York

Aulenbacher, Brigitte/ Funder, Maria/ Jacobsen, Heike/ Völker, Susanne (2007) (Hrsg.): Arbeit und Geschlecht in der modernen Gesellschaft. Forschung im Dialog. Wiesbaden

Aulenbacher Brigitte/ Riegraf, Birgit (2009): Markteffizienz und Ungleichheit – Zwei Seiten einer Medaille? Klasse/Schicht, Geschlecht und Ethnie im Übergang zur postfordistischen Arbeitsgesellschaft. In: Aulenbacher, B./ Wetterer, A. (2009) (Hrsg.): ARBEIT. Perspektiven und Diagnosen der Geschlechterforschung. Band 25 des Forums Frauen- und Geschlechterforschung. Münster (im Erscheinen)

Beck, Ulrich (2002): Macht und Gegenmacht im globalen Zeitalter. Frankfurt/Main

Becker-Schmidt, Regina (2007): „Class", „gender", „ethnicity", „race": Logiken der Differenzsetzung, Verschränkung von Ungleichheitslagen und gesellschaftliche Strukturierung. In: Klinger, C./Knapp, G.-A./Sauer, B. (2007) (Hrsg.): Achsen der Ungleichheit. Zum Verhältnis von Klasse, Geschlecht und Ethnizität. Frankfurt a. Main/New York, S. 56-83

Becker, Schmidt Regina (2008): Wechselbezüge zwischen Herrschaftsstrukturen und feindselige Subjektpotentialen. Überlegungen zu einer interdisziplinären Ungleichheitsforschung. In: Klinger, C./ Knapp, G.-A. (2008) (Hrsg.): ÜberKreuzungen. Fremdheit, Ungleichheit, Differenz. Münster, S. 112-136

Benhabib, Seyla (1993): Feminismus und Postmoderne. Ein prekäres Bündnis, in: Benhabib, S./ u.a. (1993) (Hrsg.): Der Streit um Differenz. Feminismus und Postmoderne in der Gegenwart. Frankfurt a. M., S. 9-30

Crenshaw, Kimberlé W. (1989): Demarginalizing the Intersection of Race and Class. A black feminist critique of antidiscrimination doctrine. In: University of Chicago Legal Forum, S. 139-167

Crenshaw, Kimberlé W. (1994): Mapping the Margins: Intersectionality, Identity Politics, and Violence against Women of Color. In: Standford Law Review, Vol 43, No. 6, S. 1241-1299

Combahee River Collective (1977) 'A Black Feminist Statement'. In: Nicholson, L. (1997) (Hrsg.) The Second Wave: A Reader in Feminist Theory. New York/ Routledge, reprinted, S. 63–70

Davis, Kathy (2008): Intersectionality in Transatlantic Perspective. In: Klinger, C./ Knapp, G.-A. (2008) (Hrsg.): ÜberKreuzungen. Fremdheit, Ungleichheit, Differenz. Münster, S.194-209

Degele, Nina/ Winker, Gabriele (2008): Praxeologisch differenzieren. Ein Beitrag zur intersektionalen Gesellschaftsanalyse. In: Klinger, C./ Knapp, G.-A. (2008) (Hrsg.): Über-Kreuzungen. Fremdheit, Ungleichheit, Differenz. Münster, S.194-209

European Commission (2004): Equality and Non-Discrimination in an Enlarged European Union, Green Paper. Luxembourg: Office for Official Publications of the European Communities

Fraser, Nancy (1997): Von der Umverteilung zur Anerkennung? Dilemmata der Gerechtigkeit in „postsozialistischer" Zeit. In: Die halbierte Gerechtigkeit. Schlüsselbegriffe des postindustriellen Sozialstaats. Frankfurt a. Main, S. 23-66

Fraser, Nancy/ Honneth, Axel (2003): Umverteilung oder Anerkennung? Eine politisch-philosophische Kontroverse. Frankfurt am Main.

Frohnen, Anja (2005): Diversity-in-Action. Multinationalität in globalen Unternehmen am Beispiel Ford. Bielefeld

Hardmeier, Sibylle/ Vinz Dagmar (2007): „Diversity" und „Intersectionality". Eine kritische Würdigung der Ansätze für die Politikwissenschaft. In: Femina Politica, „Frauen – Gender – Diversity. Perspektiven theoretischer Konzepte und ihrer politischen Umsetzung", Jg. 16., Heft 1, S. 23-33

Klinger, Cornelia (2003): Ungleichheit in den Verhältnissen von Klasse, Rasse und Geschlecht. In: Knapp, G.-A./ Wetterer, A. (2003) (Hrsg.): Achsen der Differenz. Gesellschaftstheorie und feministische Kritik II. Münster, S. 14-48

Klinger, Cornelia (2008): Überkreuzende Identitäten – Ineinandergreifende Strukturen. Plädoyer für einen Kurswechsel in der Intersektionalitätsanalyse. In: Klinger, C./ Knapp, G.-A. (2008) (Hrsg.): ÜberKreuzungen. Fremdheit, Ungleichheit, Differenz. Münster, S. 38-67

Klinger, Cornelia/ Knapp, Gudrun-Axeli (2007): Achsen der Ungleichheit – Achsen der Differenz: Verhältnisbestimmungen von Klasse, Geschlecht, „Rasse"/Ethnizität. In: Klinger, C./ Knapp, G.-A./ Sauer, B. (2008) (Hrsg.): Achsen der Ungleichheit – Achsen der Differenz. Verhältnisbestimmungen von Klasse, Geschlecht, Rasse/Ethnizität. Frankfurt/New York, S. 19-41

Klinger, Cornelia/ Knapp, Gudrun-Axeli/ Sauer, Birgit (2007) (Hrsg.): Achsen der Ungleichheit – Achsen der Differenz. Verhältnisbestimmungen von Klasse, Geschlecht, Rasse/Ethnizität. Frankfurt/New York

Klinger, Cornelia/ Knapp, Gudrun-Axeli (2008) (Hrsg.): ÜberKreuzungen. Fremdheit, Ungleichheit, Differenz. Münster

Knapp, Gudrun-Axeli (1992): Macht und Geschlecht. Neuere Entwicklungen in der feministischen Macht- und Herrschaftsdiskussion. In: Knapp, G.-A./ Wetterer, A. (1992) (Hrsg.): Traditionen Brüche. Entwicklungen feministischer Theorie. Freiburg i.Br., S. 287-325

Knapp, Gudrun-Axeli (2001): Dezentriert und viel riskiert: Anmerkungen zur These vom Bedeutungsverlust der Kategorie Geschlecht. In: Knapp, G.-A./ Wetterer, A. (2001) (Hrsg.): Soziale Verortung der Geschlechter. Gesellschaftstheorie und feministische Kritik. Münster, S. 15-62

Knapp, Gudrun-Axeli (2005a): Race, Class, Gender: Reclaiming Baggage in Fast Travelling Theories. In: European Journal of Women's Studies, Hg. 12 , No. 3, S. 249-265

Knapp, Gudrun-Axeli (2005b): „Intersectionaliy" – ein neues Paradigma feministischer Theorie? Zur transatlantischen Reise von „Race, Class, Gender", in: Feministische Studien 23. Jg., Heft 1, S. 68-81

Knapp, Gudrun-Axeli (2008): Verhältnisbestimmungen: Geschlecht, Klasse, Ethnizität in gesellschaftstheoretischer Perspektive. In: Klinger, C./ Knapp, G.-A. (2008) (Hrsg.): ÜberKreuzungen. Fremdheit, Ungleichheit, Differenz. Münster, S. 138-170

Koall, Iris (2001): Managing Gender und Diversity. Von der Homogenität zur Heterogenität in der Organisation der Unternehmung. Münster

Koppert, Claudia/ Selders, Beate (2003) (Hrsg.): Hand aufs dekonstruierte Herz. Verständigungsversuche in Zeiten der politisch-theoretischen Selbstabschaffung von Frauen. Königstein/Ts.

Krell, Gertraude (2004): Managing Diversity: Chancengleichheit als Wettbewerbsfaktor. In: Krell, G. (2004) (Hrsg.): Chancengleichheit durch Personalmanagement. Wiesbaden, S. 41–56

McCall, Leslie (2005): The Complexity of Intersectionality. In: Signs. Journal of Women in Culture and Society 30, Nr. 3, S. 1771-1802

Raj, Rita (2002) (Hrsg.): Women at the Intersection. Invisible Rights, Idenitites and Oppressions. New Brunswick

Rastetter, Daniela (2007): Managing Diversity: Eine für die Gleichstellung von Frauen gewinnbringende Strategie? In: aktuelle informationen 2, S. 23–24

Riegraf, Birgit (2008a): Anwendungsorientierte Forschung und der Wandel der Wissensordnung zu Geschlecht: Konzeptionelle Annäherungen. In: Österreichische Zeitschrift für Soziologie, Themenheft „Soziologie und Geschlechterforschung", Jg. 33, Heft 4, S. 62-78

Riegraf, Birgit (2008b): Geschlecht und Differenz in Organisationen: Von Gleichstellungspolitik und erfolgreichem Organisationslernen. In: WSI-Mitteilungen „Zeitanalysen. Soziale und wirtschaftliche Entwicklungen im Spiegel der Wissenschaft", Monatszeitschrift des Wirtschafts- und Sozialwissenschaftlichen Instituts in der Hans-Böckler-Stiftung, Jubiläumsheft, Jg. 61, Heft 7, S. 400-406

Sauer, Birgit/ Wöhl, Stefanie (2008): Governing intersectionality. Ein kritischer Ansatz zur Analyse von Diversitätspolitiken. In: Klinger, C./ Knapp, G.-A. (2008) (Hrsg.): Über-Kreuzungen. Fremdheit, Ungleichheit, Differenz. Münster, S. 249-273

Verloo, Mieke (2006). Multiple Inequalities, Intersectionality and the European Union. In: European Journal of Women's Studies 13, No. 3, S. 211-228

Walby, Sylvia (2005): 'Gender Mainstreaming: Productive Tensions in Theory and Practice'. In: Social Politics 12, No. 3, S. 321–43.

Walgenbach, Katharina/ Eggers, Maureen Maisha/ Grohs, Telse S. (2006): Interdependezen: Geschlecht, Ethnizität, Klasse. Virtuelles Seminar an der HU Berlin; Internetressource: http://www2.gender.hu-berlin.de/

Young, Iris Marion (1990): Justice and the Politics of Difference. Princeton/ New Jersey

Yuval-Davis, Nira/ Anthias, Floya/ Kofman, Eleonore (2005): 'Secure Borders and Safe Haven and the Gendered Politics of Belonging: Beyond Social Cohesion'. In: Ethnic and Racial Studies 28(3), S. 513–35

Zeitschrift des Deutschen Juristinnenverbandes (DjbZ) (2008): „Gender Mainstreaming und Managing Diversity: Alternativen zu Antidiskriminierungsrecht und Gleichstellungsgesetzen im Arbeitsleben?" Schwerpunktheft 1

Neue Familienpolitik und Geschlechterverhältnisse. Sozialpolitische Dimensionen als Leerstelle?

Karin Jurczyk

Einleitung

Dass Familienpolitik entscheidend zur Konstruktion der Geschlechterverhältnisse beiträgt, wird seit mindestens 30 Jahren in der feministischen Forschung thematisiert (Jurczyk 1978). Im offiziellen politischen Diskurs wurde dieser Zusammenhang lange nicht explizit gemacht und auch nicht offensiv zur Politikgestaltung genutzt; implizit war jedoch das Leitbild von Normalfamilie und männlichem Ernährermodell von entscheidender Konstruktionskraft für die Familienpolitik der Bundesrepublik und damit auch der sozialen Positionierung der Geschlechter.

Wissenschaftlich und politisch wenig ausgeleuchtet blieben dabei aber in der Regel in dieser „Zweierbeziehung" von Familien- und (impliziter) Genderpolitik sozialpolitische Dimensionen, die hier als ungleichheitsrelevante Dimensionen von Schicht und Ethnie gefasst werden. Hat die Gender- oder Frauenpolitik vor allem die Gleichstellung der Geschlechter[1] im Fokus und die Familienpolitik die Unterstützung von Familien, so zielt die Sozialpolitik[2] einem engeren Verständnis zufolge auf die Verbesserung der sozialen Lage einzelner sozialer Gruppen und deren Inklusion sowie auf die Angleichung von Lebenschancen (Bleses/Seelaib-Kaiser 2001; S. 1764). Hier weitet sich die „Zweier-" zur „Dreierbeziehung" von Familien-, Gender und Sozialpolitik, denn Konstruktionsprinzip insbesondere der (west)deutschen Sozialpolitik ist ein Wohlfahrtsstaatsmodell, das die geschlechtlich konnotierte Trennung von Privat und Öffentlich, Familie und Erwerb und damit das historisch gewachsene männliche Ernährermodell voraussetzt (Ostner 2009). Leitlinie ist das so genannte Subsidiaritätsprinzip, demzufolge Verantwortlichkeiten für soziale Aufgaben (etwa Care) zunächst auf die kleinstmögliche Ebene – hier der Familie-

---

[1] Gender-, Gleichstellungs- und Frauenpolitik ließen sich durchaus genauer hinsichtlich ihres historischen Kontextes, ihrer Zielsetzungen, Maßnahmen und Zielgruppen voneinander unterscheiden. Von Interesse wäre insbesondere die Ausdifferenzierung in Richtung Männer- bzw. Väterpolitik. Aus pragmatischen Gründen werden die Begriffe hier jedoch synonym verwendet. Als gemeinsamer Nenner gilt, die Realisierung gleicher Lebenschancen der Geschlechter zu ermöglichen.

[2] Sozialpolitik wird im Folgenden nicht rechtssystematisch begrenzt (etwa im Kontext der Regelungen des SGB VIII), sondern als ressortübergreifende, überwiegend, aber nicht ausschließlich staatliche Politi*ken* verstanden. Ähnlich sind Familienpolitik wie Genderpolitik querschnittig und in unterschiedlichen Rechtsgebieten verankert. Träger von Familien-, Sozial- und Genderpolitik sind vornehmlich der Staat, daneben die Gewerkschaften, Kirchen, Unternehmen, Vereine, Verbände sowie weitere zivilgesellschaftliche Akteure.

oder Verwaltungseinheit verlagert werden. Insofern sind auch Sozial- und Familienpolitik eng verknüpft: Familienpolitik zielt vorrangig auf die Förderung und Unterstützung von Familie als dem für die Gesellschaft (und deren soziale Verfasstheit)
konstitutivem Lebenszusammenhang. Ihr geht es um einen Ausgleich zwischen den
Gruppen der Eltern und Nicht-Eltern (Familienleistungsausgleich) sowie – nach-
rangig – zwischen unterschiedlichen familialen Lebenslagen wie etwa den Alleinerziehenden und der Partnerfamilie. In beiden Politikbereichen ist aufgrund der
Orientierung am männlichen Ernährermodell die sozial ungleiche soziale Lage der
Geschlechter also bislang systematischer Ausgangspunkt; Genderpolitik zielt demgegenüber die Aufhebung der Benachteiligungen vor allem von Frauen.

Dem „Intersektionalitätsansatz" folgend, existieren die verschiedenen Ungleichheiten – Gender, Schicht, Ethnie – nebeneinander bzw. sie vermischen sich
und haben situations- und konstellationsabhängig auch unterschiedliche Relevanz
(McCall 2001). Es stellt sich die Frage, inwieweit Familienpolitik diesen Ungleichheitsdimensionen welche Beachtung schenkt. Im Folgenden soll herausgearbeitet
werden, inwieweit bei den Ansätzen der „neuen" Familienpolitik zwar mehr Geschlechtergerechtigkeit intendiert ist, aber a) die soziale Lage von Frauen und Männern – und damit auch deren Familien – entlang der *Ungleichheitsdimensionen von Klasse
und Ethnie* eine systematische Leerstelle ausmacht und b) deren praktische Umsetzung von Widersprüchen und Ungleichzeitigkeiten geprägt ist.

Dafür wird folgender Argumentationsgang entwickelt. Zunächst wird gezeigt,
dass und warum Familienpolitik gegenüber der Gleichstellungspolitik derzeit en
vogue ist. Deutlich wird, dass Familienpolitik an der Geschlechterfrage nicht mehr
vorbeikommt. Hierfür wird der soziale Wandel von Familie, Erwerb und Geschlechterverhältnissen nachgezeichnet. Vor diesem Hintergrund steht Familienpolitik heute vor einem tiefgreifenden Sorgedilemma (2). Anschließend werden die
Agenda und einzelne Maßnahmen der aktuellen Familienpolitik näher beleuchtet
(3). Schließlich werden Ungleichheiten und Ungleichzeitigkeiten sowie Lücken der
neuen Familienpolitik analysiert und der Begriff feministischer Familienpolitik kon-
turiert (4).

Warum die Familienpolitik an der Geschlechterfrage nicht mehr vorbeikommt[3]

Umgewichtungen zwischen Familien- und Gleichstellungspolitik
Seit einigen Jahren erlebt Deutschland eine neue und breite Aufmerksamkeit für Familienpolitik. Deutlich forciert wurde dies durch die Diskurse und Impulse rund um den Siebten Familienbericht (BMFSFJ 2006), wenngleich der Boden hierfür schon in den Jahren zuvor vorbereitet wurde. Ihre Gegenstandsbereiche beschränken sich nicht länger auf den klassischen Kanon von Familienförderung durch monetäre Transferleistungen, punktuellen Maßnahmen sowie vor allem Appellen an den „Wert von Familie" zu feierlichen Anlässen. Auch die Trias der zentralen Akteure von Staat, Wohlfahrtsverbänden und Kirchen ist vor allem um die Wirtschaft, die Kommunen (als neu hervorgehobener Teil des Staates) sowie die Zivilgesellschaft erweitert. Besonders erstaunlich ist jedoch, dass Themen, die mit der neuen Frauenbewegung bereits vor fast 40 Jahren auf die Agenda einer emanzipatorischen Frauen- und Familienpolitik gesetzt wurden, derzeit Eingang in den Mainstream der bundesrepublikanischen Familienpolitik finden. Für Deutschland relativ unvermutet, werden Themen wie außerfamiliale Betreuung unter dreijähriger Kinder, Ganztagsschule, eine Umdefinition der „guten" Mutter von der Vollzeithausfrau und -mutter zur erwerbstätigen Mutter sowie der Wandel vom Feierabend-Vater zum „aktiven" Vater bis hinein in breite Bevölkerungskreise gesellschaftsfähig.

Was ist geschehen, dass die Familienpolitik vom Rand ins Zentrum der politischen Debatten rückt, vom „weichen" zum „harten" politischen Thema avanciert – ganz im Gegensatz zur Gleichstellung der Geschlechter? Denn gleichzeitig ist festzustellen, dass Themen wie Benachteiligung am Arbeitsplatz, Frauensolidarität, Abtreibung und Gewalt in Beziehungen kaum mehr für Schlagzeilen taugen. Aktuell wird sogar wieder darum gestritten, ob Frauenhäuser als Zufluchtsorte für misshandelte Frauen überflüssig seien[4]. In etlichen Kommunen wird angesichts knapper Kassen darüber verhandelt, die Stellen von Gleichstellungsbeauftragten aufzulösen bzw. durch Familienbeauftragte mit vermeintlich identischen Aufgaben zu ersetzen (Thiessen 2008). Der neue Wellness-Feminismus, der das „Leben schöner macht", setzt auf „Alphamädchen" (Haaf et al. 2008) und mit ihnen auf die Idee, dass „starken" Frauen heute bei der Durchsetzung ihrer individuellen – meist karriereorientierten – Interessen, wenn sie es nur richtig und selbstbewusst anstellen, keine Barrieren mehr entgegen stehen. Auch eine aktuelle Untersuchung zu den Lebenszielen junger Frauen betont vor allem das Selbstbewusstsein und deren Streben nach ökonomischer Unabhängigkeit (Allmendinger 2008), ohne jedoch die strukturellen

---

[3] Mit dieser Formulierung hat Helga Krüger in zwei ihrer letzten Texte die Notwendigkeit einer Modernisierung von Familienpolitik und neuen Allianz von Familien- und Gleichstellungspolitik kompakt zusammengefasst und wegweisend analysiert (Krüger 2006a und b).
[4] http://www.welt.de/politik/article3936899/Warum-das-Frauenhaus-abgeschafft-werden-muss.html.

Barrieren, die sich spätestens bei der Übernahme von Care-Aufgaben[5] in der Familie für sie nach wie vor ergeben, in die Reflexionen mit einzubeziehen.

Die Auslöser für die Umgewichtung von Gleichstellungs- zur Familienpolitik sind relativ einfach zu identifizieren. Denn weder ist die Gleichstellung von Frauen heute umgesetzt und eine entsprechende Politik damit überflüssig geworden, auch ist die Idee des Feminismus nicht als solche auf der gesellschaftlichen Agenda fest platziert. Alarmierend – und erstmals Handlungen produzierend – wirken vielmehr erstens der demografische Wandel, fokussiert auf den Geburtenrückgang, sowie zweitens daneben auch die Bildungsdefizite der Kinder in Deutschland, ausgelöst durch die PISA-Debatte, gerahmt wird beides durch das Klagen der Betriebe über schlecht vorgebildete Auszubildende, den drohenden Facharbeitermangel sowie durch den Notstand bei der Pflege alter Menschen und den Erzieherinnenmangel. Die Debatte wird begleitet von vielfältigen, mehr oder weniger lauten, medial aufbereiteten Krisenszenarien rund um Familie, die familialen Wandel nicht als Voraussetzung für die Kontinuität von Familie und ihre einzige Konstante sehen, sondern als Defizit und Versagen.

Die genannten, nicht unmittelbar in Zusammenhang stehenden Entwicklungen weisen allesamt darauf hin, dass das Verhältnis der Geschlechter sowie von Familie und Erwerbsbereich sich gewandelt hat und heute keine Gewähr mehr für die Einhaltung des Reproduktionspaktes zwischen Geschlechtern und Generationen bietet. Auch das etablierte Sozialstaatsmodell gerät damit ins Wanken.

These ist, dass nicht die einzelnen, sondern erst das Zusammentreffen der unterschiedlichen Entwicklungen im Kontext eines umfassenden sozialen Wandels eine derartige Brisanz des Themas Familie bewirken konnten. Der demografische Wandel, der fast schlagartig ins gesellschaftliche und politische Bewusstsein getreten zu sein scheint (Kaufmann 2005), ist nur ein Mosaikstein, an dem die Erschütterung der Konstellation von Familie, Geschlechterverhältnissen und Gesellschaft besonders deutlich wird. Bedenkt man etwa, dass die Geburtenrate in Deutschland bereits seit den 1970er Jahren bei 1,3 bis 1,4 Kindern pro Frau liegt (Klein 2005; S. 62f.) – und damit die so genannte Reproduktionsrate von 2,1, Kindern pro Frau zur Bestandserhaltung der Gesellschaft schon lange nicht erreicht wird – und auch der Anstieg der Lebenserwartung von Frauen und Männern ein sich über viele Jahrzehnte hinziehender Prozess ist, so ist zu fragen, was sich hinter diesen Entwicklungen verbirgt.

---

[5] Care-Aufgaben werden hier verstanden als physische und psychische Sorge für andere, die insbesondere in existentiellen Abhängigkeitssituationen wie bei Kleinkindern, Kranken und Alten relevant ist (Brückner 2008). Sie kann privat, marktlich oder öffentlich erbracht werden; diese Kontextualisierung spielt allerdings eine Rolle für die Art ihrer Erbringung.

Sozialer Wandel als Entgrenzung von Alltag und Lebenslauf

Der vordergründig konservative Ruf nach mehr Kindern, der allerdings selber zum Gegenstand diskursiver Auseinandersetzungen wird (Auth/Holland-Cunz 2007; Dackweiler 2008; Hondrich 2006), ist ein Indiz für sich ändernde familiale, geschlechterbezogene und generative Verhältnisse. Im Zuge der Entwicklung der Moderne hin zur späten Moderne (Giddens 1996; Heaphy 2007) ist die scheinbar natürliche Selbstverständlichkeit dieser Verhältnisse nicht nur ins Rutschen geraten, sondern im doppelten Wortsinn reflexiv geworden. Dies wird im Folgenden mit Hilfe des „Entgrenzungs"theorems näher beleuchtet.

Entgrenzung umschreibt die zunehmende Brüchigkeit bis dahin sicherer (oder zumindest für sicher gehaltener) struktureller Ab- und Be-Grenzungen von Sphären der Gesellschaft und des persönlichen Lebens. Sie beleuchtet Aspekte des forcierten Wandels von westlichen Industrie- zu Wissens- und Dienstleistungsgesellschaften (Gottschall/Voß 2003). Besonders markant sind Entgrenzungen hinsichtlich Geschlechterbildern sowie der zeitlichen und räumlichen Organisation von Arbeiten und Leben, begleitet von einer Verdichtung der Erwerbsarbeit sowie dem Wandel von Familienformen. Aktuelle empirische Studien weisen darauf hin, dass sich neben Optionssteigerungen und Flexibilitätsgewinnen neue Probleme der Orientierung und Neuordnung im alltäglichen Leben ergeben (Jurczyk et al. 2009)[6]. Auch wenn beispielsweise die Erosion der so genannten Normalfamilie und die vermehrte Frauen- und Müttererwerbstätigkeit weitgehend positiv besetzt sind und flexible Arbeitszeiten sowie berufliche Mobilität neue Spielräume eröffnen, stellen sie sich doch als folgenreiche und vor allem als höchst zwiespältige Prozesse dar. Das neue Label der Work-Life-Balance beschönigt dabei eher die konkreten Herausforderungen an das Familienleben als dass es sie realistisch beschreibt (Jurczyk 2005).

Vielmehr zeigt sich, dass große Anstrengungen und Einfallsreichtum notwendig sind, um unter Entgrenzungsbedingungen eine gemeinsame familiale Lebensführung zu etablieren (Jurczyk et al. 2009). Diese führen dazu, dass Familie oft in den Zeitlücken der Erwerbsarbeit gelebt werden muss. Zeitknappheit aufgrund langer Arbeitszeiten betrifft vor allem Paarhaushalte mit zwei vollzeiterwerbstätigen Eltern sowie die große Gruppe der Alleinerziehenden (Jurczyk 2009). Andersartige Zeitnöte entstehen durch die Flexibilisierung von Arbeitszeiten, die in Lage und Dauer stark variieren. Die Beschäftigten haben wenig Einfluss auf ihre Arbeitszeitpläne, ihre Arbeitseinsätze sind häufig kurzfristig, wechselhaft und wenig planbar. Dies führt zu einer Zerstückelung des familialen Alltags. Familienleben muss gleichsam „auf Knopfdruck" und verdichtet stattfinden, wenn gerade Zeit dafür ist.

---

[6] Die folgenden Aussagen beziehen sich auf eine qualitative Untersuchung von ost- und westdeutschen Müttern und Vätern im Einzelhandel und in der Film- und Medienbranche, die das Deutsche Jugendinstitut gemeinsam mit der TU Chemnitz durchgeführt hat. Mitwirkende waren Karin Jurczyk, Andreas Lange, Michaela Schier, Peggy Szymenderski und G. Günter Voß.

Ebenso führt die zunehmende projektförmige Arbeit mit ihren Unregelmäßigkeiten zu Synchronisationsproblemen der Familienmitglieder. Gemeinsame Zeit muss heutzutage oft erst gefunden, ja geplant werden. Die spezifische Zeitlogik familialer Fürsorgearbeit verträgt sich jedoch nur bedingt mit vorab eingeplanten Zeitpaketen. Zeitliche Entgrenzung geht zudem häufig mit räumlicher Entgrenzung einher: die Zunahme erwerbsbedingter räumlicher Mobilität führt zu längeren Arbeitswegen, mehreren Arbeitsorten sowie Wochenend- und Fernpendeln. Die Belastungen aus dem Erwerbsbereich verknüpfen sich oft mit Entgrenzungen des Familienlebens, etwa durch das Leben in zwei Haushalten nach Trennung und Scheidung und die Vervielfältigung der Zeit-Raum-Pfade der Familienmitglieder. Die „doppelte Entgrenzung" von Erwerb und Familie führt zu Zeit-, Energie- und Aufmerksamkeitskonkurrenzen, die eine aktive Teilhabe am Familienleben erschweren.

Ein gemeinsames Familienleben ergibt sich nicht mehr „von alleine", sondern wird immer mehr zu einer *aktiven Herstellungsleistung* (Schier/Jurczyk 2007) aller Beteiligten. Stressreiche Arbeitsbedingungen können das Familienleben massiv einschränken, womit der „Eigensinn" von Familie, ein zentrales Qualitätsmerkmal von Familienleben, in Frage gestellt wird. Selbst bei finanziell gut ausgestatteten Doppelkarriereeltern zeigt sich, dass Geld gemeinsame Zeit in ihrer Qualitätsdimension eben nicht kompensieren kann. Familiale Ko-Präsenz, d.h. gemeinsame zeiträumliche Anwesenheit der Familienmitglieder, wird zur knappen Ressource; sie muss auf innovative Weise neu gestaltet werden.

Prekär werden auch die für persönliche Beziehungen, das Großziehen und die Förderung von Kindern so wichtigen beiläufigen Gelegenheiten zur vertiefenden Interaktion. Eltern sind häufig so erschöpft, dass sie zwar das pragmatische Vereinbarkeitsmanagement organisieren, wenig aber zur Herstellung von Gemeinsamkeit *als* Familie und damit zu einem qualitätsvollen Erleben von Gemeinsamkeit beitragen können. Selbstsorge wie Fürsorge werden oft an der Grenze der Belastbarkeit praktiziert, reduziert wird jedoch weniger die Zeit für Kinder als die für Partnerschaft und die eigene Regeneration. Gesundheitliche Folgen bei den Eltern, aber auch Belastungen für die Partnerschaft zeichnen sich ab.

Neu ist, dass auch Männer vermehrt Doppelbelastungen erfahren; sie wünschen sich selber mehr Zeit für die Familie. Erkennt man an, dass gemeinsame Zeit die Vorbedingung für ein Familienleben ist, verwundert es nicht, dass viele erwerbstätige Mütter und Väter ihre bezahlten Wochenstunden senken wollen, wenngleich in unterschiedlicher Höhe; teilzeittätige Frauen mit geringer Wochenarbeitszeit möchten dagegen oft länger arbeiten (Holst 2007; Klenner/Pfahl 2009).

Es geht demnach heute – wie im „Vereinbarkeitsbegriff" nahegelegt, nicht mehr darum, zwei stabile und klar strukturierte Sphären, Erwerb und Familie, kompatibel zu machen, was – zumindest für Frauen – schon schwierig genug war. Vielmehr bringen Phänomene der Entgrenzung *innerhalb* der einzelnen Bereiche die bisherige Arbeitsteilung *zwischen* Beruf und Familie, Männern und Frauen grundlegend ins Rutschen. Wenn Mütter und Väter nicht mehr in der Lage sind, für sich selbst, aber auch für andere hinreichend Sorge für das Wohlbefinden zu tragen, droht ohne sozial-, arbeits- und familienpolitische Unterstützungen langfristig eine „Reproduktionslücke" in Familien – mit Konsequenzen für Wirtschaft und Gesellschaft. Da Familie jedoch nach wie vor eine unverzichtbare Ressource für individuelles Wohlbefinden, wirtschaftliche Stabilität und gesellschaftlichen Zusammenhalt ist, ist dies Anlass für (familien)politische Gegensteuerung – zumal kein Weg zurück führt in die Verhältnisse der 1960er Jahre.

Zur Entgrenzung des Alltags tritt, mit mindestens ebenso gravierenden Herausforderungen an eine Modernisierung der entsprechenden Politiken, die des Lebenslaufs hinzu. Helga Krüger hat zuletzt 2008 herausgearbeitet, dass das deutsche Lebenslaufregime einem Geschlechtermodell folgt (Krüger 2008; S. 165). Deutschland verfügt aufgrund seiner sehr spezifischen Institutionenpraktiken (Bildung, Arbeitsmarkt, Verrentung etc.) über ein im Vergleich zu anderen modernen Gesellschaften hart gerahmtes Lebenslaufregime, in dem Entscheidungen schwer rückgängig zu machen sind. Geschlechtlich konnotierte Lebenslaufregime sind in Strukturen (Ausbildungssysteme, Karrierepfade, Arbeitszeitmodelle) wie in individuellen Selbstkonzepten verankert. Diese manifesten und latenten Strukturierungen der biografischen Zeit bestimmen heute die linear gedachte Lebensablauflogik mit der Abfolge von Herkunftsfamilie, Bildung, Familie für Frauen, Erwerbsarbeit und Verrentung sowie parallel angelegte „Lebensbereichsprogramme" entlang traditioneller Geschlechterrollen (ebd.). Nach wie vor internalisieren Männer eine institutionell verankerte Ernährerrolle, die kontinuierliche Vollzeitarbeit impliziert. Dabei hat sich „der männliche Lebenslauf (...) vom Familienzyklus vollständig abgelöst" (ebd.; S.167), ganz im Gegensatz zu dem der Frauen.

Das in den Lebensläufen beider Geschlechter verankerte Vollernährermodell hat jedoch keine Zukunft. Denn es bröckeln seine wichtigsten Voraussetzungen (Krüger 2006b): die hohe Erwerbssicherheit von Männern als Basis für die Rolle des Familienernährers, und die Beschränkung von Frauen auf die Hausfrauen- bzw. Zuverdienerrolle. Befristete und andere prekäre Beschäftigungsverhältnisse nehmen zu, Arbeitsmarktsegmente verschieben sich in Richtung weiblich konnotiertes Sozial- und Gesundheitswesen, gleichzeitig konkurrieren zunehmend hoch qualifizierte Frauen mit Männern um die gleichen Arbeitsplätze. Lebenslaufregime stimmen nur noch bedingt mit den realen Verhältnissen und den Wünschen überein: Berufliche und private Lebensläufe sind nicht mehr linear, sondern „mäandern" und werden zu „Yo-Yo-Biografien" mit multiplen Erwerbs-, Elternschafts- und Partnerschaftsphasen (Stauber/du Bois-Reymond 2006). Vor diesem Hintergrund verschieben sich Heiratsdatum und Erstgeburt seit 1960 um ca. fünf Jahre nach hinten im Lebensverlauf (BMFSFJ 2006; S. 265). Die verdichtete Lebensphase zwischen Ende 20 und Mitte 40 wird zur so genannten Rush-Hour-of-Life, in der gesellschaftliche

Integrationsaufgaben von Fürsorge sowie Erwerb gleichzeitig erbracht werden müssen. Dies wird als ein entscheidender Grund für die Aufschiebung und auch Nicht-Realisierung von Kinderwünschen angesehen. Auch wenn die jüngere Generation ihre „neue" flexible Erwerbssituation selber nicht so negativ beurteilt wie die eher sicherheitsgewohnte Generation davor, zeigen sich doch europaweit Grenzen der Verarbeitung beruflicher und ökonomischer Unsicherheit sowie geforderter Flexibilität und Mobilität. Hinzu kommt auch die Antizipation von Unsicherheiten im Privaten: Lebensformen werden häufiger gewechselt, Trennungen, aber auch Nachfolgefamilien nehmen zu. Bei Männern führen die strukturellen Verunsicherungen und die Erschwernisse, die männliche Ernährerrolle zu erfüllen, kaum zu innovativen Männlichkeits- und Vaterschaftskonzepten, sondern eher zu einem Rückzug bei der Übernahme von Elternverantwortung (Mills/Blossfeld 2003; Tölke 2004; Zerle/Krok 2008).

Diagnose: Sorgedilemma
Die Folge dieser Veränderungen, die systematisch mit sich ändernden Geschlechterverhältnissen verbunden sind, lassen sich in der Diagnose eines Sorgedilemmas zusammenfassen. Dieses hat mehrere Facetten.

Zum ersten ist Familie selber einschließlich ihrer lange inhärenten traditionellen Geschlechterverhältnisse von einer quasi „natürlichen" Ressource" zur alltäglichen und biografischen Herstellungsleistung geworden, die permanenter bewusster Gestaltung in Alltag und Lebenslauf bedarf (Schier/Jurczyk 2007). Ein solches Doing Family ist eine keinesfalls selbstverständliche, sondern zunehmend voraussetzungsvolle Aktivität derjenigen Frauen, Männer, Kinder, Jugendlichen, die in Familien leben und sich dabei stets mit den gesellschaftlichen Rahmenbedingungen auseinandersetzen müssen. Sie ist – neben ihrer emotionalen Bedeutung – auch ein Stück Arbeit, das Ressourcen bindet. Neu ist, dass private Carearbeit und damit Familie aus ihrer Unsichtbarkeit heraustreten und in ihren unverzichtbaren, aber mittlerweile erodierenden Leistungen für die Gesellschaft expliziert werden. Paradoxerweise ist dieses Sichtbarwerden an das allgegenwärtige Care- oder (Für)Sorge-Dilemma gebunden; es bedeutet jedoch gleichzeitig eine späte gesellschaftliche Anerkennung der Relevanz des Theorems der Frauen- und Geschlechterforschung zum Zusammenhang von gesellschaftlicher und individueller Reproduktion (Becker-Schmidt 2004).

Nicht zufällig wird damit gegenwärtig auch möglich, nicht eine bestimmte *Form* von Familie – erst recht nicht nur die so genannte Normalfamilie – zum Kernpunkt des Familienbegriffs zu machen, sondern eine zentrale *Leistung bzw. Zielsetzung* von Familie: nämlich die Ermöglichung *privater fürsorglicher Beziehungen zwischen Generationen und Geschlechtern.* Trotz der immanenten Orientierung an Verlässlichkeit in Familienbeziehungen tritt durch den Wechsel des Referenzpunktes „Form" zum Referenzpunkt „Gegenstand" bei dieser praxeologischen Definition von Familie die prinzipielle Fragilität dieses Lebenszusammenhangs und seiner Care-Leistungen deutlicher hervor.

Eng verknüpft ist dies zweitens mit einem partiellen „Ausstieg" von Frauen aus ihrer klassischen Hausfrauen- und Mutterrolle. Obgleich Deutschland im europäischen Vergleich nach wie vor den höchsten Anteil nicht erwerbstätiger Mütter aufweist (Eichhorst et al. 2007), Frauen nach wie vor den größten Teil familialer Arbeit leisten und sie überwiegend in Teilzeit erwerbstätig sind, ist doch ihre umfassende Verfügbarkeit für Carearbeit in der Familie eingeschränkt, zumal sie bislang weder durch ihre Partner noch durch öffentliche Institutionen äquivalente Unterstützung erfahren und sich ihre Einstellungen in Richtung Selbstbestimmung verschieben. Zeitliche und räumliche Flexibilisierungen im Beruf und Verdichtung der Arbeit (s.o.) führen zu Überlastungen, die nicht mehr als unvermeidbarer Bestandteil der Frauenrolle akzeptiert werden. In der Summe zeigen sich Lücken bei der Übernahme von Kindererziehung, der – aufgrund der steigenden Lebenserwartung zunehmenden – Pflege alter Menschen sowie bei der Erledigung der Hausarbeit. Die Verschiebung von Aufgaben aus der Familie hin zu Markt und Staat funktioniert nicht: Im privaten, im öffentlichen wie im marktlichen Bereich tun sich erhebliche Fürsorgelücken auf, der Wegfall der Ressource „weibliche Familien- und Hausarbeit" ist strukturell nicht kompensiert. Es wird jedoch weiter unten zu zeigen sein, dass sich dies vor allem auf deutsche Mittelschichthausfrauen bezieht.

Brisanz und Ausmaß dieses Sorgedilemmas ist allerdings wesentlich durch den deutschen Wohlfahrtsstaatstypus bedingt. Nimmt man niedrige Geburtenraten als Indiz für ein strukturelles Mismatching von familienunterstützenden Strukturen, so zeigen vergleichende Studien für Europa, dass in Ländern mit konservativen Wohlfahrtsregimes wie Deutschland, Spanien, Griechenland und Italien die Geburtenraten besonders niedrig sind (Eichhorst et al. 2007; Ostner 2009). Ein familialistisches Leitbild, d.h. ein Privatheitsdogma von Fürsorge, ein traditionelles Frauenbild und niedrige Müttererwerbstätigkeit sind unter den Vorzeichen aktuellen sozialen Wandels paradoxerweise eher Prädiktoren für Fürsorgedilemmata denn Hinweise auf gelingende gesellschaftliche Lösungen.

Neben der mangelnden sozialstaatlichen Unterstützung für eine den gewandelten Arbeits- und Lebensbedingungen angepassten Politik für Familien fehlt es auch an Unterstützung seitens der Arbeitswelt, obgleich sich deutliche Hinweise auf Wechselwirkungen zwischen Erwerbs- und Familienbereich finden (Jurczyk et al. 2009). Entgrenzungsprozesse können – insbesondere für Frauen – auch positiv auf den Erwerbsbereich zurückwirken. Ein gelingender Familienalltag und gelingende Balancen verstärken etwa die Erwerbsmotivation und das Engagement der Beschäftigten. Erfahren sich jedoch die Beschäftigen zu sehr eingeschränkt oder allein gelassen mit ihren familialen Belangen, tragen sie diese Unzufriedenheit in die Arbeitswelt zurück, reduzieren ihre Leistung und üben – neuerdings auch einige Männer – Karriereverzicht (ebd.).

So lässt sich zusammenfassen, dass durch den Verlust der Passfähigkeit von Erwerb, Familie, Geschlechterverhältnissen und Kontextinstitutionen, die wenngleich um einen hohen Preis insbesondere für Frauen, im Fordismus gegeben war, derzeit ein erhebliches Sorgedilemma besteht, das einige gesellschaftliche Sprengkraft besitzt.

Konzepte und Maßnahmen der neuen Familienpolitik

Die „neue" Familienpolitik folgt der Einsicht, dass modernere, d.h. gleichberechtigtere Geschlechterverhältnisse ein zentraler Ansatzpunkt einer modernen Familienpolitik sein müssen. Der Siebte Familienbericht der Bundesregierung (ebd.), der als zentrales Dokument[7] der aktuellen Familienpolitik gelesen werden kann, lässt sich interpretieren als ein erster Ansatzpunkt für ein familienpolitisches Konzept, das versucht, die Gleichstellung der Geschlechter systematisch in Familienpolitik zu integrieren. Diese Konzeptualisierung entlang *eines* Leitgedankens ist bereits ein Novum; erst Recht die Orientierung an Geschlechterfragen. Die Bausteine des Berichtes werden im Folgenden kurz rekonstruiert und um vorgeschlagene Szenarien ergänzt. Anschließend werden diese Konzepte den aktuellen Maßnahmen gegenübergestellt.

Konzeptuelle Bausteine im Siebten Familienbericht

Die „Zukunft von Familie", d.h. das Aufzeigen von Perspektiven für die nächsten 10 bis 15 Jahre, war das Leitthema des Siebten Familienberichtes (ebd.). Damit rückten die Identifikation von Problemfeldern, ihre inner- und außerfamilialen Dynamiken, einschließlich des säkularen Trends des Geburtenrückgangs, in den Mittelpunkt. Sie wurden – nicht zuletzt aufgrund der Zusammensetzung der Kommission[8] – anhand der Eckpunkte Ökonomie, Fürsorge und Geschlechterpartizipation akzentuiert. Die Entscheidung, erstmals systematisch europäische Erfahrungen einzubeziehen (ebd.; Kap. II), trug dazu bei, den Zusammenhang zwischen der Modernität der Geschlechterverhältnisse und der von Familienpolitiken in Europa sichtbar zu machen. Die sehr unterschiedlichen Pfade von Familienpolitik in Dä-

---

[7] Familienberichte werden seit 1965 im Auftrag des Bundestages regelmäßig, d.h. mindestens in jeder zweiten Legislaturperiode, erstellt. Verantwortlich ist ca. siebenköpfige Sachverständigenkommission, die vom Bundesfamilienministerium eingesetzt und durch eine Geschäftsführung, i. d. R. des Deutschen Jugendinstituts e.V., unterstützt wird. Den Familienberichten wird eine Stellungnahme der Bundesregierung angefügt. Sie dienen nicht nur der Politikberatung, wie ursprünglich mit dem Auftrag zur Berichterstattung intendiert, sondern strahlen mittlerweile stark auf die öffentliche und fachpolitische Diskussion zu Familien aus.

[8] Kommissionsmitglieder und AutorInnen waren der Vorsitzende Hans Bertram, die stellvertretende Vorsitzende Helga Krüger, Katharina Spieß, Uta Meier-Gräwe, Wassilios Fthenakis, Marc Szydlik, Jutta Allmendinger sowie Karin Jurczyk als kooptiertes Mitglied.

nemark, Frankreich, Vereinigtem Königreich, Niederlanden und Deutschland haben klar gezeigt, dass sich eine hohe Frauenerwerbstätigkeit und gute und ausreichende Kinderbetreuung mit einer höheren Geburtenrate verbinden lassen. Eine integrierte Analyse der Geschlechterverhältnisse durchzieht den Bericht in vielen Kapiteln wie ein roter Faden. Denn ohne diese ließen sich weder der Wandel von Familie und die „Knappheit" von Fürsorge als Ressource (ebd.; Kap. III), die veränderten Dynamiken im innerfamilialen Beziehungsgeschehen (ebd.; Kap. IV) noch die Probleme der Zeitorganisation (ebd.; Kap. VI) hinreichend erklären.

Zentrales Ergebnis der Analyse ist das Modernisierungsdefizit der Familienpolitik in Deutschland mit fatalen Folgen: Die Beibehaltung traditionell gerahmter Geschlechterverhältnisse führt bei sich gleichzeitig verändernden gesellschaftlichen Bedingungen zu erheblichen Problemen im Familienleben und verhindert nicht zuletzt auch die Realisierung von Kinderwünschen. Allerdings standen die Themen „Kinderwunsch" und „Erhöhung der Geburtenrate" weder analytisch noch politisch im Zentrum des Berichtes. Die Forschung desillusioniert ohnehin die Vorstellung simpler Stellschrauben für eine geburtenfördernde Politik, die sich ohne Weiteres von einem Land auf das andere übertragen ließen (Björklund 2007). Der Bericht argumentiert deshalb dahingehend, dass strukturelle Hindernisse für ein persönlich befriedigendes, geschlechtergerechtes und gesellschaftlich funktionales Familienleben ausgeräumt und Gelegenheitsstrukturen für Sozialisation, Fürsorge und Reproduktion geschaffen werden sollten. Dies kann ggf. die Geburtenraten mittelbar beeinflussen, eine „Demografisierung der Familienpolitik" wurde hiermit nicht untermauert.

Die multifaktoriellen Analysen des Familienberichts lassen sich zu einigen konzeptuellen Bausteinen bündeln:

- *Teilhabe beider Geschlechter:* Die alltägliche und biografische Teilhabe beider Geschlechter an Fürsorgebeziehungen und weiteren gesellschaftlichen Bereichen – allen voran am Erwerbsbereich – wird als Integrationsmodell in Gesellschaft entwickelt. Das bislang auf Erwerbsarbeit reduzierte „Adult-Worker-Model" wird erweitert um verlässliche Sorgeleistungen im Lebenszusammenhang und Lebensverlauf. Dies geschieht nicht nur mit Blick auf die Wünsche vieler Frauen und Männer nach einem solchen Lebensmodell (Cornelißen 2006), sondern auch, um die Armutsgefahr für Frauen und Kinder zu verringern (Meier et al. 2003) (s.u.).
- *Familie als Netzwerk:* Familie wird als multilokales Netzwerk gesehen. Will man heutige und zukünftige Familien angemessen verstehen, so ist Familie nicht mit Haushalt gleichzusetzen (siehe bereits Bien/Marbach 1991). Multilokale familiale Sorgebeziehungen umfassen nicht nur Eltern und ihre (kleinen) Kinder, sondern auch alte Eltern und weitere Verwandte.
- *Sozialhistorischer Kontext:* Mit dem Übergang von der fordistischen zur postfordistischen und der Industrie- zur Dienstleistungsgesellschaft und mit der Er-

weiterung nationaler zu globalen Ökonomien entstehen neue Reibungsverluste
für Familien. Diese werden forciert durch Ungleichzeitigkeiten, da die Kontextinstitutionen von Familie – Kindergarten und Schule, Behörden und Geschäfte, Firmen, Städtebau und Verkehrswesen – noch immer an fordistisch
organisierten Familien und Geschlechterverhältnissen ausgerichtet sind.

- *Lebenslaufperspektive:* Die Lebenslaufregime und Lebensläufe passen für Frauen
wie für Männer nicht mehr zusammen, sie führen zu Verschiebungen und
Verdichtungen, die problematische Folgen für Familiengründung und Familienleben haben.

- *Zeitorganisation:* Familie folgt zeitlichen Eigenlogiken und benötigt für ihre
Konstituierung sowie die Aufrechterhaltung von Beziehung und Fürsorge Zeit.
Verfügung über hinreichend und selbstbestimmbare Eigenzeit ist eine entscheidende Ressource für das Familienleben. Der Wandel zur flexiblen Dienstleistungsgesellschaft wird zur ambivalenten Chance, die im Interesse einer geschlechtergerechten Familie zeitpolitisch gestaltet werden muss.

- *Gesellschaftliche Institutionen:* Familie ist Akteur mit eigenen Leistungen, Ressourcen und Handlungspotenzialen an den Schnittstellen zwischen Privatheit und
dem gesellschaftlichen Institutionengeflecht. Sie ist angewiesen auf die Leistungen, Berücksichtigung und Anerkennung der mit ihr verknüpften gesellschaftlichen Teilsysteme, die unter postfordistischen Bedingungen immer weniger zusammenpassen.

Lösungsansätze: Szenarien

Die konzeptuellen Bausteine des Berichtes argumentieren für die Dringlichkeit einer
geschlechterorientierten Modernisierung der Familienpolitik. Eine Familienpolitik,
die weiter auf asymmetrische Geschlechterverhältnisse setzt, so das Fazit, scheint
Probleme der Gesellschaft, nicht nur der Familien, zu forcieren anstatt sie zu lösen.
Vor diesem Hintergrund wurden drei Szenarien entwickelt, gerahmt vom Konzept
nachhaltiger Familienpolitik (Bertram et al. 2005) sowie den Orientierungspunkten
„Flexibilität und Verlässlichkeit", die beide für ein gelingendes Familienleben notwendig sind.

Szenario Zeit: Ohne gemeinsame Alltagszeit und miteinander verschränkbare
Lebensläufe können Familien sich weder konstituieren noch als solche leben noch
ihre Leistungen erbringen. Zeitstrukturen der Gesellschaft sind auf die Institution
Familie auszurichten – und nicht umgekehrt.

Im Fokus der *Gestaltung der Alltagszeit* steht die Koordination von Zeiten einschließlich einer Arbeitszeitpolitik, die die Zeitbedarfe von Familien und nicht der
Wirtschaft zum Ausgangspunkt nimmt. Die deutliche Diskrepanz zwischen Ar-
beitszeitrealität und -wünschen gilt es zu schließen. Es geht um passgenaue Angebote im Sinne eines Family-Diversity-Managements, um Vielfalt in einem definierten
Rahmen von Arbeitszeitoptionen, um dynamische Anpassungen im Familienver-

lauf, um die Ermöglichung von Partizipation sowie vor allem um eine „kontrollierte Flexibilität", die diese im Interesse von Familien interpretiert (BMFSFJ 2006; S. 272ff.). Eine solche Arbeitszeitpolitik wird integriert in eine lokale Zeitpolitik, die die Taktgeber der örtlichen Infrastrukturen koordiniert und vernetzt. Instrumente hierfür sind Zeitbüros und Mobilitätspakte, die lokale Zeitanbieter und -nachfrager aufeinander abstimmen.

Im Fokus der Neugestaltung des *Lebenslaufs* sind das Aufbrechen des traditionellen, dreiphasigen Lebenslaufs (Kind / Arbeitsmarkt- bzw. Familienteilhabe / Rente) und die „Entzerrung des Lebenslaufs", d.h. vor allem der Gleichzeitigkeit von Familiengründung und beruflicher Etablierung. Hierfür steht das „Optionszeitenmodell": es bedeutet (etwa in Form von Elternzeit), die Erwerbsarbeit für andere, gesellschaftlich wichtige Care- und andere Teilhabeaufgaben unterbrechen zu können. Durch Optionszeiten werden Unterbrechungen im Lebenslauf normalisiert und neue Verknüpfungen von Tätigkeitsbereichen über die ganze Lebensspanne hinweg möglich. Dies trägt auch der längeren Lebenserwartung Rechnung, die „gewonnenen Jahre" können anders genutzt werden. Angeregt durch die niederländische Lebenslaufregelung (Klammer 2006) stehen als Finanzierungsmodell so genannte Ziehungsrechte aus der Rentenanwartschaft zur Diskussion, deren Gender-Perspektive jedoch kritisch zu reflektieren ist (ebd.). Das Anrecht auf Optionszeiten, die wahlweise für Aufgaben der Pflege von Kindern und Angehörigen, aber auch für soziale Tätigkeiten oder Weiterbildung genommen werden können, muss geschlechtsneutral sein. Das zweite Modell, das „Berufsanreicherungsmodell", richtet sich auf die Restrukturierung von Berufsverläufen. Anrechnungsmöglichkeiten von unterschiedlichen Berufsausbildungen und Berufsumstiegen sollen neue Berufswege eröffnen. Insbesondere auf Frauen zielende Sackgassenkonstruktionen von Berufen sollen durch den Einstieg in die Modularisierung beruflicher Bildung verändert werden. Die dritte Variante, das „Wunschzeitenmodell", zielt darauf, die Lebensspanne, in der Kinderwünsche realisiert werden können, zu erweitern. Hier geht es sowohl um die Möglichkeiten für junge Eltern, beispielsweise ihre Ausbildung und das Großziehen von Kindern besser kombinieren zu können, als auch um die Unterstützung biografisch später Mutter-/Vaterschaft, bei der Care mit einer bereits etablierten Erwerbstätigkeit bzw. Karriere zu verbinden ist.

Szenario Infrastruktur: Es bezieht sich auf das Netz familiennaher Institutionen wie Kinderbetreuungseinrichtungen, Schulen, Geschäfte, Behörden etc., deren Organisation mit den Bedarfen von Familien – sei es als Eltern oder Arbeitnehmer – abzustimmen ist. Eltern werden dabei nicht als Nehmende, sondern als Investoren in den sozialen Nahraum betrachtet, die neue Entwicklungen anstoßen und realisieren wie z.B. Wohn- und Arbeitsformen, in denen Leben und Arbeiten für die verschiedenen Generationen näher zusammengebracht werden. Hierfür ist die Stadtentwicklungs- und Gewerbeansiedlungspolitik umzuorientieren.

Im Hinblick auf Kinderbetreuung geht es um ausreichende, gute, passfähige und flexible Angebote sowie um neue Verbundsysteme der Kinderbetreuung, die Einrichtungen, Tagespflege, Initiativen und Ehrenamt zu einem gelingenden und qualitativ hochwertigen Ganzen zusammenbinden. Dies dient nicht nur der besseren Vereinbarkeit für Eltern, sondern auch der besseren Förderung von Kindern in kleiner werdenden und zunehmend belasteten Familien. Neue Angebotsstrukturen sind zu entwickeln, die die „Versäulung" von Institutionen aufbrechen wie etwa Familien- oder Eltern-Kindzentren und Mehrgenerationenhäuser (Diller et al. 2008). Sie bieten – idealtypisch – eine Vielfalt von Hilfen, Beratung, Bildung und Kommunikation für alle Generationen an einem Ort und sind mehr als deren Summe, weil sie sich auf die besonderen sozialräumlichen Bedarfe ausrichten und damit die Schwellen für schwer erreichbare, sozial benachteiligte Zielgruppen senken. Ein weiteres Element in der Angebotspalette ist der Ausbau familiennaher Dienstleistungen, der das Leben von Familien erheblich erleichtern kann – wenn sie die Nutzung bezahlen können.

Szenario Geld: Geld ist eine unverzichtbare Ressource, um in einer Marktgesellschaft zu (über)leben, aber auch, um die besonderen Belastungen von Familien zumindest teilweise zu kompensieren. Deutschland liegt im Hinblick auf die finanzielle Förderung von Familien im europäischen Vergleich sogar etwas über dem Durchschnitt (Dingeldey 2008). Deshalb geht es weniger um *mehr* Geld für alle Familien als um seine *passgenaue* Verteilung an spezifische Gruppen zu kritischen Zeitpunkten in Familienphasen. Hierfür wird angedacht, durch eine Familienkasse die derzeit herrschende Zersplitterung in den Zuständigkeiten für einzelne familienpolitische Maßnahmen und ihre Intransparenz zu beseitigen. Die Familienkasse soll zum einen den Zugang zu Leistungen vereinfachen, indem Familien einen zentralen Ansprechpartner haben. Zum anderen soll sie die finanzielle Förderung von Familien institutionell stärken. Weitere Vorschläge sind die Vereinfachung des Systems steuerlicher Leistungen für Familien sowie das einkommensabhängige Elterngeld.

Von der Agenda zu konkreten Maßnahmen?
Alle drei Szenarien enthalten, wenn auch in unterschiedlicher Weise, relevante Aspekte für eine Gleichstellung der Geschlechter. Direkt gilt dies für das Zweiverdiener-Fürsorge-Modell für beide Geschlechter, für die Neugestaltung von Arbeits- und Alltagszeit sowie der Lebensverläufe, bei der dem Typus des fürsorglichen Vaters eine neue Bedeutung gegeben wird. In eher indirekter, geschlechtsneutraler Weise können Infrastrukturen, die den Alltag für Eltern erleichtern, wirken und die Gleichstellung befördern, da Frauen nach wie vor diejenigen sind, die die Alltagsarbeit überwiegend leisten. Indirekt gleichstellungsrelevant kann auch eine passgenauere Lenkung von finanziellen Transferleistungen für Familien sein, etwa für Alleinerziehende, die überwiegend weiblich sind.

Die folgende Nennung neuer Maßnahmen in Anlehnung an die Szenarien und Empfehlungen des Familienberichts ist keinesfalls eine Bilanz, sondern nur ein selektives Blitzlicht. Es muss konstatiert werden, dass bislang lediglich punktuelle Umsetzungen stattgefunden haben, die auf der Agenda der Gleichstellung gutgeschrieben werden können. Vorrangig zu nennen ist – bezogen auf das erste Szenarium – die unmittelbare Einführung der neuen bundesweiten Elterngeld- und Elternzeitregelung zum 1. Januar 2007 einschließlich von zwei so genannten, zunächst vielfältig diffamierten Vätermonaten. Es sieht einen Lohnersatz von bis zu 67% des in den letzten 12 Monaten durch Erwerbstätigkeit durchschnittlich erzielten Einkommens bis zu einem Höchstbetrag von maximal 1.800 EUR vor. Damit soll explizit der Anteil alltäglich fürsorglicher Väter erhöht und gleichzeitig die Erwerbstätigkeit von Müttern gefördert werden (Henninger et al. 2008). Immerhin hat sich der Anteil von Vätern, die Elterngeld empfangen, im Bundesdurchschnitt von 3,5 vor dem 1.1.2007 auf zwischen 15 und 17% aller Väter des Geburtsjahrgangs im Jahr 2007 erhöht (Jurczyk/Rauschenbach 2009; S. 355). Diskutiert wird derzeit im „Memorandum Familie Leben" eine Streckung der Monatsbeträge für Teilzeitbeschäftigte sowie eine Stärkung der „Väterkomponente" (BMFSFJ 2009; S. 95 f.). Darüber hinaus wird dort der so genannte „Familienzeitkredit" vorgeschlagen, der abgesicherte Zeitoptionen erweitern soll (ebd.; S. 58).

Bezogen auf das zweite Szenarium ist der weitere Ausbau der Kindertagesbetreuung für unter Dreijährige relevant. Im März 2008 wurden in Deutschland knapp 18% aller Kinder unter drei in einer Kindertagesstätte oder von Tagesmüttern (-väter), die öffentliche Förderung erhielten, betreut (Statistisches Bundesamt 2009; S. 51). Allerdings ist der Unterschied zwischen Ost- und Westdeutschland nach wie vor gravierend: im Osten werden 2008 42%, im Westen nur rund 12% der Kinder außerfamilial betreut (ebd.). Auch die Verbreitung von Mehrgenerationenhäusern wurde seitdem im Rahmen eines Aktionsprogramms vom Bund aktiv vorangetrieben, vom Land Nordrhein-Westfalen wurden bspw. vor allem Familienzentren gefördert.

Hinsichtlich des dritten Szenarios gibt es aktuell zum einen Bemühungen, die Lebenssituation der Alleinerziehenden ökonomisch zu verbessern. Hier hat das Bundesfamilienministerium das Instrument des Kinderzuschlags im Oktober 2008 weiterentwickelt: Der Kinderzuschlag beträgt monatlich bis zu 140 Euro je Kind und wird an Eltern gezahlt, die mit ihrem Einkommen zwar den eigenen Bedarf decken können, nicht aber den ihrer Kinder. Das bedeutet, dass mit dem Kinderzuschlag den Eltern geholfen werden soll, die mit ihrem Einkommen auskämen, wenn sie keine Kinder hätten – mit Kindern aber zusätzlich Arbeitslosengeld II benötigen. Neu wurde die Mindesteinkommensgrenze deutlich abgesenkt, um mehr Familien zu erreichen. Außerdem wurde ein Wahlrecht neu eingeführt zwischen der Inanspruchnahme von Kinderzuschlag und Leistungen der Grundsicherung für jenen Personenkreis, der bei Beantragung von Arbeitslosengeld II Anspruch auf

Leistungen für einen Mehrbedarf hätte, also insbesondere für Alleinerziehende. Darüber hinaus wurde im Mai 2009 ein Bundesmodellprogramm initiiert mit dem Ziel durch Kooperation von kommunalen Beratungsstellen und Angeboten der Arbeitsförderung eine bessere berufliche Integration von Alleinerziehenden zu erreichen.[9] Schließlich ist auf der Agenda des BMFSFJ ein Monitoring familienbezogener Leistungen neu verankert, aus dem sich Hinweise für deren Wirksamkeit und eine zielgenauere Unterstützung von Familien ergeben könnten.

Als wichtigster Verdienst der „neuen" Familienpolitik kann aber vermutlich die Akzeptanz der Sozialfigur der erwerbstätigen Mutter gelten, die für Deutschland eine kleine Revolution darstellt. Zumindest auf der Diskursebene ist ebenso angekommen, dass Vereinbarkeit auch ein Männerthema ist. Der Zusammenhang von Familien- und Gleichstellungspolitik hat somit die bundesdeutschen Wohnzimmer erreicht und der latente Antifeminismus der Familienpolitik ist ebenso fragwürdig geworden wie der partielle Antifamilialismus der Gleichstellungspolitik.

Ungleichheiten, Ungleichzeitigkeiten und Lücken

Würde der im Familienbericht vorgeschlagene Weg zu mehr Geschlechtergleichheit konsequent und mit Hilfe konkretisierter Maßnahmebündel verfolgt, so könnte die im Vergleich zu vielen europäischen Ländern offensichtliche Modernisierungslücke der deutschen Familienpolitik ein Stück weit geschlossen werden. Es gibt jedoch nicht nur Umsetzungsdefizite, sondern auch Themenlücken: so werden derzeit Gewalt gegen Frauen, homosexuelle Partnerschaften und Elternschaft sowie Diskriminierung am Arbeitsmarkt eher marginalisiert. Zudem fallen Ungleichzeitigkeiten ins Auge: auf der einen Seite stehen das neue Unterhaltsrecht, das auf die ökonomische Selbstständigkeit der Frauen setzt (Haller 2009), dem Kind die Vorrangstellung beim Unterhalt gibt und die Hausfrau zum „Auslaufmodell" macht (Peschel-Gutzeit 2008), und die „Vätermonate"; auf der anderen Seite bestehen Regelungen wie das Ehegattensplitting, das die Hausfrauenehe alimentiert, ebenso fort wie die Anrechnung des Partnereinkommens bei SGB-II-EmpfängerInnen, auch wenn diese nicht verheiratet sind. Auch das „Betreuungsgeld" für alle Eltern als Teil des Beschlusses des Deutschen Bundestages zum Ausbau der Betreuung der unter Dreijährigen wird möglicherweise 2013 umgesetzt.

Neben den Lücken und Inkonsistenzen liegen die Grenzen der neuen Familienpolitik jedoch vor allem in der fortbestehenden Ungleichheit der Arbeitsteilung zwischen den Geschlechtern sowie in der „exklusiven Emanzipation" (Henninger et al. 2008) bestimmter Gruppen von Frauen und Familien.

---

[9] http://www.bmfsfj.de/bmfsfj/generator/BMFSFJ/Presse/pressemitteilungen,did=122876.html.

Immer noch wird aus einer partnerschaftlichen Orientierung vieler junger Paare durch ungleiche Verhältnisse am Arbeitsmarkt und Rahmenbedingungen, die das Hausfrauenmodell voraussetzen, ein eher traditionelles Arrangement (Jurczyk et al. 2009). Ist zu Beginn einer Ehe die Arbeitsteilung im Alltag aus Sicht der Frauen zu 43% partnerschaftlich, so trifft dies nach 14 Ehejahren nur noch für 11% zu (Rost et al. 2003). Dies ist wesentlich dadurch mitbedingt, dass in Deutschland Teilzeitarbeit von Frauen als Vereinbarkeitsmodell gilt. Im Zeitverlauf hat Teilzeitarbeit bei den Frauen in beiden Teilen Deutschlands rasant an Bedeutung gewonnen. Während die meisten Männer vollerwerbstätig sind, gehen Frauen in Westdeutschland überwiegend einer Teilzeiterwerbstätigkeit nach, um Beruf und Familie vereinbaren zu können (40%). In Ostdeutschland folgt das Erwerbsverhalten weniger traditionellen Mustern; hier sind die meisten Frauen Vollzeit erwerbstätig (42%) (Statistischen Bundesamt et al. 2008; S. 122). Die Teilzeitquote der Mütter betrug in Deutschland in 2007 73% (Statistisches Bundesamt 2008; S. 15). Fast die Hälfte der Mütter (48,3%) arbeitet in Deutschland in Teilzeit dabei mit weniger als 21 Stunden (20,1% der Mütter arbeitet zwischen 21 und 32 Stunden wöchentlich) (BMFSFJ 2009; S. 31-32). Allerdings sind 20% der Teilzeitbeschäftigten „unfreiwillig" in Teilzeit (von Bothfeld et al. 2005). Die Zuverdienerinnenrolle von Frauen birgt Risiken, die bei Einkommensunterschieden und Karrieregefälle beginnen und der Altersarmut von Frauen enden. Niedriglöhne betreffen zu zwei Dritteln Frauen, auch bei den Vollzeitbeschäftigten (Kalina/Weinkopf 2006). Geringfügige Beschäftigung ist zunehmend und weiterhin v.a. weiblich (ebd.). Die strukturelle Diskriminierung von Frauen zeigt sich auch darin, dass die branchenspezifische Segregation in „Frauen"- und „Männerberufe" stabil ist.

Vor diesem Hintergrund ist das „Adult-Worker-Model" gleichermaßen Gleichstellungsfiktion wie auch Zwang. Die „aktivierende" Arbeitsmarktpolitik (Buhr 2005) fordert weibliche Erwerbstätigkeit, auch die zunehmende Armut von Familien (s.u.) macht sie zur ökonomischen Notwendigkeit für Familien. Die tief verankerte Ungleichheit der Situation von Frauen am Arbeitsmarkt und in der Familie verhindert aber, dass diese auch nur annähernd egalitär erbracht werden kann.

Diese geschlechterbezogenen Ungleichheiten vermischen sich mit Ungleichheiten der sozialen Lage nach Schicht und Ethnie. So geht die Schere zwischen den Schichten und Geschlechtern auseinander: 10% der Haushalte besitzen 47% des Privatvermögens, 50% der Haushalte besitzen 4% des Privatvermögens (BMAS 2005). Die wachsende, auch regionale soziale Ungleichheit zwischen Arm und Reich führt zu einer Polarisierung zwischen privilegierten und de-privilegierten Familien (Krause/Zähle 2005). Die gesamtdeutsche Armutsquote (gemessen an der medianbasierten Armutsschwelle auf Grundlage der monatlichen Haushaltnettoeinkommen) lag 2001 bei 11,4% und stieg auf 13,9% in 2006 (Statistisches Bundesamt et al. 2008; S. 168). Die Armutsquote der Kinder, für die Kindergeld bezogen wird, lag in

2006 bei 17,7% (Becker/Hauser 2008; S. 43). Von Armut sind vor allem Alleinerziehende betroffen (Armutsquote 40%) (ebd.; S. 48).

Die Dimension Ethnie spielt nun in zweierlei Hinsicht eine Rolle. Zum ersten
ist das Merkmal „Armut" häufig mit dem Merkmal „Migrationshintergrund" verknüpft. In Deutschland hat derzeit gut jede vierte Familie einen Migrationshintergrund, bei Kindern unter 6 Jahren hat jedes dritte einen Migrationshintergrund
(Beauftragte für Migration 2009; S. 38). Deren Chancenungleichheit im Bildungssystem, die fehlende Integration insbesondere der Mütter in Erwerbsarbeit sowie
Sprachprobleme (re)produzieren die Marginalisierung dieser sozialen Gruppen und
generieren auffälliges Verhalten insbesondere männlicher Jugendliche. Die Tendenz
zu konservativeren Geschlechterbildern (Sinus 2008) erschwert zusätzlich gleiche
Partizipationschancen von Frauen anderer Ethnien. Zum zweiten aber „dienen"
Frauen mit Migrationshintergrund oder aber auch „Transmigrantinnen" in deutschen Haushalten, um dort erwerbstätige Mittelschichtfrauen von Hausarbeit, Pflege und Kinderbetreuung zu entlasten (Lutz 2007; Rerrich 2006). Die durch die
(Fehl)Organisation von Wohlfahrtsstaat, Erwerbsarbeit und Geschlechterverhältnissen produzierte Fürsorgelücke wird derzeit durch Frauen aus anderen Ländern – oft
Osteuropas oder der Dritten Welt – zu schließen versucht, deren Lebenssituation
häufig sehr prekär ist. Dass im Kontext von Migration Familie häufig ein länder-
übergreifendes Netzwerk der hier lebenden Familien, aber auch derjenigen Frauen
ist, die ihre Familien in anderen Ländern zurücklassen, ist bislang weder ein Thema
der Familien-, Sozial- noch der Gleichstellungspolitik. Dabei zeichnet sich insbesondere angesichts des ungelösten Problems der Pflege alter Menschen großer
Handlungsbedarf ab.

Wendet man sich nochmals den – angesichts der gravierenden Benachteiligungen von Familien in Armut und/oder mit Migrationshintergrund – „kleiner" Män-
geln in den neuen Maßnahmen der Familienpolitik zu, so zeigt sich auch hier eine
soziale Schieflage. Dies gilt bspw. für die neue Elterngeldregelung, von der im Vergleich zur Erziehungszeitregelung vor allem die Besserverdienenden profitieren,
ebenso wie für die steuerliche Absetzbarkeit haushaltsbezogener Dienstleistungen
(Henninger et al. 2008). Dass diese Maßnahmen, aber auch die politische Rhetorik
sich vor allem auf qualifizierte Frauen und Mittelschichtfamilien richten, hat nicht
nur Gründe im Fachkräftemangel, sondern auch in der politisch gewünschten Ver-
erbung bestimmten kulturellen Kapitals.

Feministische Familienpolitik umfasst stets Herrschaftskritik, d.h. Kritik an
Hierarchien und Ungleichheiten jeglicher Art. Armut und Ausgrenzung sind – auch
in ihren Folgen für die kognitive, gesundheitliche, emotionale und soziale Entwicklung von Kindern (Sann/Thrum 2005) – eine mindestens ebenso große gesellschaftliche Herausforderung wie der demografische Wandel. Gleiche Teilhabe von Frauen
und Männern, Schichten und Ethnien bleibt deshalb eine Entwicklungsaufgabe für
eine Familienpolitik, die es sich zum Ziel setzt, nachhaltig *und* demokratisch für

Rahmenbedingungen zu sorgen, die es nachwachsenden Generationen ermöglichen, in Kinder zu investieren, Generationensolidarität zu leben und Care für Andere als Teil der eigenen Lebensplanung umzusetzen und dabei auch der Dynamik und Vielfalt familialer Lebenszusammenhänge gerecht zu werden. In das Verständnis demokratischer Praxis von Bürgerrechten als Teilhaberechte und -pflichten für Alle (Tronto 2000) ist die Teilhabe an Care einzuschließen. Feministische Familienpolitik lässt sich konturieren als Politik, die nicht nur auf Diversität setzt, sondern auf gerechte Teilhabe ungleicher Gruppen und die Ermöglichung verlässlicher Sorgebeziehungen.

Literatur

Allmendinger, Jutta (2008): Frauen auf dem Sprung. Die Brigitte-Studie 2008. Hamburg

Auth, Diana/ Holland-Cunz, Barbara (2007) (Hrsg.): Grenzen der Bevölkerungspolitik. Strategien und Diskurse demographischer Steuerung. Opladen und Farmington Hills

Beauftragte der Bundesregierung für Migration, Flüchtlinge und Integration (2009): Integration in Deutschland. Erster Integrationsindikatorenbericht. Berlin

Becker, Irene/ Hauser, Richard (2008): Vom Kinderzuschlag zum Kindergeldzuschlag: ein Reformvorschlag zur Bekämpfung von Kinderarmut. SOEPpapers on Multidisciplinary Panel Data Research 87. Berlin

Becker-Schmidt, Regina (2004): Doppelte Vergesellschaftung von Frauen. Divergenzen und Brückenschläge zwischen Privat- und Erwerbsleben. In: Becker, R./ Kortendiek, B. (Hrsg.): Handbuch Frauen- und Geschlechterforschung. Theorie, Methoden, Empirie. Wiesbaden, S. 62-71

Bertram, Hans/ Rösler, Wiebke/ Ehlert, Nancy (2005): Nachhaltige Familienpolitik. Zukunftssicherung durch einen Dreiklang von Zeitpolitik, finanzieller Transferpolitik und Infrastrukturpolitik. Berlin

Bien, Walter/ Marbach, Jan (1991): Haushalt – Verwandtschaft – Beziehungen. Familienleben als Netzwerk. In: Bertram, H. (Hrsg.): Die Familie in Westdeutschland. Stabilität und Wandel familialer Lebensformen. Familien-Survey 1. Opladen, S. 3-44

Björklund, Anders (2007): Does a family-friendly policy affect fertility? Swedish Institute for European Policy Studies. Stockholm

Bleses, Peter/ Seelaib-Kaiser, Martin (2001): Sozialpolitik. In: Otto, H. U./ Thiersch, H./ Böllert, K. (Hrsg.): Handbuch Sozialarbeit, Sozialpädagogik. Neuwied und Kriftel, S. 1764

Bothfeld von, Silke/ Klammer, Ute/ Klenner, Christina/ Thiel, Anke/ Ziegler, Astrid (2005) (Hrsg.): WSI-FrauenDatenReport 2005. Handbuch zur wirtschaftlichen und sozialen Situation von Frauen. Berlin

Brückner, Margrit (2008): Wer sorgt für wen? Auswirkungen sich wandelnder Geschlechter- und Generationenverhältnisse auf die gesellschaftliche Organisation des Sorgens (care). In: Bauer, A./ Gröning, K. (Hrsg.): Gerechtigkeit, Geschlecht und demografischer Wandel. Frankfurt am Main, S. 45-62

Buhr, Petra (2005): Ausgrenzung, Entgrenzung, Aktivierung. Armut und Armutspolitik in Deutschland. In: Anhorn, R./ Bettinger, F. (Hrsg.): Sozialer Ausschluss und Soziale Arbeit. Wiesbaden, S. 185-202

Bundesministerium für Familie, Senioren, Frauen und Jugend (BMFSFJ) (2006) (Hrsg.): Familie zwischen Flexibilität und Verlässlichkeit. Perspektiven für eine lebenslaufbezogene Familienpolitik. Siebter Familienbericht. Berlin

Bundesministerium für Familie, Senioren, Frauen und Jugend (BMFSFJ) (2009) (Hrsg.): Memorandum Familie leben. Impulse für eine familienbewusste Zeitpolitik. Berlin

Bundesministerium für Arbeit und Soziales (BMAS) (2005): Lebenslagen in Deutschland. Der 1. Armuts- und Reichtumsbericht der Bundesregierung. Bonn

Cornelißen, Waltraud (2006): Kinderwunsch und Kinderlosigkeit im Modernisierungsprozess. In: Berger, P. A./ Kahlert, H. (Hrsg.): Der demographische Wandel. Chancen für die Neuordnung der Geschlechterverhältnisse. Frankfurt am Main und New York, S. 137-163

Dackweiler, Regina-Maria (2008): „Demografischer Wandel" als soziales Problem? Feministische Perspektiven auf eine gesellschaftliche Debatte. In: Bauer, A./ Gröning, K. (Hrsg.): Gerechtigkeit, Geschlecht und demografischer Wandel. Frankfurt am Main, S. 219-240

Diller, Angelika/ Heitkötter, Martina/ Rauschenbach, Thomas (2008) (Hrsg.): Familie im Zentrum. Kinderfördernde und elternunterstützende Einrichtungen. Wiesbaden

Dingeldey, Irene (2008): Kinder als Armutsrisiko. Die Exklusion der Mütter vom Arbeitsmarkt – Ländervergleich und Diskussion jüngster sozialpolitischer Reformen. Vortrag auf der Fachtagung „Programmierte Frauenarmut, Bremen, 17.6.2008. http://www.zgf.bremen.de/sixcms/media.php/13/dingeldey_muetterarmut.pdf (17.7.2009)

Eichhorst, Werner/ Kaiser, Lutz/ Thode, Eric/ Tobsch, Verena (2007): Vereinbarkeit von Familie und Beruf im internationalen Vergleich. Zwischen Paradigma und Praxis. Gütersloh

Giddens, Anthony (1996): Die Konsequenzen der Moderne. Frankfurt am Main

Gottschall, Karin/ Voß, Günter G. (2003): Entgrenzung von Arbeit und Leben. Zum Wandel der Beziehung von Erwerbstätigkeit und Privatsphäre im Alltag. München

Haaf, Meredith/ Klingner, Susanne/ Streidl, Barbara (2008): Wir Alphamädchen. Warum Feminismus das Leben schöner macht. Hamburg

Haller, Lisa Yashodhara (2009): Die Reform des Unterhaltsrechts – Ein Paradigmenwechsel in der deutschen Existenzsicherung vom Familienernährer zum adult worker model? Arbeitspapier 18 des WZB. Berlin

Heaphy, Brian (2007): Late Modernity and Social Change. Reconstructing Social and Personal Life. London

Henninger, Annette/ Wimbauer, Christine/ Dombrowski, Rosine (2008): Geschlechtergleichheit oder ‚exklusive Emanzipation'? Ungleichheitssoziologische Implikationen der aktuellen familienpolitischen Reformen. In: Berliner Journal für Soziologie, 18. Jg., S. 99-128

Holst, Elke (2007): Arbeitszeitwünsche von Frauen und Männern liegen näher beieinander als tatsächliche Arbeitszeiten. In: Wochenbericht, 74. Jg., S. 209-215

Hondrich, Karl Otto (2006): Der Neue Mensch. Frankfurt am Main

Jurczyk, Karin (1978): Frauenarbeit und Frauenrolle. Zum Zusammenhang von Familienpolitik und Frauenerwerbstätigkeit in Deutschland von 1918-1975. Frankfurt am Main und New York

Jurczyk, Karin (2005): Work-Life-Balance und geschlechtergerechte Arbeitsteilung. Alte Fragen neu gestellt. In: Seifert, H. (Hrsg.): Flexible Arbeitszeiten in der Arbeitswelt. Frankfurt am Main, S. 102-123

Jurczyk, Karin (2009): Familienzeit – knappe Zeit? Rhetorik und Realitäten. In: Heitkötter, M./ Jurczyk, K./ Lange, A./ Meier-Gräwe, U. (Hrsg.): Zeit für Beziehungen? Zeit und Zeitpolitik für Familien. Opladen, S. 37-61

Jurczyk, Karin/ Rauschenbach, Thomas (2009): Elternzeit als Impuls für väterliches Engagement. Ein Vorreiter der Väterpolitik. In: Jurczyk, K./ Lange, A. (Hrsg.): Vaterwerden und Vatersein heute. Neue Muster – neue Chancen! Gütersloh, S. 345-368

Jurczyk, Karin/ Schier, Michaela/ Szymenderski, Peggy/ Lange, Andreas/ Voß, Günter G. (2009): Entgrenzung von Arbeit – Entgrenzung von Familie. Grenzmanagement im Alltag als neue Herausforderung. Berlin

Kalina, Thorsten/ Weinkopf, Claudia (2006). Mindestens sechs Millionen Niedriglohnbeschäftigte in Deutschland. Welche Rolle spielen Teilzeitbeschäftigung und Minijobs? IAT-Report Nr. 3. Gelsenkirchen. http://www.iaq.uni-due.de/iat-report/2006/ report2006-03.pdf (17.7.2009)

Kaufmann, Franz-Xaver (2005): Die schrumpfende Gesellschaft. Vom Bevölkerungsrückgang und seinen Folgen. Frankfurt am Main

Klammer, Ute (2006): Zeit, Geld und soziale Sicherung im Lebensverlauf – Empirische Befunde als Herausforderung für die Gestaltung einer lebensbegleitenden Familien- und Sozialpolitik. In: Bertram, H./ Krüger, H./ Spieß, C. K. (Hrsg.): Wem gehört die Familie der Zukunft? Expertisen zum 7. Familienbericht der Bundesregierung. Opladen und Farmington Hills, S. 423-455

Klein, Thomas (2005): Sozialstrukturanalyse. Eine Einführung. Reinbek

Klenner, Christina/ Pfahl, Svenja (2009): Jenseits von Zeitnot und Karriereverzicht – Wege aus dem Arbeitszeitdilemma. In: Heitkötter, M./ Jurczyk, K./ Lange, A./ Meier-Gräwe, U. (Hrsg.): Zeit für Beziehungen? Zeit und Zeitpolitik für Familien. Opladen, S. 259-290

Krause, Peter/ Zähle, Tanja (2005): Einkommen und Armut bei Haushalten mit Kindern. In: Zeitschrift für Familienforschung, 17. Jg., S. 189-207

Krüger, Helga (2006a): Geschlechterrollen im Wandel – Modernisierung der Familienpolitik. In: Bertram, H./ Krüger, H./ Spieß, C. K. (Hrsg.): Wem gehört die Familie der Zukunft? Expertisen zum 7. Familienbericht der Bundesregierung. Opladen und Farmington Hills, S. 191-206

Krüger, Helga (2006b): Die vergessene Zukunft, oder: Warum die Familienpolitik die Geschlechterfrage nicht überspringen kann. In: DJI Bulletin, H. 74, S. 8-9

Krüger, Helga (2008): Genderkompetenz im Kontext von Familie. In: Böllert, K./ Karsunky, S. (Hrsg.): Genderkompetenz in der Sozialen Arbeit. Wiesbaden, S. 163-186

Lutz, Helma (2007): Vom Weltmarkt in den Privathaushalt. Die neuen Dienstmädchen im Zeitalter der Globalisierung. Opladen

McCall, Leslie (2001): Complex Inequality. Gender, Class and Race in the New Economy. New York

Meier, Uta/ Preusse, Heide/ Sunnus, Eva Maria (2003): Steckbriefe von Armut. Haushalte in prekären Lebenslagen. Wiesbaden

Mills, Melinda/ Blossfeld, Hans-Peter (2003): Globalization, Uncertainty and Changes in Early Life Courses. In: Zeitschrift für Erziehungswissenschaft, 6. Jg., S. 188-218

Ostner, Ilona (2009): Sozialpolitik, Familie, Geschlecht in Europa. In: Kapella, O. (Hrsg.): Die Vielfalt der Familie. Tagungsband zum 3. Europäischen Fachkongress Familienforschung. Opladen und Farmington Hills, S. 15-29

Peschel-Gutzeit, Lore-Maria (2008): Auslaufmodell Hausfrau. In: Emma, H. 9/10, S. 32-34

Rerrich, Maria S. (2006): Die ganze Welt zu Hause. Cosmobile Putzfrauen in privaten Haushalten. Hamburg

Rost, Harald/ Rupp, Marina/ Schulz, Florian/ Vaskovics, Laszlo (2003): Bamberger Ehepaar-Panel. ifb-Materialien Nr. 6. Bamberg. http://www.ifb.bayern.de/imperia/md/content/stmas/ifb/materialien/mat_2003_6.pdf (17.7.2009)

Sann, Alexandra/ Thrum, Kathrin (2005): Opstapje – Schritt für Schritt. Abschlussbericht des Modellprojekts. München

Schier, Michaela/ Jurczyk, Karin (2007): Familie als Herstellungsleistung in Zeiten der Entgrenzung. In: Aus Politik und Zeitgeschichte, H. 34, S. 10-17

Sinus Sociovision (2008): Migranten-Milieus. Lebenswelten und Werte von Menschen mit Migrationshintergrund in Deutschland. Heidelberg

Statistische Bundesamt (2008) (Hrsg.): Familienland Deutschland. Wiesbaden

Statistisches Bundesamt/ Gesellschaft Sozialwissenschaftlicher Infrastruktureinrichtungen/ Wissenschaftszentrum Berlin für Sozialforschung (2008) (Hrsg.): Datenreport 2008. Ein Sozialbericht für die Bundesrepublik Deutschland. Bonn

Statistisches Bundesamt (2009) (Hrsg.): Jugend und Familie in Europa. Wiesbaden

Stauber, Barbara/ du Bois-Reymond, Manuela (2006): Familienbeziehungen im Kontext verlängerter Übergänge. Eine intergenerative Studie aus neun europäischen Ländern. In: Zeitschrift für Soziologie der Erziehung und Sozialisation, 26. Jg., S. 206-221

Thiessen, Barbara (2008): Familienpolitik und Geschlechterkritik: Spannungsreiche Bezüge. In: Zeitschrift für Frauen- und Geschlechterforschung, 26. Jg., S. 3-17

Tölke, Angelika (2004): Die Bedeutung von Herkunftsfamilie, Berufsbiografie und Partnerschaften für den Übergang zur Ehe und Vaterschaft. In: Tölke, A./ Hank, K. (Hrsg.): Männer – das ‚vernachlässigte‘ Geschlecht in der Familienforschung. Wiesbaden, S. 98-126

Tronto, Joan (2000): Demokratie als fürsorgliche Praxis. In: Feministische Studien extra, 18. Jg., S. 25-42

Zerle, Claudia/ Krok, Isabelle (2008): Null Bock auf Familie? Der schwierige Weg junger Männer in die Vaterschaft. Gütersloh

Der sozialpädagogische Blick auf Familie

Johannes Hüning & Corinna Peter

Im Kontext der Thematisierung von Familie in Politik und Staat hat dieser Beitrag Eingang in die Ringvorlesung „Frauenpolitik in Familienhand?" gefunden. Die (sozial-)politische sowie staatliche Regulation von Familie und der Rolle der Frau bzw. Mutter in der Familie findet neben vielen anderen Gesetzen und staatlichen Vorgaben auch ihren Ausdruck im Kinder- und Jugendhilfegesetz (SGB VIII), welches die primäre Handlungsgrundlage der Kinder- und Jugendhilfe darstellt. Dieser Beitrag zielt darauf ab, zu skizzieren, wie Soziale Arbeit auf dieser rechtlichen Basis Familien in den Blick nimmt. Dabei wird zunächst der gegenwärtige Stand des sozialpädagogischen Familiendiskurses zusammenfassend beschrieben, um ein grundlegendes Verständnis von Familie innerhalb der Sozialen Arbeit abzubilden. Dieser eher allgemeine Zugang zu Familie und der Rolle der Frau in Familie wird daran anschließend für das Handlungsfeld der Kinder- und Jugendhilfe dahingehend spezifiziert, dass bedeutsame Strömungen und Entwicklungen, die mit dem Kinder- und Jugendhilfegesetz Einfluss auf die Kinder- und Jugendhilfe genommen haben, aufgeführt werden. Dabei findet stets eine enge Auseinandersetzung mit dem SGB VIII statt. Abschließend werden unter Bezugnahme auf die einzelnen Praxisfelder der Kinder- und Jugendhilfe Überlegungen angestellt, wie sich die sozialpädagogische Sicht auf Familie jeweils darstellt.

Familie in der Gesellschaft

Der 13. Deutsche Kinder- und Jugendhilfetag im Frühsommer 2008 in Essen stand unter dem Leitmotiv: *Gerechtes Aufwachsen ermöglichen!* Gerechtes Aufwachsen der jungen Generation soll dabei ermöglicht werden – so der Tenor der Veranstaltung – durch Entlastung und Unterstützung der Eltern, durch Bekämpfung der Armut in Familien, durch Verhinderung von Ausgrenzung benachteiligter Kinder und Jugendlicher, durch Schaffung von kinderfreundlichen gesellschaftlichen und strukturellen Kontexten sowie durch eine gleichberechtigte Förderung von Jungen und Mädchen. Dies soll im Jugendhilfekontext erreicht werden durch sozialpädagogische Hilfen und Maßnahmen, die Bildung, Integration und Teilhabe von Kindern und Jugendlichen befördern.

Diese Sicht auf Problemlagen und Bedarfe der jungen Generation sowie die Formulierung und/oder Forderung hinsichtlich entsprechender sozialpädagogischer Hilfen und Unterstützungen macht deutlich, dass der Perspektivwechsel Ende der 1960er Jahre in den Sozialwissenschaften – die Entdeckung der „Kinder" als eigenständig zu betrachtende familiale Figuren und insofern für die wissenschaftliche Forschung interessante Population (vgl. Lange/Lauterbach 2000) – auch die Kinder- und Jugendhilfe nachhaltig beeinflusste und deren Hilfekanon modernisierte. Familien, Eltern aber vor allem Kinder und Jugendliche wurden nunmehr differenzierter durch die Jugendhilfe in den Blick genommen. Differenzierter einerseits, da auch die Kinder- und Jugendhilfe ihren Fokus erweiterte und nicht mehr primär defizitäre familiale Erziehungszusammenhänge thematisierte, vielmehr nun auch gesellschaftlich definierte Erziehungskontexte und deren Wirkungszusammenhänge mit berücksichtigte. Differenzierter andererseits, als dass neben Erziehung nun auch Teilhabe und vor allem Bildung für die jungen Menschen Inhalte und Aufgaben der Kinder- und Jugendhilfe definierten. Dabei spielen sowohl die gesellschaftlichen als auch die familialen Transformationsprozesse eine entscheidende Rolle, da diese auch Wandlungen innerhalb des Systems „Soziale Arbeit" als familienpolitische Regulationsoption produzieren. Laut Böhnisch lassen sich sozialpädagogische Interventionen im Kontext von Kinder- und Jugendhilfe in diesem Zusammenhang – vom sozialen Wandel und der Ausdifferenzierung der Jugendhilfe – als „gesellschaftlich institutionalisierte, lebensweltlich orientierte Reaktionen auf psychosoziale Bewältigungsprobleme in der Folge gesellschaftlichen Wandels und darin enthaltener sozialer Desintegration [von Familien; die Verf.] verstehen" (Böhnisch et al. 2005: 103).

Familie im sozialpädagogischen Kontext

Innerhalb des sozialpädagogischen Familiendiskurses ist bislang kein Konsens bezüglich einer allgemeingültigen und anerkannten Definition von Familie zu verzeichnen. Vielmehr ist eine starke Anlehnung an den familiensoziologischen Diskussionsstand zum Familienbegriff zu erkennen. Bei vielen Begriffsbestimmungen von Familie wird dabei immer noch Rekurs auf das Modell der bürgerlichen Kleinfamilie genommen. Die hegemoniale Vorstellung eines tradierten Familienleitbildes kommt auf diese Weise immer wieder indirekt zum Ausdruck. Da in vielen familiensoziologischen Bestimmungsversuchen der definitorische Referenzrahmen der Bürgerfamilie herangezogen wird, findet somit die Variabilität und Vielfältigkeit familialer Lebenskonzepte keine dementsprechende Berücksichtigung (vgl. Richter 2008: 71, Lenz 2002: 149).

Der siebte Familienbericht, welcher das familienpolitische aber auch sozialpädagogische Bild von Familie in Deutschland in entscheidender Weise mit bestimmt, zeigt hingegen ein implizites Familienverständnis auf, welches auf den Wandel der Familie, der insbesondere an dem veränderten Geschlechterverhältnis, der neuen Rolle der Frau, der gewandelten Partnerschaftsbeziehung und der zunehmenden Erwerbstätigkeit beider Elternteile festgemacht wird, verweist. Die Familie im mo-

dernen Sinne wird als eine „Verhandlungsfamilie" verstanden, die in jeder Lebensphase ihre Beziehungsmuster neu herstellen und untereinander aushandeln muss
(vgl. BMFSFJ 2006: 256). Über diese Herstellungsleistungen und Aushandlungsprozesse konstituiert sich die Familie immer wieder aufs Neue, stellt sich im Alltag
immer wieder her (vgl. ebd.: 256). Die Familie wird somit als eine soziale Konstruktion verstanden (vgl. ebd.: 12). Ein derart offenes bzw. abstraktes Verständnis von
Familie – welches eine angemessene Ausgangsposition auch für die Soziale Arbeit
darstellt – schließt keine alternativen familialen Lebensformen aus und wird allen
Familienkonstellationen gerecht, die derzeit das Bild von Familie in Deutschland
prägen. Denn zu beachten gilt, dass es *die* Familie nicht gibt bzw. auch nie gab und
grundsätzlich von einer „empirischen Vielfalt dieser Lebensform" auszugehen ist
(vgl. Böhnisch/Lenz 1999: 7).

Der gesellschaftliche Wandel der vergangenen 40 Jahre hat sich auf alle Le-
bensbereiche ausgewirkt, insbesondere auf die familialen Lebensformen (vgl. Hamann 2000: 9). Die Familie ist von kulturellen und sozialen Wandlungsprozessen
gekennzeichnet (vgl. Busse/Helsper 2007: 325), denn die Familienkonzepte sind
immer auch in die gesellschaftlichen Rahmenbedingungen eingebettet und der
Wandel dieser betrifft folglich auch die Familie (vgl. BMFSFJ 2006: 68). Unbestritten innerhalb des familialen Diskurses ist es, dass die gewandelten sozialstrukturel-
len Rahmenbedingungen die Familien in ihrer Form und Struktur maßgeblich prägen (vgl. Hill/Kopp 2002: 299). Viele Autoren und Autorinnen kommen zu dem
Schluss, dass die Pluralisierung der Familienformen zu den bedeutendsten Aspekten
des familialen Wandels gehört. Richter (2008) merkt in diesem Kontext an: „Seit
den späten 70er Jahren des 20. Jahrhunderts steht der Diskurs um eine strukturelle
Pluralisierung und Diversifizierung familialer Lebensformen in sozialwissenschaftlichen Veröffentlichungen im Vordergrund" (ebd.: 68). Wesentlich ist, dass „[i]ns-
gesamt betrachtet [...] es bei dem derzeitig zu beobachtenden Strukturwandel der
Familie [...] weniger um die Entstehung neuer privater Lebensformen [geht; die
Verf.] als darum, dass neben der ´Normalfamilie´ andere Privatheitsmuster an Ge-
wicht gewonnen haben" (Peuckert 2008: 27). Dennoch stellt die sogenannte „Normalfamilie", die so genannte Bürgerfamilie (Ehepaar mit gemeinsamen, leiblichen
Kindern in einem Haushalt) immer noch das führende Familienmodell und die
empirisch am weitesten verbreitete Familienform in Deutschland dar (vgl. BMFSFJ
2005, S.58).

Des Weiteren wird die Veränderung der Rolle und des Selbstverständnisses der
Frau als ein sehr entscheidender Faktor der gesellschaftlichen als auch familialen
Transformationsprozesse erachtet. Im Zuge der Bildungsexpansion Mitte der
1960er Jahre hat sich die Lebensführung der Frau in entscheidender Weise verändert. Die zunehmende Erwerbstätigkeit der Frau hat dazu geführt, dass sie sowohl
in sozialer als auch ökonomischer Hinsicht nicht mehr zwingend von einem männlichen Versorger abhängig ist. Diese Entwicklungen lassen sich dahingehend zu-

sammenfassen, dass sich ein „massiver Umbruch" im Hinblick auf die Geschlechterrollen ereignet hat, der eindeutig im „weiblichen Lebenszusammenhang" zum
Ausdruck kommt (vgl. Lenz 2002: 169). Jedoch übernimmt die Frau in der Kinderphase in traditioneller Art und Weise weiterhin die Rolle der Erziehung und Pflege
der Kinder. Während der Kinderphase sind die Frauen häufig einer *Doppelbelastung*
von Erwerbstätigkeit und Kindererziehung ausgesetzt (vgl. Borhardt 1999: 49,
Woog 1998: 16, Liegle 2005: 512). Es kann von einem Rollenpluralismus der Frauen
ausgegangen werden, der die Kombination von Mutter- und Berufsrolle bezeichnet
(vgl. Nave-Herz 2004: 90). In Bezug auf die innerfamiliale Arbeitsteilung bestätigen
zahlreiche empirische Studien, dass die unterschiedliche Belastung der Geschlechter
bezüglich der hauswirtschaftlichen Tätigkeiten geblieben ist. Die Frauen sind weiterhin in überwiegendem Maße für die Haushaltsführung zuständig, unabhängig
davon, ob sie einer Erwerbstätigkeit nachgehen oder nicht (vgl. Nave-Herz 2007:
50). Schulz und Blossfeld zeigen auf der Grundlage einer Analyse des Bamberger
Ehepaar Panels (BEP) auf, dass im Verlauf der Ehe die Wahrscheinlichkeit einer
größeren Beteiligung des Mannes an Tätigkeiten im Haushalt systematisch ab-
nimmt. Dies wird insbesondere durch die Geburt des ersten Kindes forciert (siehe
Schulz/ Blossfeld in diesem Band).

Ferner ist zu konstatieren, dass die biologische und die soziale Elternschaft
immer häufiger auseinanderfallen und eine Art „Erosion der bio-sozialen Doppel-
natur der Familie"(Peuckert 2008: 25) zu verzeichnen ist. Dieses Phänomen der
multiplen Elternschaft kommt insbesondere bei Stieffamilien zum Ausdruck, bei
denen in rund 90% ein sozialer den biologischen Vater im Haushalt ersetzt (vgl.
ebd.: 25f.). In diesem Zusammenhang kann resümiert werden, dass gegenwärtig
weniger kinderreiche Familien existieren, dafür aber mehr „väter- bzw. mütterrei-
che" Familien entstanden sind. Die Eltern-Kind-Beziehungen gestalten sich gegenwärtig variantenreicher (vgl. Notz 2005: 6).

Darüber hinaus ist zu konstatieren, dass Kinder und Jugendliche derzeit häufiger in wechselnden Familienformen leben als noch vor fünfzehn bis zwanzig Jahren
(vgl. BMFSFJ 2005: 60). Diesbezüglich merken Fieseler und Herborth (2005) an:
„Während der Kindheit und Jugend können verschiedene Beziehungskonstellationen erlebt werden: vom Kind in einer nichtehelichen Lebensgemeinschaft, über das
Kind in einer „normalen" Familie, zum Kind in einer Ein-Eltern-Familie und
schließlich zum Kind in einer Stieffamilie" (ebd.: 113). Diese Diskontinuitäten familialer Konstellationen im Lebensverlauf der Minderjährigen führen zu großen Anforderungen bezogen auf eine Anpassung und ein Zurechtkommen mit den sich
jeweils wechselnden familiären Situationen, sowohl im Hinblick auf die Bewältigung
des Familienalltags als auch die emotionalen Beziehungen der Familienmitglieder
untereinander (vgl. BMFSFJ 2005: 62). Gegenwärtig besteht eine größere Reversibi-
lität der familienbezogenen Entscheidungen (vgl. Peuckert 2008: 28).

Neben den Kindern, Jugendlichen und Eltern bzw. Erziehenden – sprich der Familie – ist auch die Soziale Arbeit gefordert, sich diesen gewandelten familialen Lebenssituationen und den damit verbundenen veränderten Anforderungen sowie möglichen Problemlagen zu stellen und in angemessener Art und Weise darauf zu reagieren. Die gesellschaftlichen und damit einhergehenden familialen Transformationsprozesse, die in entscheidender Weise die familialen Strukturen, aber auch das familiale Miteinander und die gesellschaftliche Stellung von Familien prägen, muss die Soziale Arbeit, wenn sie Familien in den Blick nimmt und mit ihnen gemeinsam arbeitet, somit berücksichtigen und „wissen". Eine mangelnde Auseinandersetzung mit der gegenwärtigen sowie gewandelten Lebenssituation von Familien kann dazu führen, dass alternative familiale Lebensformen in der Sozialen Arbeit benachteiligt werden, indem eine Orientierung am traditionellen Familienverständnis erfolgt und keine Offenheit und Sensibilität für andere Lebensformen und Familienkonstellationen möglich ist.

Entscheidend ist, dass die Soziale Arbeit als Teil des wohlfahrtsstaatlichen Arrangements den Diskurs über die Familie wesentlich prägt. Diese Art von Machtposition – wenn sie denn beispielsweise als politische Einmischung verstanden und genutzt wird – ermöglicht es der Sozialen Arbeit, auf normierende und benachteiligende Artikulationsweisen in Bezug auf die Familie aufmerksam zu machen (vgl. Richter 2008: 74). Richter (2008) führt an: „Es geht um den Anspruch Sozialer Arbeit, Einblicke in die Variabilität und Vielfältigkeit familialer Lebensführung zu geben und die Bandbreite gelebter Konzepte mit und ohne Kinder zu erweitern sowie neuartige Handlungsoptionen mit Adressatinnen und Adressaten zu kreieren" (ebd.: 74). Wie die Soziale Arbeit Familien in den Blick nimmt, hat folglich einen nicht zu unterschätzenden Einfluss auf den öffentlichen Diskurs. Tradierte Familienleitbilder, die nicht der empirischen Vielfalt von Familie entsprechen und unreflektiert in der sozialpädagogischen Theorie und Praxis gebraucht werden, können unter Umständen auch zu einer Benachteiligung von alternativen familialen Lebensformen führen, da diese der Norm der bürgerlichen Kleinfamilie untergeordnet werden. Hier erscheint eine (selbst-)kritische Auseinandersetzung mit eigenen Familien- bzw. Idealbildern seitens der sozialpädagogischen Fachkräfte sowie Wissenschaftler und Wissenschaftlerinnen als unerlässlich.

Familie in der Kinder- und Jugendhilfe

Innerhalb der Sozialen Arbeit stellt die Kinder- und Jugendhilfe das Handlungsfeld dar, das am Stärksten auf Familie als solche fokussiert und sich mit dieser intensiv im Kontext der verschiedenen Hilfearrangements auseinandersetzt. Dies geschieht auf sehr vielfältige Art und Weise, da die Kinder- und Jugendhilfe gemäß dem SGB VIII über ein sehr heterogenes Leistungs- und Hilfesetting für Familien verfügt.

Darin kommt auch zum Ausdruck, dass sich die sozialpädagogische Inblicknahme von Familien sehr unterschiedlich, vielfältig und als äußerst komplex gestaltet. Es kann davon ausgegangen werden – wie im Folgenden aufgezeigt werden soll –, dass die sozialpädagogische Sicht auf Familie bzw. der sozialpädagogische Umgang mit Familie neben der grundsätzlichen Neuorientierung der Kinder- und Jugendhilfe durch das Inkrafttreten des Kinder- und Jugendhilfegesetzes Anfang der 1990er Jahre auch immer maßgeblich von dem jeweiligen Hilfesetting und den entsprechenden Rahmenbedingungen geprägt wird.

Das Achte Sozialgesetzbuch – das Kinder- und Jugendhilfegesetz – deklariert sich als ein Leistungsgesetz, das sich mit seinen vielfältigen und umfassenden Leistungsangeboten an Kinder, Jugendliche und Eltern – Familien – wendet und diese potentiellen Hilfeadressaten und Hilfeadressatinnen als Leistungsberechtigte definiert. Eltern haben im Bereich der Hilfen zur Erziehung beispielsweise einen Rechtsanspruch auf Hilfe und Unterstützung. Die sozialpädagogische Arbeit mit den Familien ist zunächst auf eine kooperationsbasierte Beziehung zwischen der Kinder- und Jugendhilfe und den jeweiligen Hilfeadressaten und -adressatinnen ausgerichtet. Die Sozialpädagogik will darüber hinaus lebensweltliche Aspekte von Familien sowie familiale und individuelle Ressourcen sowohl der einzelnen Familienmitglieder als auch der gesamten Familie berücksichtigen und fördern, insbesondere hinsichtlich der Erziehungskompetenzen von Eltern und der jeweiligen Bildungs- und Lebensbedingungen von Familien. Mit der Implementierung des SGB VIII hat sich die Kinder- und Jugendhilfe dabei in Anlehnung an Thiersch (1990) folgenden Struktur- und Handlungsmaximen verschrieben – der *Prävention* als Vorgabe für die Kinder- und Jugendhilfe, um stabile und lebenswerte Lebensverhältnisse herbeizuführen; einer *Regionalisierung* bzw. *Dezentralisierung* zugunsten einer lebensweltorientierten Grundausrichtung; der *Alltagsorientierung* von Jugendhilfe, um deren Maßnahmen und Interventionen individuell gestalten zu können; der *Integration* der Hilfeadressaten und Hilfeadressatinnen als Ziel, um Ausgrenzungen von Kindern, Jugendlichen und Familien zu vermeiden sowie deren *Partizipation* an Hilfeprozessen (vgl. Bundesfamilienministerium 1990: 75) – die zielführend und verbindlich für die sozialpädagogischen Handlungsoptionen im Kontext dieses Gesetzes sind (vgl. Münder 2003: 69f.).

Von Kontrolle zur Partnerschaft

Die Kinder- und Jugendhilfe mit ihren Diensten und Einrichtungen sowohl der öffentlichen als auch der freien Träger definiert sich nicht mehr primär und ausschließlich als eine Ordnungsinstanz, die restriktiv auf Familien zugeht und auf diese mit verordneten Zwangsmaßnahmen einwirkt. „Leistung statt Eingriff", „Prävention statt Reaktion", „Flexibilisierung statt Bürokratisierung" und „Demokratisierung statt Bevormundung" – diese Forderungen und Erwartungen verdeutlichen den vollzogenen Paradigmenwechsel in der Kinder- und Jugendhilfe (vgl. Münder et al. 2003). Dem SGB VIII und seinen Grundideen liegt insofern ein *zweifacher* Perspektivwechsel zugrunde. *Erstens* von einem reaktiv eingreifenden Handeln nach ordnungsrechtlichen Maßgaben hin zum Ausbau vorbeugender Hilfeformen und präventiver Maßnahmen. Prävention und die Stärkung elterlicher Erziehungskraft sind dazu die Schlüsselbegriffe. Durch präventive Unterstützungsangebote bei erkennbaren schwierigen Lebenslagen von Kindern, Jugendlichen und Familien sowie mit entlastenden Hilfen in und für Familien sollen eingriffsorientierte und kontrollierende Maßnahmen für diese abgewendet werden. Das Kinder- und Jugendhilfegesetz unterstreicht dabei die staatlich-gesellschaftliche Konkretisierung der familialen Verantwortung für die Erziehung sowie Bildung der Kinder und Jugendlichen. Sowohl der Staat (aus einer administrativen Perspektive) als auch die Werte definierende Gesellschaft (aus einer normativen Perspektive) weisen der Familie – auch über gesetzliche Kontexte – die Aufgabe und Verantwortung für Sozialisationsprozesse zu. Bezüglich der Bildungsprozesse ist diese Feststellung von besonderer Evidenz, da qualifizierte kindliche Bildungsverläufe unstrittige und gültige Erziehungsziele sind. Zu diesem Perspektivwechsel gehört *zweitens* die Betonung der Förderung von Familien in ihren Lebenslagen: Nicht mehr die Behebung von Defiziten und Korrekturen vermeintlicher oder tatsächlicher defizitärer – je nach Perspektive – familialer Erziehung ist zielführend, sondern die Förderung von Ressourcen und Kompetenzen für eine eigenständige familiale Lebensgestaltung (vgl. Merchel 2003, Wiesner 2000). Die Kinder- und Jugendhilfe nimmt die Familien nicht mehr primär defizitorientiert in den Blick, sondern sucht nach familialen Ressourcen und individuellen Kompetenzen.

Lernfähigkeit und Bildungsbereitschaft der Familie
In der Kinder- und Jugendhilfe wird grundsätzlich von der Annahme ausgegangen, dass Familien lernfähig und bildungsbereit sind und dass es in öffentlicher Verantwortung liegt, den Erziehenden Ressourcen und Lernfelder anzubieten, um die elterliche Erziehungskompetenz zu stärken. Das Kinder- und Jugendhilfegesetz postuliert den Anspruch auf „Stärkung der Erziehungskraft der Familie" (Münder et al 2003) und verortet die Lernkontexte hierfür in den §§ 16 bis 21 SGB VIII. Der Schlüsselbegriff dazu ist die *Familienbildung*. Dieser sozialpädagogische Ansatz fokussiert die Erziehenden in den Familien und deren Erziehungsverhalten.

Ungünstige familiale und gesellschaftliche Kontexte können es Eltern erschweren, die Erziehung, Bildung und Betreuung ihrer Kinder kindgerecht durchzuführen, anzubieten oder zu organisieren. Textor (2007) beispielsweise bezeichnet diese durch die Gesellschaft bedingten Kontexte als „kinderfeindlich" und führt dazu an, dass z.B. Lernerfahrungen hinsichtlich einer späteren Elternschaft für viele junge Menschen überschaubar bleiben würden, dass Erziehungswissen nicht mehr in dem Maße im Jugendalter vermittelt würde, weil dafür schlicht die Lernorte fehlen würden. Textor identifiziert in Familien einen Verlust an Vermittlungsfunktionen in

Hinsicht auf das Erziehungswissen und vermutet in Folge dessen eine Erosion bestimmter familialer Lernfelder für Kinder im Kontext von Lernprozessen zu Erziehungskompetenzen. Gleichzeitig steige die Erwartung der Öffentlichkeit an elterliche Erziehungsqualität und dies setze gerade junge, unerfahrene Eltern unter Druck. Des Weiteren erfordere die familiale sozioökonomische Situation von den Müttern und Vätern immer häufiger, dass beide einer Erwerbstätigkeit nachgingen, die dann die Tagesstruktur der Familie definiere und meist eine außerfamiliale Betreuung von Kindern und Jugendlichen erforderlich mache.

Mit dem Inkrafttreten des Kinder- und Jugendhilfegesetzes stellt die Familienbildung eine Kernaufgabe der Kinder- und Jugendhilfe dar. Diese Art der familialen Unterstützung definiert sich beispielsweise nach Textor (2007) – vereinfacht betrachtet – in Ehevorbereitung, Ehebildung, Elternbildung und Familienbildung im engeren Sinne. Damit folgt allerdings diese individuelle Definition Textors deutlich dem Leitbild einer durch *Ehe* konstituierten traditionellen Familie. Im Zusammenhang mit dem familialen Wandel ist diese Verschränkung auf ein spezielles Familienmodell jedoch kritisch zu diskutieren. Das konkrete Angebot der Familienbildung sollte eher auf der Folie familialer Realitäten konzeptionell verortet werden, so wie Münder et al. (2003) beispielsweise zu Recht darauf hinweisen, dass dem § 16 SGB VIII kein bestimmtes Bild von Familie zugrunde liege und dieser somit das Angebot für alle möglichen familialen Konstellationen öffne. Insofern ist zu vermuten, dass das Kinder- und Jugendhilfegesetz – zumindest de jure – kein explizites Familienleitbild weder impliziert noch postuliert, sondern alle familialen Optionen anspricht.

Die Kinder- und Jugendhilfe nimmt Kinder und Jugendliche in den Blick
Dem familialen Wandel geschuldet ist offenbar ein anderer, notwendig gewordener Umgang mit Kindern, Jugendlichen und jungen Erwachsenen in und außerhalb ihrer Familien. Seit den 1970er Jahren differenzieren die Sozialwissenschaften zwischen den einzelnen Individuen in der Familie und identifizieren Kinder und Jugendliche als betrachtenswerte eigenständige Subjekte. Wurden früher Interessen, Bedingungen und Problemlagen von Kindern und Jugendlichen bei Betrachtungen der Erwachsenen in der Familie oftmals implizit mitgedacht, werden nun die Themen der jüngeren Generation in der Familie aufgegriffen und verhandelt. Kinder und Jugendliche sind in den Forschungsfokus von Erziehungswissenschaft, Psychologie und Soziologie gerückt und stellen eigenständige Forschungssubjekte dar – sowohl bezogen auf individuelle Entwicklungen und Bedarfe als auch auf deren Kontexte und Verhinderungen (vgl. Grunert/Krüger 2006).

Mit den Vorgaben des § 8 SGB VIII, der *Beteiligung von Kindern und Jugendlichen* gemäß ihrem Entwicklungsstand an Entscheidungen und Entwicklungen in Jugendhilfezusammenhängen, bekundet das Kinder- und Jugendhilfegesetz den Anspruch der jungen Menschen auf eine individuelle Betrachtung ihrer Lebens- und

Problemlagen sowie die an den persönlichen Bedarfen ausgerichtete Hilfeplanung. Mit der Einführung des § 8a SGB VIII, dem *Schutzauftrag bei Kindeswohlgefährdung* im Kinder- und Jugendhilferecht, wurde der besondere Schutzgedanke hinsichtlich des Kindeswohls ausdrücklich gestärkt und die Eingriffsmöglichkeiten der Kinder- und Jugendhilfe zugunsten des Kinderschutzes erweitert.

Des Weiteren versteht sich die Kinder- und Jugendhilfe als eine Interessensvertretung junger Menschen in und außerhalb von Familien und übernimmt anwaltschaftlich und offensiv Partei für diese bei Konflikten oder Krisensituationen mit Eltern oder anderen Erziehenden. Ob dies immer gelingt, kann angezweifelt werden. Dieser hohe Anspruch an eine umfängliche Anwaltschaft für Kinder und Jugendliche erfordert parallel zum fachlichen sozialpädagogischen *standing* auch die Bereitschaft zur politischen Parteinahme, ebenso die Bereitschaft zur Aufnahme eines kritischen Diskurses mit Teilbereichen der Gesellschaft – mit der Politik und den Administrationen – insbesondere mit den Funktionsträgern in den kommunalen Behörden, den Jugendämtern, sowie den Verbänden, welche die Definitions- und Verteilungsmacht besitzen.

Gemeinsame Verantwortung von Familie und Gesellschaft für das Aufwachsen von Kindern
Die Notwendigkeit einer Arbeits- und Verantwortungsteilung für die Erziehung und die Bildungsprozesse der Kinder zwischen Familien und der Gesellschaft ergibt sich durch den sozialen und somit auch durch den familialen Wandel. An Eltern richten sich in der gegenwärtigen Gesellschaft andere und neue Anforderungen für die Ausgestaltung eines Lebens mit Kindern: Zum einen die veränderten Berufsbiographien und -verläufe von Eltern, ökonomische Zwänge, die nicht selten – wie eingangs schon erwähnt – die Berufstätigkeit beider Elternteile voraussetzen, damit das Haushaltseinkommen der Familie gesichert ist oder die demografischen Wandlungen, z.B. die Abnahme der Kinderzahl und damit auch der Geschwisterzahl in Familien. Zum anderen gewinnt der Bildungsprozess für Kinder an Bedeutung, das heißt sowohl die stärkere Notwendigkeit familialer Bildungsanstrengungen als auch die erhöhte Anforderung an die Erziehenden in Familie, Bildungsprozesse mit außerfamilialen Bildungsinstanzen zu synchronisieren. Diese Gleichzeitigkeit von neuen Anforderungen an elterliche Bildungsanstrengungen sowie die Veränderungen familialer Umwelten und Rahmenbedingungen erfordert eine Auslagerung bisheriger familialer Aufgaben an andere Erziehungs- und Bildungsträger (vgl. Nave-Herz 2007: 79, BMFSFJ 2006: 129, 160). Insofern ist nicht ein „Versagen" der Familie im Sinne eines familialen Funktionsverlustes Auslöser und Motor für die Ausdifferenzierung der Kinder- und Jugendhilfe. Die These von der familienpolitischen Reaktion auf die notwendig gewordene Funktions- und Arbeitsteilung im Kontext der Übernahme von Erziehungsverantwortung durch außerfamiliale Erziehungs- und Bildungsträger wird beispielsweise durch die Ausführen des Siebten Familienberichts explizit verifiziert (BMFSFJ 2006: XXV; 249 ff.). Zu der unbestrit-

ten ansteigenden Bildungsaspiration in der Gesellschaft mit erhöhten Anforderungen an die Familien im Kontext gelungener kindlicher Entwicklungsprozesse (vgl. Nave-Herz 2007) ergibt sich eine weitere Herausforderung an die für die Erziehung Verantwortlichen: Im nicht aufzulösenden Zusammenhang von gelungener kindlicher Sozialisation einerseits und familialen Bedingungen und Verhinderungen andererseits die Sicherstellung einer gehaltvollen pädagogischen außerfamilialen Betreuung der Kinder, insbesondere bei berufstätigen Eltern.

Grenzen von Kooperation und Partizipation

Familien, Eltern, Jugendliche und Kinder werden durch die Kinder- und Jugendhilfe aktiv an Hilfeprozessen beteiligt – dies ist Anspruch und Selbstverständnis der Kinder- und Jugendhilfe mit dem Inkrafttreten des Achten Sozialgesetzbuch. *Beteiligung und Mitwirkung* im Sinne des SGB VIII bedeuten, dass Eltern und junge Menschen als Subjekte verstanden und als Leistungsberechtigte definiert werden. Sie haben damit ein Anrecht auf Beteiligung und Mitwirkung bei der Entwicklung und Installierung von sozialpädagogischen Hilfen und Maßnahmen. Die Kinder- und Jugendhilfe ihrerseits hat sich verpflichtet, diese Mitwirkung und Beteiligung sicherzustellen. In diesem Verständnis agiert die Kinder- und Jugendhilfe mit Familien in der Regel partnerschaftlich – das heißt, in kooperationsbasierten und freiwilligen Zusammenhängen.

Dieser Anspruch kann jedoch in der Realität an zwei Sachverhalten scheitern: Zum einen ist die öffentliche Meinung über die Kinder- und Jugendhilfe – insbesondere im Zusammenhang mit Jugendämtern – häufig negativ eingefärbt und zum anderen präsentiert sich die Außendarstellung der Kinder- und Jugendhilfe als – vorsichtig formuliert – „verbesserungswürdig". Veraltete Klischees werden seitens der Kinder- und Jugendhilfe nicht unbedingt hinreichend korrigiert oder aufzulösen versucht. Die Maßnahme, dass in vielen Kommunen das Jugendamt umbenannt wird in das „Amt für Kinder, Jugendliche und Familien" vermag hier nicht auszureichen. Darüber hinaus ist die mediale Thematisierung der Kinder- und Jugendhilfe oft im Zusammenhang mit ihrem scheinbaren „Versagen" verbunden, meist im Zusammenhang mit Schicksalen, insbesondere von sehr jungen Kindern, die schwer von ihren Eltern misshandelt wurden oder gar zu Tode gekommen sind. Hier wird das Jugendamt dann häufig zum „Sündenbock" deklariert und das Verschulden einseitig im Bereich der Kinder- und Jugendhilfe gesucht.

Die Kinder- und Jugendhilfe betrachtet Familien demzufolge auch – notwendiger Weise – sehr kritisch. Nämlich dort, wo familiale Systeme nicht nur in ihrer Funktionalität versagen, sondern durch ihr aktives Handeln oder ihr Unterlassen Kinder und junge Menschen in deren Entwicklung gefährden. Diese Betrachtung von Familie bedeutet dann die Sicherstellung des Kindeswohls.

Es wird im Fachdiskurs oft kritisch hinterfragt, ob im Zusammenhang von Kinderschutz und der Kinder- und Jugendhilfe eine *Janusköpfigkeit* der Jugendhilfe zu sehen sei? Fakt ist: Die Kinder- und Jugendhilfe stellt einen wesentlichen Bestandteil der öffentlichen – also auch hoheitlichen – staatlichen Aufgaben dar und wird in diesem Kontext beispielsweise von Olk/Backhaus-Maul (2003) als eine Normalisierungs- und Integrationsinstanz identifiziert. Sowohl die sozialpädagogische Dienstleistungsorientierung als auch die Sicherstellung gesellschaftlicher Normalitätsstandards und Normalitätsverläufe – der Kinderschutz als Garant für eine altersgemäße kindliche Entwicklung – würden so der Kinder- und Jugendhilfe ein „Doppelgesicht" verleihen (vgl. Olk/Backhaus-Maul 2003). Der Schutzauftrag im Kinder- und Jugendhilfegesetz (insbesondere der §8a SGB VIII) betont ausdrücklich die Verantwortung der staatlichen Gemeinschaft für das Wohl der Kinder und Jugendlichen. Im Beratungsalltag der Kinder- und Jugendhilfe wird in der Zusammenarbeit mit den Familien oftmals an diesem Punkt ein schwieriges Feld geöffnet: Die sozialpädagogischen Fachkräfte können in eine Art „Generalverdacht" seitens der Familien geraten, dass sie die Familien „bespitzeln", „bewachen" oder „ausspionieren" würden. Die partnerschaftliche Kooperationsebene zwischen Kinder- und Jugendhilfe und der Familie wird im Kontext der Kindeswohlgefährdung dann meist verlassen bzw. stellt sich als kaum noch realisierbar dar. Der erwähnte Spagat zwischen Hilfe und Kontrolle ist somit schwierig, in der Regel jedoch fachlich geboten und auch rechtlich gefordert. Es kann davon ausgegangen werden, dass aus Sicht der Familien die Kinder- und Jugendhilfe im Kontext von Kinderschutz zwei „Gesichter" hat. Dies kann zu erheblichen Verunsicherungen vor allem bei den betroffenen Eltern und einer mangelnden Mitarbeitsbereitschaft bei diesen führen. Juristen sprechen in diesem Zusammenhang von „Rollenwidersprüchen" und „Reibungsverlusten", die sich aus dem Anspruch der Kinder- und Jugendhilfe ergeben: gleichzeitig Dienstleister im Kontext von Sozialer Arbeit und Wächter von Kindeswohl sein zu wollen bzw. sein zu müssen (vgl. Schimke 2001).

Die Inblicknahme von Familie in den Arbeitsfeldern der Kinder- und Jugendhilfe
Die Kinder- und Jugendhilfe ist geprägt durch verschiedene Angebotsformen und Arbeitsfelder, die allesamt im Kinder- und Jugendhilfegesetz gesetzlich normiert sind und sich an den vielfältigen Lebens- und Problemlagen der Familien orientieren. Im Folgenden soll skizziert werden, wie vielfältig sich die sozialpädagogischen Handlungsoptionen in Bezug auf Familie in den jeweiligen spezifischen Arbeitsfeldern darstellen und wie ambivalent diese zum Teil sein können.
Im dem Arbeitsfeld der *Förderung der Erziehung in der Familie* geht es in der vielfältigen Palette von Beratungs- und Unterstützungsformen für die Familie primär darum, die Familien stark zu machen, indem die Eltern bei ihren Erziehungsaufgaben unterstützt werden sollen (vgl. BMFSFJ 2007: 29). Die Angebote der §§ 16 bis 21 SGB VIII stellen sich als äußerst heterogen dar, um der heutigen familialen Pluralität an Lebensformen und den damit verbundenen Erziehungsaufgaben und -problemen, die z.B. bei Trennung und Scheidung und dem alleinigen Erziehen von

Kindern auftreten können, möglichst gerecht werden zu können. Die entsprechenden Beratungsangebote bei Trennung und Scheidung, bei der Ausübung der Personensorge und des Umgangsrechts etc. sollen dazu beitragen, dass Eltern ihre Erziehungsverantwortung besser wahrnehmen können. Die Befähigung der Erziehenden steht hier im Mittelpunkt (vgl. § 16 SGB VIII). Nicht die Familie als Ganzes, sondern die Eltern stellen hier den primären Bezugspunkt als zu befähigende und unterstützende Subjekte dar.

Bei der *Förderung von Kindern in Tageseinrichtungen und in Kindertagespflege* haben die Tageseinrichtungen und die Kindertagespflege den Auftrag, die Eltern bei der Förderung ihrer Kinder im Hinblick auf die Betreuung, Bildung und Erziehung zu unterstützen (vgl. BMFSFJ 2007: 19). Insbesondere unter der Perspektive der Vereinbarkeit von Familie und Beruf bzw. dem Einklang von der Erwerbstätigkeit der Eltern und der Familienzeit wird dabei die Familie betrachtet. So wird beispielsweise in § 24 Abs. 3 SGB VIII formuliert: „Für Kinder im Alter unter drei Jahren sind mindestens Plätze in Tageseinrichtungen und in Kindertagespflege vorzuhalten, wenn 1. die Erziehungsberechtigten oder, falls das Kind nur mit einem Erziehungsberechtigten zusammenlebt, diese Person einer Erwerbstätigkeit nachgehen oder eine Erwerbstätigkeit aufnehmen, sich in einer beruflichen Bildungsmaßnahme, in der Schulausbildung oder Hochschulausbildung befinden [...]". Die sozialpädagogische Perspektive auf Familie richtet sich an dieser Stelle insbesondere auf die Kinder und deren Aufwachsen in „öffentlicher Verantwortung" – welches bereits die Sachverständigenkommission des Elften Kinder- und Jugendberichts im Jahr 2002 thematisiert und gefordert hat.

Bezüglich der *Hilfen zur Erziehung* ist zunächst zu konstatieren, dass im Zuge des Paradigmenwechsels der Kinder- und Jugendhilfe mit dem Inkrafttreten des SGB VIII ein deutlicher Ausbau der ambulanten und teilstationären Hilfen stattgefunden hat. Die sozialpädagogische Dienstleistungsorientierung und die Betrachtung der einzelnen Familienmitglieder als Subjekte mit eigenen Rechten, Wünschen, Interessen und Zielen, die in einem gemeinsamen Aushandlungsprozess – dem Hilfeplanverfahren gemäß § 36 SGB VIII als einem innovativen Entscheidungsinstrument – ihre Beteiligung erfahren sollen, kommen an dieser Stelle deutlich zum Ausdruck. Insbesondere die Sozialpädagogische Familienhilfe (§ 31 SGB VIII) symbolisiert wie keine andere Hilfeform den Paradigmenwechsel zu einer lebensweltorientierten Arbeit mit den Familien, die eine Mitarbeitsbereitschaft der Familien als unerlässlich erscheinen lässt (vgl. Woog 1998: 27). Das vielfältige Hilfearrangement im Bereich der erzieherischen Hilfen wird als ein Hilfeangebot in Belastungs- und Krisensituationen verstanden (vgl. BMFSFJ 2007: 34ff.). Jedoch stellt der erzieherische Bedarf, dass „[...] eine dem Wohl des Kindes oder des Jugendlichen entsprechende Erziehung nicht gewährleistet ist" (§ 27 Abs. 1 SGB VIII) eine notwendige Voraussetzung dafür dar, dass die Eltern eine Hilfe zur Erziehung erhalten. Eine Nicht-Gewährleistung des Kindeswohls stellt einen erzieherischen

Bedarf, eine erzieherische Mangellage dar, die gegeben ist, „[...] wenn sich die Sozialisationslage des Minderjährigen im Vergleich als benachteiligt erweist" (Münder et al 2003: 280). Der erzieherische Bedarf kann durch einen Mangel an Unterstützung durch die Eltern, an Kommunikation, an Bildung, an angemessenen Wohnverhältnissen und an eingeengter Freiheitsentfaltung im öffentlichen und politischen Raum bedingt sein. Entscheidend ist, dass die Mangelsituation einen Bedarf an sozialpädagogischer bzw. erzieherischer Hilfe geltend macht (vgl. Münder et al 2003: 280). Aufgrund dessen kann geschlussfolgert werden, dass die Familien hier zunächst einmal eher defizitorientiert (die erzieherische Mangellage als notwendige Voraussetzung für die Inanspruchnahme einer Hilfe zur Erziehung) in den Blick genommen werden, damit sie überhaupt Hilfen zur Erziehung in Anspruch nehmen können. Eine grundsätzliche Orientierung an den jeweiligen sozialen, kulturellen sowie materiellen Ressourcen der Familien seitens der sozialpädagogischen Fachkräfte bei der Durchführung der jeweiligen Hilfeform wird damit keinesfalls negiert, stellt jedoch nicht unbedingt den Ausgangspunkt des Zustandekommens dieser erzieherischen Hilfen dar.

Bezüglich der *Anderen Aufgaben* der Kinder- und Jugendhilfe, welche die Kontroll- und Eingriffsorientierung der Kinder- und Jugendhilfe verkörpern und zu den hoheitlichen Aufgaben zu zählen sind, ist anzumerken, dass sich die sozialpädagogischen Handlungsoptionen bezogen auf Familien hier primär im Spannungsfeld zwischen dem Elternrecht einerseits und dem Kinderschutz bzw. dem staatlichen Wächteramt andererseits bewegen. Dieses Dilemma spiegelt das klassische Spannungsfeld zwischen Hilfe und Kontrolle wider. Auf der einen Seite steht die Anerkennung der Erziehungsleistung sowie der Eigenständigkeit der Familie und es geht primär darum, Familien bei der Erziehung zu fördern und zu unterstützen. Auf der anderen Seite ist die Kinder- und Jugendhilfe gemäß des Schutzauftrages – der sowohl in Artikel 6 im Grundgesetz als auch in § 1 SGB VIII und in § 8a SGB VIII normiert ist – dazu verpflichtet, bei einem Verdacht auf eine Kindeswohlgefährdung das familiale Erziehungsgeschehen zu kontrollieren und gegebenenfalls zu intervenieren. Die Betrachtung von Familie kann sich hier regelrecht „spalten" in den Blick auf das Wohl des Kindes und den Blick auf das Elternrecht, die in Gefährdungssituationen teilweise konträr zu einander stehen können. Hier erfordert die sozialpädagogische Arbeit mit Familien einen Balanceakt zwischen diesen „Polen" sowie zwischen dem Verständnis von den einzelnen Familienmitgliedern als Subjekte mit Eigenverantwortung und von der Familie als Objekt, über welche die sozialpädagogischen Fachkräfte in Krisensituationen notfalls als Experten bzw. Expertinnen (beispielsweise gemäß § 42 SGB VIII der Inobhutnahme eines Kindes bei einer akuten Gefährdungssituation) bestimmen oder gar verfügen müssen.

Fazit

Abschließend ist zu resümieren, dass sich die Handlungsoptionen der Sozialen Arbeit bzw. der Kinder- und Jugendhilfe bezüglich Familie als äußerst heterogen und zum Teil vielleicht auch ambivalent darstellen. Aufgrund des staatlichen Wächteramtes und der ihr zugeschriebenen Schutzfunktion für die jüngsten Mitglieder der Familien, steht die Kinder- und Jugendhilfe vor enormen fachlichen Herausforderungen, die gesamte Familie im Blick zu behalten und diesen nicht in zwei möglicherweise konträre Perspektiven, die der Eltern und die der Kinder zu separieren. Die Achtung der familialen Einheit – völlig unabhängig von der jeweilig vorfindbaren familialen Lebensform – stellt, wie auch im Grundgesetz (Art. 6) bereits festgehalten, einen wesentlichen Ausgangspunkt sowohl für die sozialpädagogische Zusammenarbeit mit den Familien als auch für den sozialpädagogischen Diskurs über die Familie dar bzw. sollte diesen unmissverständlich darstellen.

In Hinsicht auf die Arbeit mit den Familien im Rahmen der Kinder- und Jugendhilfe ist kritisch zu hinterfragen, ob partnerschaftliche, kooperationsbasierte Arbeitsverhältnisse auch durch die Familie selbst als solche erfahren und erlebt werden. Bei einer eher systemkritischen Betrachtung und Bewertung der Kinder- und Jugendhilfe und deren Kontexte können Zweifel entstehen, ob diese „Einvernehmlichkeit" zwischen der Kinder- und Jugendhilfe und der Familie tatsächlich besteht und ausgestaltet wird. Laut Böhnisch (2005) habe nicht die Familie die Definitionsmacht, denn deren Lebenswelten und -umstände würden durch die Fachkräfte in den Einrichtungen und Diensten der Jugendhilfe nicht ausreichend nachvollzogen und berücksichtigt. Böhnisch (2005) befürchtet darüber hinaus den Rückzug lebensweltorientierter Ansätze in der Kinder- und Jugendhilfe aufgrund des kommunalen Kostendrucks: Integrative und partizipative Handlungsansätze würden verstärkt zurück gedrängt und würden so eine neo-autoritäre Ausrichtung der Kinder- und Jugendhilfe befördern (vgl. Böhnisch et al 2005).

Die Kinder- und Jugendhilfe fokussiert nach dem Verständnis des SGB VIII die Problemlagen von Familien, die der jüngeren Generation in familialen Kontexten (vgl. Münder et al. 2003: 67, 73, 84), sowie die der Eltern bzw., je nach Familienform, der allein Erziehenden, Stief-, Pflege- oder Adoptionseltern in Erziehung-, Bildungs- und Betreuungszusammenhängen. Das Kinder- und Jugendhilfegesetz agiert auf der gesamten Folie möglicher familialer Lebensformen und votiert nicht für ein bestimmtes, normativ-aufgeladenes Familienmodell. Dabei haben sich die familialen Hilfeformen und Beratungssettings ausdifferenziert vor dem Hintergrund gesellschaftlicher Modernsierung, somit also der Notwenigkeit entsprochen, dem familialen Wandel und der Zunahme der Optionalität familialer Lebensformen aus sozialpädagogischer Sicht adäquat zu begegnen.

Mit Verweis auf den eingangs dargelegten Sachverhalt zur Ambivalenz der Kinder- und Jugendhilfe im Spannungsfeld von „Dienstleitung" und „Normierungs- und Integrationsinstanz" kann die Frage danach, ob diese Modernisierungs- und Ausdifferenzierungsprozesse im Kontext der Kinder- und Jugendhilfe auch das Selbstverständnis und den Anspruch des SGB VIII befördern, eine sozialpädagogische Dienstleistung zu sein (vgl. Münder et al. 2003), ebenso nicht abschließend beantwortet werden, wie die Frage nach der tatsächlichen Wahrnehmung des Kinder- und Jugendhilfegesetzes, dessen Leistungen und Vorgaben durch die angesprochenen Hilfeadressaten und Hilfeadressatinnen.

Bezüglich der Rolle der Mütter in den Familien und der darauf ausgerichteten sozialpädagogischen Handlungsoptionen fällt auf, dass beispielsweise der Ausbau der Kindertagesbetreuung den Müttern – aber auch den Vätern – einen verbesserten Einklang von Familien- und Erwerbsarbeit zu ermöglichen versucht. Ob hier jedoch seitens der sozialpolitischen sowie staatlichen Regulation die Motivation im Vordergrund steht, den Müttern entsprechende Gleichstellungschancen mit den Vätern im Hinblick auf die Beteiligung am Erwerbsleben zu verschaffen oder ob hier nicht vielmehr ökonomische Überlegungen bezüglich einer Sicherung des Humankapitals und der deutschen Wirtschaftskraft im Mittelpunkt stehen, kann an dieser Stelle als kritische Frage – insbesondere aus sozialpädagogischer Perspektive – nur aufgeworfen werden.

Die Soziale Arbeit ist sicherlich gefordert an verschiedenen Punkten, wie z.B. der unterschiedlichen Belastung der Geschlechter in Hinsicht auf die hauswirtschaftlichen Tätigkeiten in der Familie, die sich insbesondere durch die Geburt des ersten Kindes verstärkt, anzusetzen, damit auch Frauen und nicht nur die Familie als Ganzes eine umfassende Berücksichtigung und auch Stärkung ihrer Interessen und Wünsche in einer familienorientierten Sozialen Arbeit erfahren können.

Literatur

Arbeitsgemeinschaft der Jugendhilfe – AGJ (2004): Fachausschuss „Personal, Qualifikation, Forschung". Berlin.

Bauer, Jost/ Dohmel, Wolfgang/ Schimke, Hans-Jürgen (1995): Recht und Familie. München.

Böhnisch, Lothar/ Lenz, Karl (1999): Zugänge zu Familien – ein Grundlagentext. In: Böhnisch, Lothar/ Lenz, Karl (Hrsg.): Familien. Eine interdisziplinäre Einführung. Dresdner Studien zur Erziehungswissenschaft und Sozialforschung. 2., korrigierte Auflage. Weinheim und München. S.9-63.

Böhnisch, Lothar/ Schröer, Wolfgang/ Thiersch, Hans (Hrsg.) (2005): Sozialpädagogisches Denken – Wege zu einer Neubestimmung. München und Weinheim.

Bohrhardt, Ralf (1999): Ist wirklich die Familie schuld? Familialer Wandel und soziale Probleme im Lebensverlauf. Leske+Budrich. Opladen.

Bundesfamilienministerium (1990): Achter Jugendbericht. Bonn.

Bundesministerium für Familie, Senioren, Frauen und Jugend (Hrsg.) (2005): 12. Kinder- und Jugendbericht. Berlin.

Bundesministerium für Familie, Senioren, Frauen und Jugend (Hrsg.) (2006): Familie zwischen Flexibilität und Verlässlichkeit. Perspektiven für eine lebenslaufbezogene Familienpolitik. Siebter Familienbericht. Baden-Baden.

Bundesministerium für Familie, Senioren, Frauen und Jugend (Hrsg.) (2007): Kinder- und Jugendhilfe. Achtes Buch Sozialgesetzbuch. DruckVogt GmbH. Berlin.

Busse, Susann/ Helsper, Werner (2007): Familie und Schule. In: Ecarius, Jutta (Hrsg.): Handbuch Familie. VS Verlag für Sozialwissenschaften. Wiesbaden. S.321-341.

Dewe, Bernd/ Otto, Hans-Uwe (2001): Profession. In: Otto, Hans-Uwe/ Thiersch, Hans (Hrsg.): Handbuch Sozialarbeit/Sozialpädagogik. Neuwied.

Fieseler, Gerhard/ Herborth, Reinhard (2005): Recht der Familie und Jugendhilfe. Arbeitsplatz Jugendamt/Sozialer Dienst. 6., erweiterte und überarbeitete Auflage. Luchterhand. München.

Grunert, Cathleen/ Krüger, Heinz-Hermann (2006): Kindheit und Kindheitsforschung in Deutschland. Opladen.

Hamann, Bruno (2000): Familie und Familienerziehung in Deutschland. Reihe Bildung und Erziehung. Herausgegeben von Jörg Petersen und Gerd-Bodo Reinert. Auer Verlag. Donauwörth.

Hill, Paul B./ Kopp, Johannes (2002): Familiensoziologie. Grundlagen und theoretische Perspektiven. 2., überarbeitete und erweiterte Auflage. Westdeutscher Verlag. Wiesbaden.

Kessl, Fabian/ Otto, Hans-Uwe (2007): Soziale Arbeit. In: Albrecht, Günther u.a. (Hrsg.): Handbuch Soziale Probleme. Wiesbaden.

Lange, Andreas/Lauterbach, Wolfgang (2000): Kinder, Kindheit, Kinderleben. Ein interdisziplinärer Orientierungsrahmen. Stuttgart.

Lenz, Karl (2002): Familien. In: Schröer, Wolfgang/ Struck, Norbert/ Wolff, Mechthild (Hrsg.): Handbuch Kinder- und Jugendhilfe. Juventa Verlag. Weinheim und München. S.147-176.

Merchel, Joachim (1995): Aspekte der Beziehung zwischen MitarbeiterInnen der Jugendhilfe und den Hilfe-Empfängern beim Entscheidungsprozess und während der Gewährung einer Hilfe zur Erziehung nach § 31 KJHG. DJI-Arbeitspapier Nr. 5. München.

Münder, Johannes/ Baltz, Jochen/ Jordan, Erwin/ Kreft, Dieter/ Lakies, Thomas/ Proksch, Roland/ Schäfer, Klaus/ Tammen, Britta/ Trenczek, Thomas (2003): Frankfurter Kommentar zum SGB Vlll: Kinder- und Jugendhilfe. Stand 1.1.2003. 4. Auflage. Weinheim, Berlin, Basel.

Nave-Herz, Rosemarie (2004): Veränderte familiale Bedingungen des Aufwachsens von Kindern und Jugendlichen in Gegenwart und Zukunft. In: Bock, Karin/ Thole, Werner (Hrsg.): Soziale Arbeit und Sozialpolitik im neuen Jahrtausend. Blickpunkte Sozialer Arbeit. Band 4. VS Verlag für Sozialwissenschaften. Wiesbaden. S.87-100.

Nave-Herz, Rosemarie (2007): Familie heute. Wandel der Familienstrukturen und Folgen für die Erziehung. 3., überarbeitete und ergänzte Auflage. Wissenschaftliche Buchgesellschaft. Darmstadt.

Notz, Gisela (2005): Der Wandel der familiären Strukturen: Lebensweisen und Generationenwechsel. In: Pro-Familia-Magazin. 33 (2005). Heft 4. S.4-7.

Peuckert, Rüdiger (2008): Familienformen im sozialen Wandel. 7., vollständig überarbeitete Auflage. VS Verlag für Sozialwissenschaften. Wiesbaden.

Olk, Thomas/ Backhaus-Maul, Holger (2003): Soziale Arbeit als Dienstleistung. München.

Olk, Thomas/ Merten, Roland (1997): Sozialpädagogische Profession. In. Combe, Arno u.a. (Hrsg.): Pädagogische Professionalität. Frankfurt.

Otto, Hans-Uwe (1999): Dialogische Reflexion II. In. Homfeld, A. (Hrsg.): Soziale Arbeit im Dialog ihrer Generationen. Hohengehren.

Richter, Martina (2008): Familie / Generation. In: Hanses, Andreas/ Homfeldt, Hans Günther (Hrsg.): Lebensalter und Soziale Arbeit. Band 1. Eine Einführung. Schneider Verlag. Baltmannsweiler. S.64-78.

Thole, Werner/ Cloos, Peter (2000): Soziale Arbeit als professionelle Dienstleistung. In. Müller, S./ Sünker, H. (Hrsg): Soziale Arbeit zwischen Politik und Dienstleistung. Neuwied.

Thole, Werner/ Cloos, Peter (2000): Nimbus und Habitus. In. Homfeld, H.G (Hrsg.): Wissen und Nichtwissen. Herausforderungen für die Soziale Arbeit in der Wissensgesellschaft. Weinheim.

Woog, Astrid (1998): Soziale Arbeit in Familien. Theoretische und empirische Ansätze zur Entwicklung einer pädagogischen Handlungslehre. 2. Auflage. Weinheim und München.

Quellen

Textor, Martin (2006): Familienhandbuch des Staatsinstituts für Frühpädagogik (IPF). Verfügbar unter:
http://www.familienhandbuch.de/cmain/f_Fachbeitrag/aFamilienbildung.html.
(Stand: 23.12.06).

II Familienverhältnisse – familiale Arbeitsteilung

Frauen in Familienverhältnissen:
Zur Vereinbarkeit von Familie und Beruf

Karin Böllert

Drei politische Diskurse dominieren derzeit die aktuelle Familienpolitik: der Ausbau der Kindertagesstätten vor allem für die unter Dreijährigen, der Ausbau der Ganztagsschulen und – wenn auch mit geringerer Vehemenz – die Bekämpfung der Familienarmut durch die Förderung einer höheren Erwerbsbeteiligung von Frauen. Trotz der bildungs- und sozialpolitisch sowie jugendhilfepolitisch unterschiedlichen Verankerungen der entsprechenden Ziele verfolgen sie dennoch eine gemeinsame Perspektive: Es geht um die Durchsetzung des „Zwei-Verdiener-Modells" und in diesem Kontext vor allem um die Vereinbarkeit von Familie und Beruf. „Die Vereinbarkeit von Familie und Beruf ist seit den frühen 80er Jahren ein, womöglich *das* Leitmotiv familienpolitischer Diskussionen, zumal seit sich den frauen- und arbeitsmarktpolitischen Interessen an der Vereinbarkeit ein lange tabuisiertes bevölkerungspolitisches Interesse zugesellt hat." – so Michael-Sebastian Honig (2006:25) – und weiter: „Das Erstaunlichste an der Vereinbarkeitsdebatte ist freilich, dass sie keine Debatte ist, denn alle Diskutanten sind sich einig. Der Konsens lautet: Mütter und Väter sollen Familie und Beruf miteinander in Einklang bringen können, wenn sie es wollen. Mehr noch: Sie haben ein Recht darauf! Wo also ist das Problem?" (ebd.).

Das Problem – so die These dieses Beitrags – liegt u. a. darin begründet, dass die bislang realisierten familienpolitischen Strategien zur Realisierung der Vereinbarkeit zu kurz greifen, indem sie davon ausgehen, dass vor allem der Ausbau eines ganztägigen Betreuungs-, Erziehungs- und Bildungsangebotes *die* unhintergehbare Voraussetzung für die Vereinbarkeit von Familie und Beruf sei. Damit verkennen die hierzu eingeleiteten politischen Programme dreierlei: erstens nimmt die ganztägige Betreuung von Kindern in Kindertageseinrichtungen und der Ausbau der Ganztagsschulen die besonderen Zeitarrangements von Familie und Erwerbstätigkeit nur unzureichend in den Blick; zweitens blendet diese verkürzte Familienpolitik die tendenziell familienunfreundlichen Bedingungen des Arbeitsmarktes aus und drittens wirkt sie dethematisierend auf die Tatsache, dass die Vereinbarkeitsproblematik in erster Linie immer noch ein von Frauen in Familienverhältnissen zu lösendes Problem darstellt. Die familienpolitisch begründete Dynamik des Ganztags für Kinder und Jugendliche reagiert somit sowohl bezogen auf die mangelhafte zeitliche Flexibilität des Angebotes, vor allem aber in Hinblick auf arbeitsmarktpolitische Fragen und Fragen der Geschlechtergerechtigkeit blind.

Im Weiteren sollen nun vor diesem Hintergrund aktuelle empirische Forschungsergebnisse zur Vereinbarkeit von Familie und Erwerbstätigkeit zusammengefasst werden, um hieran anknüpfend solche familienpolitischen Forderungen begründen zu können, deren Einlösung einen wesentlichen Beitrag zur Vereinbarkeit von Familie und Beruf leisten kann.

Familiale Lebenskonzepte

Im Kontext der Milieustudie Sinus Sociovision sind eine repräsentative Erhebung mit Eltern von Kindern im Alter von 0-17 Jahren im Haushalt (n=502) sowie 50 Interviews mit Müttern und 50 Interviews mit Vätern durchgeführt worden, deren zentrale Ergebnisse im Folgenden in Bezug auf Vereinbarkeitserwartungen skizziert werden (Merkle/Wippermann 2008), um unterschiedliche Vereinbarkeitserwartungen in familialen Lebenskonzepten zu veranschaulichen. Es geht als darum, wie in Familien die Vereinbarkeit von Familie und Beruf praktiziert wird.

Die familialen Sinus-Milieus werden differenziert in verschiedene elterliche Milieus, wobei zu den gesellschaftlichen Leitmilieus die etablierten und die postmateriellen Milieus sowie die Modernen Performer gezählt werden. Zu den Mainstream-Milieus zählen die Bürgerliche Mitte und die Konsum-Materialisten, zu den hedonistischen Milieus die Experimentalisten und die Hedonisten.[1]

Die *Etablierten* sind durch ein überdurchschnittliches Bildungsniveau, den höchsten Anteil Vollberufstätiger im Milieuvergleich, durch hohe und höchste Einkommensklassen charakterisiert, über 90 % sind verheiratet, die Altersstruktur beträgt 35 – 64 Jahre. Die etablierten Eltern zeichnen sich durch eine traditionelle Rollenteilung, ein Ich-Vertrauen in die eigene Leistung, eine ambitionierte Erziehungsarbeit aus. Bildung gilt als Schlüssel zum Erfolg. Etablierte Mütter sind Erziehungs-Managerinnen, etablierte Väter sind Familienvorstand und überlegte Weichensteller. Bevorzugt werden individuelle Betreuungsarrangements zur gezielten Förderung des Kindes bei persönlicher Flexibilität. *„Ich brauche für mich selbst auch irgendetwas, was ich machen kann und wo ich eine Bestätigung finde. Ich bin ein Mensch, der gerne viel draußen ist. Ich bin ein Mensch, der sich gerne aktiv betätigt und nicht still sitzen kann. Und sich den ganzen Tag nur um Kinder kümmern, das wäre nicht mein Ding"* – so eine

---

[1] In Hinblick auf die Migranten-Milieus wird unterschieden zwischen dem religiös-verwurzelten Milieu, dem traditionellen Gastarbeitermilieu, dem entwurzelten Flüchtlingsmilieu, dem statusorientierten Milieu, dem adaptiven Integrationsmilieu, dem intellektuell-kosmopolitischen Milieu, dem multikulturellen Performermilieu sowie dem hedonistisch-subkulturellem Milieu. Auf diese Milieus wird im Weiteren nicht eingegangen, da sich in diesen Milieus in einer ganz anderen Art und Weise die Vereinbarkeitsproblematik zeigt.

etablierte Mutter, die sich wie die anderen Mütter dieses Milieus entsprechend ihres Lebenskonzeptes stark ehrenamtlich engagiert (ebd., S. 84).[2]

Das *postmaterielle* Milieu hat den höchsten Anteil von Personen mit Abitur oder Hochschulabschluss im Milieuvergleich und ist durchschnittlich 30 bis 50 Jahre alt. Häufig vertreten sind pädagogische, wissenschaftliche, soziale und medizinische Berufe mit einem gehobenen Einkommensniveau. Postmaterielle Eltern befürworten ganz deutlich als einziges Milieu einen gemeinsam und bewusst erlebten Familienalltag, Partnerschaftlichkeit in Ehe und Familie sowie eine selbstkritische Erziehungsarbeit. Bildung gilt als humanistische Tugend, postmaterielle Mütter sehen sich als Lebensabschnittsbegleiterin ihrer Kinder, postmaterielle Väter sind partizipierende Erzieher. Krippe, Kindergarten und Hort werden als Orte des sozialen Miteinanders befürwortet und in Anspruch genommen. *„Unsere Gesellschaft möchte, dass man seine Kinder sehr gut erzieht und auf das Leben vorbereitet, dass man Karriere macht, dass man selbst perfekt aussieht, dass man in einem schön aufgeräumten Haus mit gepflegtem Grundstück wohnt. Und das alles soll man selber hinkriegen! Da macht unsere Familienpolitik seit Jahren die größten Fehler. Uns wurde doch immer eingebläut, entweder Job oder Familie, und das habe ich auch geglaubt. Bei meinen Mädchen mache ich das anders, denen sage ich, wenn sie Kinder bekommen: ‚Eure Kinder sind eure Verantwortung, aber ihr müsst, ihr dürft auch das Leben und euren Beruf ausüben. Schaut nach Systemen, in denen das gut möglich ist, und habt kein schlechtes Gewissen, wenn ihr arbeiten geht. Und fordert das auch politisch ein, schließt euch mit Gleichgesinnten zusammen'"* (ebd., S. 103).

Moderne Performer sind ebenfalls durch ein hohes Bildungsniveau gekennzeichnet, viele Studierende sowie ein hoher Anteil kleinerer Selbständiger und Freiberufler bilden dieses Milieu, das über ein hohes Niveau des Haushaltsnettoeinkommens verfügt; der Altersschwerpunkt liegt unter 30 Jahren. Eltern als moderne Performer praktizieren ein professionelles Familienmanagement sowie eine zielstrebige Karriereplanung und sind an Erfolg und Status orientiert. Sie erleben die Retraditionalisierung der Partnerschaft durch die Elternschaft, Bildung gilt bei ihnen als Medium zur Elitenförderung. Die performende Mutter ist die ‚Profi-Mama', der performende Vater der professionelle ‚Part-Time Event-Papa'. Private Betreuungsarrangements sorgen für ein hohes berufliches Engagement. *„Wir versuchen es, soweit es geht, die Aufgaben gerecht zu verteilen, so macht jeder einen Teil im Haushalt. Durch seine berufliche Belastung kann mein Mann aber natürlich nicht in dem Maße im Haushalt arbeiten wie ich"* (ebd., S. 131.).

Die *Bürgerliche Mitte* verfügt über qualifizierte mittlere Bildungsabschlüsse und wird durch einfache/mittlere Angestellte und Beamte, Facharbeiter sowie einen überdurchschnittlichen Anteil von Teilzeitbeschäftigten und Hausfrauen und durch einen hohen Anteil von Beschäftigten im öffentlichen Dienst repräsentiert. Mittlere

---

[2] Alle im Weiteren zitierten Interviewausschnitte stammen ebenfalls von Müttern und dienen der Veranschaulichung der milieuspezifischen familialen Lebenskonzepte.

Einkommensklassen prägen die Haushaltssituation der durchschnittlich 30- bis 50-Jährigen. Bürgerliche Eltern praktizieren die traditionelle Rollenteilung ‚im Team' als natürliche Konsequenz der Logik des Arbeitsmarktes. Erziehungsarbeit ist aufopfernd, Bildung ist Vehikel zur Distinktion. Die bürgerliche Mutter ist eine ‚Full-Service-Kraft', der bürgerliche Vater der ‚Feierabend-Papa'. Die Betreuung der Kinder durch die Mutter bis zum Alter von drei Jahren gilt als selbstverständliches ‚Normalmodell'. *„Morgens stehe ich um 6.00 Uhr auf, wecke die Kinder und mache Frühstück. Dann bringe ich den Kleinen in den Kindergarten und den Großen in die Schule. Ich erledige den Einkauf und andere Besorgungen, und dann muss ich sie auch schon bald wieder abholen. Dann folgt das Nachmittagsprogramm mit Spielen usw., und dann kommt der Papa"* (ebd., S. 145).

Die *Konsum-Materialisten* verfügen überwiegend über einen Hauptschulabschluss mit und ohne Berufsausbildung, sie sind Arbeiter/Facharbeiter, auch ein hoher Anteil Arbeitsloser befindet sich in diesem Milieu mit unteren bis mittleren Einkommensklassen und einer starken Häufigkeit sozialer Benachteiligung im Alter von 30 – 60 Jahren. Konsum-materialistische Eltern zeichnen sich durch geringe berufliche Ambitionen aus, im Fokus steht das Geldverdienen. Die traditionelle Rollenteilung gilt als qua Natur gegeben, Pragmatismus herrscht in der Partnerschaft, die außenorientierte Erziehungsarbeit ist Symbol dafür, dass man als Durchschnittsbürger dazu gehören möchte, was mit Abgrenzungen gegenüber Randgruppen und Ausländern einhergeht. Bildung ist Basis für einen Arbeitsplatz. Die konsum-materialistische Mutter ist die ‚Versorgungs-Mutti', der konsum-materialistische Vater ist Geldverdiener und Chef. Bevorzugt wird die Eigenbetreuung der Kinder, sie ist persönliche Legitimation, und außerdem möchte man sich nicht in die Karten schauen lassen. *„Mir ist ganz wichtig, mich um die Kinder und den Haushalt zu kümmern, das sind Dinge, für die ich verantwortlich bin"* (ebd., S. 169).

Experimentalisten haben gehobene Bildungsabschlüsse, viele sind noch in Ausbildung oder einfache Angestellte, kleinere Selbständige und Jobber. Sie verfügen über ein durchschnittliches Haushaltsnettoeinkommen und bilden ein junges Milieu von durchschnittlich unter 30 Jahren. Experimentalistische Eltern haben den Wunsch nach einem kreativen Job als Selbstverwirklichung. Sie vertreten ein modernes Partnerschaftsverständnis und ein flexibles Rollenverhalten, Erziehung ist ‚unvergrübelte' Erziehungsarbeit, Bildung gilt als Medium zur persönlichen Entfaltung. Die experimentalistische Mutter ist die begeisterte Mutter, die sich durch ihre Kinder selbst entdeckt; der experimentalistische Vater versteht Erziehung als Entdeckung fremder Welten. Eine außerhäusliche Betreuung bei adäquaten Betreuungsangeboten wird als willkommene Abwechslung für das Kind wahrgenommen. *„Durch den Kleinen habe ich das Gefühl, dass ich mir alles holen kann, was mir gefehlt hat, und das, was ich nicht erlebt habe. Von daher genieße ich das jetzt sehr. Das ist ein sehr bewusstes Leben und auch ein sehr bewusstes Erfahren der Situation"* (ebd., S. 186).

Bei den *Hedonisten* ist kein deutlicher Schwerpunkt hinsichtlich der Bildungsabschlüsse erkennbar, viele sind einfache/mittlere Angestellte. Außerdem sind in diesem Milieu viele Singles, Ledige und Alleinerziehende mit einem insgesamt eher geringen Einkommen. Der Altersschwerpunkt liegt bei unter 30 Jahren. Hedonistische Eltern arbeiten in eher problematischen Jobverhältnissen, Partnerschaft wird als Balance zwischen Emanzipation und Sicherheit gesehen, Erziehungsarbeit ist anstrengend. Bildung gilt als notwendige Voraussetzung zur Befriedigung von Minimalansprüchen. Die hedonistische Mutter ist die große Schwester, die ‚etwas andere' Mutter für ihre Kinder. Der hedonistische Vater ist der große Bruder, Spiel- und Spaßvater. Die außerhäusliche Betreuung der Kinder dient dem Erhalt der persönlichen Unabhängigkeit. *„Ich bin nicht geboren nur als Hausfrau und Mutter, sonst verblöde ich ja. Ich muss raus, ich muss arbeiten, ich muss unter Leute. Und deshalb muss mein Freund auch mal mit ran"* (ebd., S. 211).

Die Ergebnisse der Untersuchung der familialen Sinus-Milieus machen zunächst deutlich, dass Eltern eine sehr inhomogene Gruppe mit milieuspezifischen Forderungen, Wünschen und Bedürfnissen sind, an die Strategien zur Vereinbarkeit von Beruf und Familie anknüpfen müssen, wenn sie alle Eltern erreichen wollen. Dazu würde dann auch gehören, die familialen Aufgaben des Care viel stärker als bislang geschehen zu berücksichtigen, Familie als komplexe Herstellungsleistung zu begreifen und der politischen Idealisierung von Familie die Schaffung vielfältiger Spielräume des doing family gegenüber zu stellen (Lange/Alt 2009; vgl. hierzu auch den Beitrag von Jurczyk in diesem Band). Milieuübergreifend sind die Schwierigkeiten der Vereinbarkeit von Familie und Beruf unverkennbar, wird eine Unzufriedenheit mit der Betreuungssituation und dem öffentlichen Bildungssystem artikuliert und ist der enorme Druck hinsichtlich subjektiver Befindlichkeiten bezogen auf Familie und objektiv gestiegene Anforderungen an Familie unverkennbar. Zusätzlich zu den Inhalten der öffentlichen und politischen Familienrhetorik werden von daher eine umfassende soziale Wertschätzung der Elternschaft, ein kinderfreundliches Klima und die Akzeptanz auch kinderreicher Familien gefordert – Forderungen, die mit ihren Inhalten weit über aktuelle familienpolitische Strategien hinausreichen.

Möglichkeiten der Vereinbarkeit von Familie und Beruf

Ein Blick auf die Beschäftigungsquote von Frauen in Deutschland macht deutlich, dass insbesondere Frauen mit kleineren oder mehreren Kindern erhebliche Schwierigkeiten haben, Beruf und Familie miteinander zu vereinbaren. Bei Vergleichen der Situation von Familien in unterschiedlichen westeuropäischen Ländern schneidet Deutschland am schlechtesten ab: Die Geburtenrate ist hier die niedrigste, das Armutsrisiko für Alleinerziehende und Kinder am zweitgrößten, der Lohnabstand zwischen den Geschlechtern ist am höchsten und die Erwerbschancen von Müttern sind die niedrigsten, wohingegen z. B. in Schweden die Vereinbarkeit von Beruf und Familie wesentlich besser gelingt (Böllert 2008; Gerzer-Sass 2006; Hans Böckler Stiftung 2007; Rüling 2007; Rüling/Kassner 2007).

Zwar hat in den letzten Jahren die Intensität der Forschung über die Möglichkeiten der Vereinbarkeit von Beruf und Familie zugenommen, dennoch herrscht zwischen der normativen Forderung und den tatsächlich gelebten Verhältnissen eine nicht unerhebliche Grauzone. Fragen danach, wie weit gegenwärtig die Vereinbarkeit von Familie und Beruf verwirklicht ist, wie die entsprechenden Wünsche und Vorstellungen von Frauen und Männern aussehen, was die gelebte Form für das Wohlbefinden des Einzelnen bedeutet, lassen sich zusätzlich zu den Studien im Kontext der Sinus-Milieus annäherungsweise mit dem DJI Familiensurvey beantworten (Bien 2006). Dabei wird nachvollziehbar, dass sich die Situation der Verbindung von Familie und Erwerbstätigkeit in Deutschland stark ausdifferenziert hat – insgesamt zählt der Familiensurvey etwas über 250 unterschiedliche Familiensituationen –; dennoch kann empirisch nachgewiesen werden, dass kleinere Kinder in Familien immer noch mit einer Hausfrauentätigkeit einhergehen und mit wachsendem Alter der Kinder diese durch eine Teilzeitbeschäftigung der Frauen und Mütter ergänzt wird. Und auch wenn keine Unterschiede im Familienklima zwischen denjenigen feststellbar sind, die ihre Idealvorstellungen von Familie und Beruf realisiert haben und denjenigen, denen dies nicht gelingt, bleibt festzuhalten, dass die in Deutschland dominante Form der geschlechtsspezifischen Arbeitsteilung nicht das Resultat individueller Wünsche und Bedürfnisse ist. Im Gegenteil: das die geschlechtsspezifische Arbeitsteilung dominierende Modell des männlichen Familienernährers ist einerseits das Modell, das mit großem Abstand gegenüber anderen Lebensmodellen nicht gewünscht wird; es ist andererseits aber auch das Modell, das beinhaltet, dass die Diskrepanz zwischen gewünschten und realisierbaren Vereinbarkeitsmöglichkeiten im europäischen Vergleich in Deutschland am größten ist. Vor diesem Hintergrund verwundert dann nicht, dass insbesondere berufstätige Mütter der Auffassung sind, dass Deutschland im internationalen Vergleich nach wie vor erheblichen Nachholbedarf hat. 64 Prozent der berufstätigen Mütter halten die Vereinbarkeit von Familie und Beruf in Deutschland für schlechter gelöst als in anderen Ländern; nur knapp jede fünfte berufstätige Mutter ist überzeugt, dass sich Familie und Beruf in Deutschland gut vereinbaren lassen (BMFSFJ 2008).

Geschlechtsspezifische Vorstellungen

Ursachen für die Diskrepanz von gewünschten und realisierten Vereinbarkeitsmöglichkeiten sind dabei nicht nur subjektive Einstellungen, Orientierungen und Lebenspraxen, auch wenn es nach wie vor erhebliche Unterschiede zwischen den

Geschlechtern in Hinblick auf das Vereinbarkeitsproblem gibt. So hat Sardei-Biermann (2007) herausarbeiten können, dass z. B. die Gruppe der Studierenden häufiger weniger traditionelle und stattdessen modernere Lebenskonzepte verfolgt, als dies für die Gruppe derjenigen gelten kann, die nicht studieren. Damit geht nun aber keinesfalls auch eine größere Homogenität der Orientierungen zwischen den Geschlechtern einher. Zwar sind auf der einen Seite geschlechtsspezifische Unterschiede bezogen auf die Merkmale von Arbeit und Beruf (interessante Tätigkeit, gutes Betriebsklima, sicherer Arbeitsplatz etc.) über alle Befragtengruppen hinweg kaum noch feststellbar, auf der anderen Seite wird das männliche Hauptverdienermodell und die weibliche Verantwortlichkeit für den Haushalt von jungen Frauen immer noch deutlich stärker abgelehnt, als dies junge Männer tun. Herkömmlichen Geschlechterprofilen entspricht in beiden Befragtengruppen außerdem, dass Männer einen Beruf wünschen, der mit einem hohen Einkommen, Aufstiegschancen sowie Leitungs- und Führungsaufgaben verknüpft ist, wohingegen junge Frauen einen Beruf anstreben, bei dem man anderen helfen kann und der genügend Zeit für die Familie lässt.

Insgesamt kann darüber hinausgehend konstatiert werden, dass die Zustimmung zum bzw. Ablehnung des traditionellen Familienmodells zunehmend mehr auch eine Generationenfrage darstellt. So zeigen die Shell-Jugendstudien der letzten Jahre für weibliche Jugendliche bereits seit den 1980er Jahren den Wunsch, berufstätig sein zu können und gleichzeitig eine Familie zu gründen. Mit einer gewissen zeitlichen Verzögerung beginnt auch bei den männlichen Jugendlichen, die Orientierung an Familie und Kindern eine stärkere Rolle zu spielen. Der Siebte Familienbericht (BMFSFJ 2006) verweist in diesem Zusammenhang darauf, dass die Zustimmung zur Hausfrauenehe bei der Mehrzahl der Bevölkerung schwindet und insbesondere bei jüngeren Bevölkerungsgruppen nur noch von einer Minderheit befürwortet wird. Neben altersgruppenspezifischen Differenzierungen veranschaulicht der Bericht zusätzlich Unterschiede zwischen Ost- und Westdeutschland. So meinen im Jahr 2002 immerhin noch 66 Prozent aller westdeutschen Frauen, dass Kleinkinder unter der Berufstätigkeit der Mütter leiden (gegenüber 87 Prozent im Jahr 1982), während dies nur von 39 Prozent der ostdeutschen Frauen vertreten wird (1991: 57 Prozent). Sowohl in Ost- als auch in Westdeutschland ist somit die Zustimmung dabei in den letzten Jahren deutlich geringer geworden, die Unterschiede im Zustimmungsgrad zwischen den Geschlechtern sind in Westdeutschland allerdings deutlich größer als in Ostdeutschland (2006:72).

Betrachtet man vor diesem Hintergrund die zentralen Ergebnisse der sog. Väterstudie, mit der 1.803 Männer im Alter zwischen 15 und 42 Jahren befragt worden sind (Bertelsmann-Stiftung 2008), dann ergibt sich folgendes Bild: Eine Familie ernähren zu können, ist die wichtigste Voraussetzung für Vaterschaft, das optimale Alter für die Vaterschaft wird zwischen 25 und 30 Jahren gesehen. Fast alle Befragten betrachten es als ihre Aufgabe, den Lebensunterhalt für die Familie zu verdienen und ihr ein Heim zu bieten. Fast alle Befragten betrachten es ebenso als ihre Aufgabe, sich Zeit für die Kinder zu nehmen und sich in deren Betreuung zu engagieren. Aber: das Engagement für die Familie soll nicht zu Lasten der beruflichen Verpflichtungen gehen. Ein Kind bedeutet eine finanzielle Belastung und geht einher mit schlechteren Beschäftigungschancen für die Partnerin. Mehrheitlich wird zudem das Fehlen familienfreundlicher Arbeitsbedingungen beklagt. Männer mit geringerem Bildungsabschluss sind eher bereit, den Beruf zurückzustellen und sich Zeit für das Kind zu nehmen als Männer mit höheren Bildungsabschlüssen und gesicherten Berufspositionen. Vor allem junge Männer fordern dabei mehr Unterstützung vom Arbeitgeber; insgesamt wird eine Lösung der Vereinbarkeitsproblematik in einer väterfreundlichen Unternehmenskultur gesehen.

In dieser Forderung sind sich die jungen Männer weitgehend einig mit den familienpolitischen Wünschen der bundesrepublikanischen Bevölkerung insgesamt (Klenner 2007). 63 % einer repräsentativen Stichprobe meinen, dass sich Familienpolitiker dafür einsetzen sollen, dass Familie und Beruf vereinbart werden können, 52 % sind der Meinung, dass Betriebe darin unterstützt werden müssten, mehr für die Vereinbarkeit von Familie und Beruf zu tun. Dabei vertreten 79 % der Befragten die Ansicht, dass in den meisten Unternehmen und Betrieben mehr für die Vereinbarkeit getan werden müsste. Auf die Frage danach, was einen familienfreundlichen Betrieb ausmacht, antworten 86 % mit flexibleren Arbeitszeiten, 65 % mit Sonderurlaub im Krankheitsfalle des Kindes, 60 % mit einem erleichterten Wiedereinstieg in den Beruf nach der Elternzeit und Weiterbildungsangeboten während der Elternzeit (BMFSFJ 2008).

Diese Übereinstimmung erklärt allerdings noch nicht, dass es nach wie vor geschlechtsspezifisch sehr unterschiedliche Vorstellungen der Vereinbarkeit von Familie und Beruf gibt. In diesem Kontext haben sich verschiedene theoretische Erklärungsansätze mit den möglichen Ursachen auseinandergesetzt, wobei zwei Erklärungsmodelle miteinander konkurrieren: der Einfluss von Humankapitalressourcen auf die symmetrische Veränderung der Geschlechtsrollen versus der Einfluss von Geschlechtsrollenbildern und Geschlechtsidentitäten auf einen asymmetrischer Geschlechtsrollenwandel (Grunow 2007; vgl. hierzu auch den Beitrag von Schulz/ Blossfeld in diesem Band). So gehen ökonomische (Verhandlungs-)Theorien u. a. davon aus, dass sich durch die Angleichung männlicher und weiblicher materieller Ressourcen die Potentialität erhöht, dass die Verteilung von Kindererziehung, Haus- und Erwerbsarbeit ausgehandelt wird, wobei die zunehmende Bildungsbeteiligung von Frauen und deren erhöhte Erwerbstätigkeit ihre Verhandlungsmacht stärkt. Im Ergebnis wird mit dieser Enttraditionalisierungsthese daher von einer gleichberechtigteren Arbeitsteilung ausgegangen.

Demgegenüber thematisieren solche Ansätze, die sich stattdessen mit der gesellschaftlichen Konstruktion der Geschlechterrollen auseinandersetzen, die Bedeutung unterschiedlich normativ geprägter Geschlechterrollen und Geschlechtsidenti-

täten auf arbeitsteilige Arrangements. Dabei kommen sie – differenzierter als dies
hier dargelegt werden kann – einerseits zu der Schlussfolgerung, dass Geschlechtsrollenorientierungen durch ihre gesellschaftliche, soziale und strukturelle Einbindung prinzipiell veränderbar sind. Andererseits wird mit der den Doing-Gender-
Ansatz erweiternden Kompensationshypothese davon ausgegangen, dass bei einer
Zunahme der Erwerbsbeteiligung von Frauen die traditionelle männliche Geschlechtsidentität nicht noch zusätzlich durch die Übernahme von Haus- und Er-
ziehungsarbeiten in Frage gestellt werden kann; eine partnerschaftliche Arbeitsteilung von Haus- und Erziehungsarbeit wäre dementsprechend am ehesten solchen
Männern möglich, die Alleinverdiener sind bzw. deren Frauen allenfalls teilzeiter-
werbstätig sind.

Die empirische Überprüfung der genannten Ansätze zeigt in ihren Ergebnissen
nun ein wesentlich einheitlicheres Bild als dies die theoretischen Modelle tun (vgl.
hierzu wiederum auch den Beitrag von Schulz/Blossfeld). So ist auf der Basis des
Soziöokonomischen Panels der zeitliche Umfang analysiert worden, in dem sich
Väter mit ihrem ersten Kind unter drei Jahren beschäftigen und in dem sie sich
beruflich engagieren. Die entsprechenden Untersuchungen veranschaulichen, dass
der zeitliche Umfang väterlichen Engagements deutlich stärker von Stabilität als von
Wandel gekennzeichnet ist – erfasst wurde dabei der Zeitraum von 1985 bis 2004.
Das zeitliche Engagement ist an den Wochenenden deutlich erhöht, was allerdings
mit einem Rückgang der Übernahme von Hausarbeit einhergeht und die männliche
Ernährerrolle nicht beeinflusst; so unterscheidet sich das erwerbstätige Engagement
junger Väter nicht signifikant von dem anderer Männer. Die wochenendliche zeitliche Ausdehnung führt zudem nicht zu einer Entlastung der Mütter, da diese ihr
zeitliches Engagement ebenfalls erhöht haben (Grunow 2007).

Auch wenn in Bezug auf die hier skizzierten Fragestellungen sicherlich noch
ein weiterer Forschungsbedarf konstatiert werden kann, so zeigen die bislang vorliegenden empirischen Studien sehr deutlich, dass nur auf ökonomische Angleichung zielende Strategien ihr Ziel der Vereinbarkeit von Familie und Beruf im Sinne
einer geschlechtergerechten Arbeitsteilung verfehlen. Familienpolitische Maßnahmen, die auf die Integration von Frauen in den Erwerbsarbeitsmarkt zielen, können
demzufolge nur dann zu einer *tatsächlichen* Vereinbarkeit von Familie und Beruf
beitragen, wenn sie diese nicht hauptsächlich als eine primäre Aufgabe von Müttern
begreifen, sondern viel weit reichender auch männliche Lebensvorstellungen und
-realitäten mit berücksichtigen.

Schlussfolgerungen

Fragt man nun nach den Gründen, die dafür ausschlaggebend sind, dass dem
Wunsch nach einem veränderten Lebenskonzept die Lebensrealität der Mehrzahl

der betroffenen Bevölkerungsgruppen nicht entspricht, dann ist unverkennbar, dass die Praxis der zentralen Institutionen der Alltagsgestaltung des Lebenslaufs dem strukturell zuwiderläuft:

- Die Normalarbeitszeit der Erwerbsarbeitsgesellschaft konzentriert sich auf eine Kernarbeitszeit, die zeitversetzte Betreuungsarrangements erschwert, da die Partner entweder gleichzeitig arbeiten müssen oder zeitversetzt im Schichtdienst mit einem Minimum an gemeinsam verbrachter Familienzeit.

- Berufliche Karrierelaufbahnen sind immer noch vorrangig an Altersstrukturen, Leistung, Teilnahme an Weiterbildungsmaßnahmen und flexibler Verfügbarkeit der Arbeitskraft orientiert. Familienbedingte Unterbrechungen oder Arbeitszeitverkürzungen sind demgegenüber nicht karriereförderlich.

- Die Lohnhöhe soll in der Regel so bemessen sein, dass durch sie die Existenz einer Familie gesichert ist, was eine Arbeitskraft voraussetzt, die von Familienaufgaben weitgehend entlastet ist.

- Das Gesundheits- und Pflegesystem ist so organisiert, dass von familiär erbrachten ergänzenden Leistungen ausgegangen wird.

- Kindertagesstättenplätze sind nur bedingt vorhanden, ihre Öffnungszeiten sind in der Regel an den Arbeitszeiten der Erzieherinnen und nicht an denen der Eltern orientiert. Angebote für unter Dreijährige sind in Westdeutschland nach wie vor kaum vorhanden, Ganztagsplätze werden insgesamt zu wenig angeboten.

- Schulen zeichnen sich weitgehend durch einen flexiblen Beginn und ein zeitlich wechselndes Ende des Unterrichts aus, was die Kompatibilität von Schul-Arbeitszeiten ohne zusätzliche Betreuungsleistungen erheblich erschwert (BMFSFJ 2006:71ff.).

Die von den unterschiedlichen Institutionen der Alltagsgestaltung des Lebenslaufs erbrachten bzw. erwarteten Leistungen sind von daher in ihren Funktionen auf sie begleitende und unterstützende Leistungen der Familie angewiesen, was mit der normativen Erwartung einhergeht, dass Männer sich auch weiterhin an dem Familienernährermodell orientieren und in dieses Zeit für Familie integrieren, während Frauen bereit sein sollen, ihre Erwerbstätigkeit auf die Familienbelange hin abzustimmen.

Damit aber werden die Defizite aktueller Vereinbarkeitsmaßnahmen unübersehbar: Die aktuelle Familienpolitik verkürzt die Vereinbarkeitsproblematik auf die Zeit nach der Geburt durch ihre Konzentration auf Elternzeit- und Elterngeldregelungen für die Zeitspanne der Erziehungs- und Hausarbeit von der Geburt des Kindes bis zur Erreichung des ersten Lebensjahres. Dabei wirkt sie außerdem stark sozial differenzierend, da bei allen positiven Bewertungen von Elternzeit und Elterngeld nicht übersehen werden kann, dass die entsprechenden Ansprüche zu einer Benachteiligung niedriger Einkommensgruppen führen. Zudem ist die gegenwärtige

Familienpolitik familienpolitisch inkonsequent und frauenpolitisch unvollständig. Mütter werden als universelle Problemlöserinnen angesprochen und sollen entsprechend aktiviert werden. Andere frauenspezifische Handlungs- und Problemfelder (z. B. Gewalt gegen Frauen, geschlechtsspezifische Benachteiligungen des Arbeitsmarktes) werden gar nicht mehr problematisiert.

Aber nicht nur arbeitsmarkt- und frauenpolitische Defizite sind für die Familienpolitik charakteristisch. Sie ist zusätzlich „väterblind", indem sie die typisch männliche Ernährerrolle nicht in Frage stellt; statt dessen wird die Abwesenheit des Vaters bspw. bei der Institutionalisierung Sozialer Frühwarnsysteme und durch das neue Unterhaltsrecht zum Risikopotential für die Mütter. Durchgesetzt werden soll das Leitbild der engagierten, verantwortungsvollen und berufstätigen Mütter, das die geschlechtsspezifische Arbeitsteilung unhinterfragt lässt; propagiert wird ein additives Mutterbild, das emanzipatorische Potentiale auf ökonomische Teilhabe reduziert. Die Vereinbarkeit von Familie und Beruf bleibt in dieser Hinsicht in der alleinigen Verantwortung von Frauen in Familienverhältnissen – in der Verantwortung der Mütter.

Literatur

Bertelsmann Stiftung (Hg.) (2008): Null Bock auf Familie? Der schwierige Weg junger Väter in die Vaterschaft. Gütersloh: Verlag Bertelsmann Stiftung

Bien, Walter (2006): Familie zwischen Wunsch und Wirklichkeit, zwischen Ideologie und Realität. Expertise zum „Wandel und Entwicklung familialer Lebensformen". In: Bertram, Hans/Krüger, Helga/Spieß, C. Katharina (Hg.): Wem gehört die Familie der Zukunft? Expertisen zum 7. Familienbericht der Bundesregierung. Opladen: Barbara Budrich, S. 259-278

Böllert, Karin (2008): Vereinbarkeit von Familie und Beruf. In: Coelen, Thomas/Otto, Hans-Uwe Otto (Hrsg.): Grundbegriffe der Ganztagsbildung. Das Handbuch, Wiesbaden: VS, S. 187-195

BMFSFJ (2006): Siebter Familienbericht. Familie zwischen Flexibilität und Verlässlichkeit. Perspektiven für eine lebenslaufbezogene Familienpolitik. Berlin

BMFSFJ (2008): Familienmonitor 2008. Repräsentative Befragung zum Familienleben und zur Familienpolitik. Berlin

Gerzer-Sass, Annemarie (2006): Blick über den Zaun – Familienpolitik in Europa. In: DJI Bulletin 74 Heft1/2006: 10-13

Hans-Böckler-Stiftung (2007): Gleichstellung. Das beste Mittel gegen Kinderarmut. In: Böcklerimpuls (o. Jg.) Heft 8/2007: 4-5

Grunow, Daniela (2007): Wandel der Geschlechterrollen und Väterhandeln im Alltag. In: Mühling, Tanja/Rost, Harald (Hg.): Väter im Blickpunkt. Perspektiven der Familienforschung, Opladen: Barbara Budrich, S. 49-76

Honig, Michael-Sebastian (2006): An den Grenzen der Individualisierung. Die Vereinbarkeit von Familie und Beruf als sozialpädagogisches Thema. In: neue praxis (36. Jg.) Heft 1,

S. 25-Klenner, Christina (2007): Familienfreundliche Betriebe – Anspruch und Wirklichkeit. In: Aus Politik und Zeitgeschichte, Heft 34, S. 17-25

Lange, Andreas/Alt, Christian (2009): Die (un-)heimliche Renaissance von Familie im 21.
Jahrhundert. Familienrhetorik versus „doing familiy". In: Beckmann, Christof/Otto,
Hans-Uwe/Richter, Martina/Schrödter, Mark (Hg.): Neue Familialität als Herausforderung der Jugendhilfe. Sonderheft 9 der neuen praxis. Lahnstein: Verlag neue praxis, S.
31-38

Merkle, Tanja/Wippermann, Carsten (2008): Eltern unter Druck. Selbstverständnisse, Befindlichkeiten und Bedürfnisse von Eltern in verschiedenen Lebenswelten. Eine sozial-
wissenschaftliche Untersuchung von Sinus Sociovision im Auftrga der Konrad-
Adenauer Stiftung e.V. Herausgegeben von Henry-Huthmacher, Christine und Bor-
chard, Michael. Stuttgart: Lucius&Lucius

Rüling, Anneli (2007): Vereinbarkeit von Familie und Beruf und die Gleichstellung der Geschlechter im europäischen Vergleich. In: WSI Mitteilungen (60. Jg.) Heft 10/2007:
538-545

Rüling, Anneli/Kassner, Karsten (2007): Familienpolitik aus gleichstellungsorientierter Perspektive. Ein europäischer Vergleich. Berlin: Friedrich-Ebert-Stiftung

Sardei-Biermann, Sabine (2007): Familien- und berufsbezogene Orientierungen von Studierenden und anderen jungen Erwachsenen. In: Cornelißen, Waltraud/Fox, Katrin (Hg.):
Studieren mit Kind. Die Vereinbarkeit von Studium und Elternschaft: Lebenssituationen, Maßnahmen und Handlungsperspektiven. Wiesbaden: VS, S. 13-32

Hausarbeit im Eheverlauf. Ergebnisse einer Längsschnittanalyse

Florian Schulz & Hans-Peter Blossfeld

Einleitung

Aufgrund der Verbesserungen der Bildungs-, Erwerbs- und Karrierechancen der Frauen in den letzten Jahrzehnten wurde vielfach erwartet, dass diese Entwicklungen nicht nur zu einer Verminderung der Segregation der Geschlechter auf dem Arbeitsmarkt, sondern auch zu einem deutlichen Abbau der geschlechtsspezifischen Arbeitsteilung in der Familie führen (Blossfeld/Drobnič 2001). Insbesondere vor dem Hintergrund ökonomischer Theorien wird vermutet, dass die Männer ihren Anteil an der Hausarbeit quasi ‚automatisch' erhöhen, wenn sich die ökonomischen Ressourcenverhältnisse innerhalb der Paare zugunsten ihrer Frauen verschieben (vgl. z.b. Becker 1998; Ott 1992). Diese Enttraditionalisierungshypothese behauptet, dass die Frauen auf der Grundlage höherer Bildungsinvestitionen, größerer Erwerbsbeteiligung oder besserer Einkommenschancen ihre Verhandlungspositionen gegenüber ihren Partnern verbessern, und diese dann dazu bewegen können, ihren Anteil an der oft als unangenehm empfundenen, ‚weiblichen' Hausarbeit zu erhöhen oder zu einem Großteil zu übernehmen.

Die Befunde neuerer empirischer Untersuchungen sind vor dem Hintergrund dieser theoretischen Erwartungen ernüchternd: So hat die bisherige Forschung gezeigt, dass die ökonomischen Ressourcenverhältnisse der Partner als Faktor der Enttraditionalisierung der Arbeitsteilung im Haushalt offenbar in vielerlei Hinsicht zu optimistisch bewertet worden sind (zuletzt z.B. Baxter et al. 2008; Bühlmann et al. 2009; Dribe/Stanfors 2009). Vieles spricht sogar dafür, dass es im Beziehungs- oder Eheverlauf weniger zu einer Enttraditionalisierung der Arbeitsteilung kommt, sondern vielmehr nach wie vor Traditionalisierungsprozesse dominieren, die vor dem Hintergrund des massiven Wandels der relativen Ressourcenkonstellationen der Partner oder Ehegatten erklärungsbedürftig sind.

Obwohl die Arbeitsteilung in der Familie, nicht zuletzt deshalb, in den letzten Jahren als Forschungsgegenstand zunehmend wichtiger geworden ist, ist heute nur sehr wenig darüber bekannt, wie sich die Arbeitsteilung zwischen den Geschlechtern im Haushalt tatsächlich im Zeitverlauf verändert. Ebenfalls ist unklar, welche der heute kontrovers diskutierten Theorien über die Erklärung der Arbeitsteilung zwischen den Ehepartnern zutreffen. Diese beiden Aspekte werden im vorliegenden Aufsatz aufgegriffen, dessen Ziel es ist, mit Hilfe der für westdeutsche Ehen repräsentativen Daten des Bamberger Ehepaar-Panels, die Arbeitsteilung im Haushalt im Längsschnitt zu analysieren. Die folgenden Fragen stehen dabei im Mittelpunkt der Analyse: (1) Wie verändert sich die Verteilung der Hausarbeit zwischen Männern und Frauen im Verlauf der Ehe? (2) Welche Faktoren bestimmen eine größere, und welche eine geringere relative Beteiligung der Männer an der Hausarbeit? Und (3) Welchen Einfluss haben die von verschiedenen theoretischen Ansätzen als relevant erachteten relativen Ressourcen der Ehegatten sowie familienrelevante Ereignisse auf diese Dynamik?

Theoretische Überlegungen

Einen in den letzten Jahren sehr einflussreichen Erklärungsversuch für die Verteilung der Hausarbeit zwischen den Geschlechtern lieferte Gary Becker (1998) mit seiner ökonomischen Theorie der Familie. Ausgangspunkt dieser Theorie ist die Annahme, dass die Partner den Nutzen ihres Haushalts gemeinsam maximieren und sich jedes Haushaltsmitglied nach seinen komparativen Stärken und Fähigkeiten auf bestimmte Arbeiten in der Partnerschaft spezialisiert. Bei unterschiedlichen Humankapitalressourcen der Partner zu Beginn der Ehe teilen die Partner ihre verfügbare Zeit auf berufliche Erwerbstätigkeit und familiale Haushaltsarbeit so auf, dass jeweils ihre Stärken besonders betont werden. Es gilt die Regel: „Everyone with a greater comparative advantage in the market ... would specialize completely in the market, and everyone with a greater comparative advantage in the household would specialize completely there" (Becker 1998: 33).

Die Entscheidung, welcher der beiden Partner in einer Ehe sich auf die außerhäusliche Erwerbstätigkeit und welcher sich auf die innerhäusliche Reproduktionsarbeit konzentriert, hängt theoretisch nicht vom biologischen Geschlecht ab, sondern resultiert aus den jeweiligen komparativen Vorteilen der Ehepartner zu Beginn der Ehe. Falls die Erwerbs- und Einkommenschancen des Mannes größer sind als die der Frau, wird er sich im Eheverlauf zunehmend auf die Erwerbsarbeit und sie sich zunehmend auf die Hausarbeit konzentrieren. Falls die Frau bessere Erwerbs- und Einkommenschancen hat, ist es genau umgekehrt. Falls die Ressourcen der Partner zu Beginn der Ehe relativ ähnlich sind, das ist der Fall der Homogamie, der empirisch zunehmend bedeutsam wird (Blossfeld/Timm 2003), ist die Dynamik der Entwicklung der Arbeitsteilung im Haushalt theoretisch unklar und sollte weitgehend von zufälligen Konstellationen abhängen. Man kann deswegen bei diesen Ehepaaren eine Gleichverteilung von Frauen und Männern erwarten, die sich jeweils auf die Hausarbeit spezialisieren.

Beckers (1998) Theorie ist also geschlechtsneutral. Die Tatsache, dass sich in der Vergangenheit meist die Männer auf die Erwerbsarbeit und die Frauen auf Haushalt und Kinder spezialisiert haben, ist Becker zufolge nur auf die damals im Lebenslauf unterschiedlichen Humankapitalinvestitionen von Frauen und Männern zurückzuführen. Aufgrund von traditionellen Werten und Normen haben sich die Frauen vor der Ehe meist mehr auf die Hausarbeit und die Männer meist mehr auf die marktmäßige Erwerbstätigkeit spezialisiert. Die Unterschiedlichkeit der Kompetenzen und Fertigkeiten von Männern und Frauen stellt im Modell von Becker auch einen entscheidenden Grund dar, warum Männer und Frauen überhaupt heiraten: Jeder Partner kann von der Spezialisierung des jeweils anderen profitieren und beide erhöhen damit ihren jeweiligen Nutzen.

Besonders interessant ist das Modell von Becker, wenn man in Rechnung stellt, dass sich die Bildungs-, Erwerbs- und Einkommenschancen der Frauen in den letzen Jahrzehnten deutlich verbessert haben und sie die Männer zunehmend ein- bzw. überholen. Daraus ergibt sich nach der ökonomischen Theorie der Familie die Erwartung, dass der Anteil der Ehen, die nach dem Modell des ‚Rollentausches' (sie verdient das Geld, er fungiert als Hausmann) organisiert sind, ansteigen sollte. Besonders deutlich sollte dieser Effekt des Rollentausches bei denjenigen Paaren sein, bei denen die Einkommenspotentiale der Frauen zu Beginn der Ehe weit höher sind als die ihrer Partner. In diesem Fall sagt die ökonomische Theorie der Familie in allen Fällen einen ‚Rollentausch' voraus.

Während die Familienökonomie einen gleichsam imaginären gemeinsamen Haushaltsnutzen unterstellt, wird diese restriktive Annahme von der ökonomischen Verhandlungstheorie und der Theorie des sozialen Tausches aufgegeben. Nach diesen Ansätzen maximiert jeder Partner in der Ehe seinen eigenen Nutzen. Damit werden Konflikte und Machtverhältnisse zwischen den Partnern theoretisch thematisierbar, denn was einem Partner nutzt, muss nicht unbedingt im Interesse des anderen Partners sein und umgekehrt. Die Arbeitsteilung im Haushalt wird nach diesen Modellen zwischen den Partnern beständig ausgehandelt.

Die ökonomische Verhandlungstheorie (vgl. Ott 1992) basiert auf der Annahme, dass der Aufwand an Hausarbeit exogen gegeben ist. Die Hausarbeit wird von den Partnern als unangenehm bewertet, so dass es für jeden Partner darauf ankommt, sie weitestgehend zu vermeiden. Vor diesem Hintergrund bedeutet der Rückzug eines Partners im Haushalt zwangsläufig eine Mehrbelastung des anderen Partners. Das konkrete Arrangement der Arbeitsteilung ist nach dieser Theorie das Ergebnis permanenter machtgesteuerter Aushandlungsprozesse, wobei sich die Verhandlungsmacht eines Ehepartners aus seinen Einkommenschancen am Markt ergibt. Es gilt: Hat eine Person höhere Einkommenschancen am Markt als der Partner, so besitzt sie eine größere Verhandlungsmacht wenn es um die Verteilung der unangenehmen Hausarbeit geht. Diese Person kann sich nun im Aushandlungsprozess gegen die andere Person durchsetzen und sich aus der Hausarbeit ganz oder teilweise zurückziehen. Daraus folgt, dass der andere Partner entsprechend mehr Arbeit im Haushalt verrichten muss. Wenn also die Ehefrauen aufgrund der besseren Bildungs-, Erwerbs- und Karrierechancen von Generation zu Generation gegenüber ihren Ehemännern aufholen, dann prognostiziert dieses Modell, dass sie in der Ehe weniger Hausarbeit leisten werden, und dass sich gleichzeitig ihre Ehemänner stärker im Haushalt und an der Kindererziehung beteiligen.

Der Unterschied zur ökonomischen Theorie der Familie besteht nicht nur darin, dass jeder Partner nach dem Verhandlungsmodell seine eigenen Interessen besitzt, sondern dass sich bei einer Angleichung der Ressourcen beider Partner egalitäre arbeitsteilige Strukturen der Aufteilung der Hausarbeit ergeben werden. Wenn also die Homogamierate auf Kosten des Anteils der aufwärts heiratenden Frauen deutlich ansteigt und die Rate der abwärts heiratenden Frauen relativ konstant bleibt (Blossfeld/Timm 2003), dann sollte der Anteil der Ehen mit egalitärer Arbeitsteilung ebenfalls deutlich ansteigen. Falls die Ressourcen der Partner zu Beginn der Ehe relativ ungleich sind, läuft die Aufgabenteilung in der Familie allerdings wegen der Bedeutung des Verhandlungsmechanismus wie bei der ökonomischen Theorie der Familie auf polare Arrangements hinaus. Das heißt, falls die ökonomischen Ressourcen des Mannes größer sind als die der Frau, wird sich der Mann auf die Erwerbsarbeit konzentrieren und die Frau auf Haushalt und Kinder einlassen müssen. Umgekehrt, wenn die Frau die größere Verhandlungsmacht hat, wird sie die Erwerbsarbeit wählen und der Mann auf Haushalt und Kinder festgelegt sein. Mit anderen Worten, auch die ökonomische Verhandlungstheorie ist geschlechtsneutral in ihren Prognosen.

Im Prinzip sind im ökonomischen Verhandlungsmodell beliebige Vollzeit- und Teilzeitarrangements der Partner möglich, weil die Arbeitsteilung der Partner im Eheverlauf nicht durch den Spezialisierungsmechanismus in die Extreme der polaren Arbeitsteilung getrieben wird. Das Verhandlungsmodell bewirkt allerdings eine Tendenz zur Doppelverdienerehe im Falle der Homogamie. Denn in homogamen Ehen werden beide Partner nach diesem Modell ein starkes Interesse daran haben, auf Dauer besonders verhandlungsstark zu sein, so dass es in diesem Modell eine Tendenz zur Vollzeiterwerbstätigkeit beider Partner (mit wahrscheinlicher Externalisierung der unangenehmen Hausarbeiten in den Mittelschichten) geben dürfte.

Die Theorie des sozialen Tauschs (Blau 1964) berücksichtigt im Gegensatz zur ökonomischen Tauschtheorie auch nichtökonomische Austauschbeziehungen. Der ökonomische Tausch ist dadurch gekennzeichnet, dass der Leistung eines Partners relativ zeitnah eine Gegenleistung des anderen gegenübersteht. Diese enge Austauschvorstellung entspricht aber nicht der Realität von Ehe- und Familienbeziehungen. Vielmehr sind diese Beziehungen in der Regel dadurch charakterisiert, dass ein Partner Leistungen erbringt und dabei erwartet, dass er irgendwann in der Zukunft, wenn er die Hilfe und Unterstützung des anderen Partners benötigt, eine entsprechende Gegenleistung erhält. Nichtökonomische Tauschbeziehungen sind also diffus und auf größere Zeiträume hin angelegt. Da in der Ehe der Austausch nirgends formal fixiert wird, bildet sich langfristig ein in der Regel stabiles wechselseitiges Abhängigkeitsverhältnis beider Partner heraus, in dem die Ressource Vertrauen zentral für das Fortbestehen der Beziehung ist. Denn der Partner, der übermäßig in Vorleistung geht (z.B. eine Ehefrau, die ihre Erwerbstätigkeit aufgibt und sich auf Kindererziehung und Hausarbeit konzentriert), wäre der ‚Betrogene‘, wenn eine Beziehung scheitert und er für seine Vorleistungen in der Zukunft nichts mehr oder viel weniger bekommt. Die Ehe hat nach diesem Ansatz deswegen theoretisch sehr viel mit diffusem Austausch, Dauerhaftigkeit und Vertrauen zu tun. Ein weiteres zentrales Argument dieser Theorie ist, dass nicht nur beziehungsinterne Prozesse für den Eheverlauf wichtig sind, sondern zusätzlich auch Alternativen außerhalb der Ehe eine Rolle für die Verhandlungen in der Ehe spielen. Wer mehr Chancen außerhalb der Ehe hat, hat auch ein höheres oder Machtpotential und kann den anderen Partner dazu bewegen, die unangenehmen Hausarbeiten zu übernehmen. Es geht also in diesem Verhandlungsmodell um die zentrale Frage, ob man partnerschaftsspezifische Investitionen vornimmt, die am Ende der Ehe weitgehend verloren sind, oder ob man Investitionen (z.B. Berufserfahrung sammeln) tätigt, deren Ergebnisse (z.B. die Einkommenschancen) auch in eine andere Ehe transferiert werden könnten. Wegen der Zentralität der Verhandlungspotentiale ergeben sich aus der Theorie des sozialen Tauschs die gleichen Vorhersagen für die Dynamik der ehelichen Arbeitsteilung wie beim ökonomischen Verhandlungsmodell.

Die bisher dargestellten Theorien gehen von der Annahme aus, dass die Veränderung der Geschlechtsrollen symmetrisch erfolgt, d.h., dass eine wachsende Beteiligung der Frauen an der Einkommenserzielung relativ zum Partner nicht nur einen Rückzug der Frauen aus der Hausarbeit, sondern auch eine wachsende Beteiligung der Männer an der Hausarbeit herbeiführt. Dabei spielt das Geschlecht per se für die Aufteilung der Hausarbeit keine zentrale theoretische Rolle, da nur auf die relativen Ressourcen der Partner Bezug genommen wird. Die Frage nach der Bedeutung des Geschlechts wird jedoch von den soziologischen Ansätzen, die einen asymmetrischen Geschlechtsrollenwandel prognostizieren, ganz anders beurteilt. Diese Theorien behaupten, dass die im Laufe der Sozialisation und Identitätsfindung erworbenen Geschlechtsrollenbilder und Geschlechtsidentitäten zentrale Mechanismen für die Arbeitsteilung darstellen. Die normativen Geschlechtsstrukturen sind relativ dauerhaft und führen dazu, dass sich Männer nicht an der Hausarbeit beteiligen und sich Frauen in unserer Gesellschaft auch weiterhin für die Hausarbeit zuständig fühlen, obgleich sie im Vergleich zu ihren Partnern zunehmend besser gebildet sind, sich immer mehr an marktvermittelter Erwerbsarbeit beteiligen und höhere Einkommen erzielen. Bei den Frauen kommt es nach diesen Theorien bei zunehmender Erwerbstätigkeit zu einer Doppelbelastung durch Beruf und Familie.

Eine dieser asymmetrischen Theorien ist der Doing Gender-Ansatz, der die soziale Konstruiertheit von Geschlecht betont. Die Kernthese dieses Ansatzes besagt, dass die Geschlechtsidentitäten von Männern und Frauen im Alltag ständig produziert und reproduziert werden. Der Alltag wird dabei zur ‚Bühne‘, auf der Frauen und Männer durch ihr Verhalten sich selbst und signifikanten Anderen zeigen können, welchen Geschlechts sie sind bzw. welcher Geschlechterkategorie sie sich zugehörig fühlen (West/Zimmerman 1987). Die Arbeit im Haushalt erfüllt dabei eine wichtige Funktion, denn das Erledigen oder Unterlassen bestimmter Haushaltstätigkeiten ist ein wesentlicher Bestandteil der Produktion von Geschlechtsidentität (Berk 1985). Wenn Frauen bestimmte Hausarbeiten verrichten, dann erbringen sie nicht nur eine ökonomische Leistung für den Haushalt, sondern sie produzieren gleichzeitig ihre Weiblichkeit. Umgekehrt versuchen Männer ihre Geschlechtsidentität nicht nur durch die Erbringung 'männlicher' Tätigkeiten im Haushalt zu demonstrieren, sondern auch dadurch, dass sie sich eben nicht bei den als 'weiblich' typisierten Haushaltstätigkeiten beteiligen. Welche Aufgaben dabei als typisch männliche bzw. weibliche Tätigkeiten betrachtet werden, ist kulturell bestimmt und abhängig von den institutionellen Strukturen einer Gesellschaft in Bezug auf das Geschlechterverhältnis (Brines 1994).

Brines (1994) hat den Doing Gender-Ansatz durch eine Kompensationshypothese erweitert, mit der sie zu einer Vorhersage kommt, die den oben diskutierten symmetrischen Ansätzen widerspricht. Sie behauptet, dass die Angleichung der Erwerbstätigkeit und Einkommenschancen der Partner nicht zu einem Abbau, sondern sogar zu einer Verstärkung der traditionellen Arbeitsteilung in der Familie führt, denn 'Männlichkeit' ist in unserer modernen Gesellschaft noch immer eng mit dem Bild des 'Familienernährers' und 'Weiblichkeit' mit der finanziellen Abhängigkeit vom 'Versorger' verbunden. Wenn sich durch die außerhäusliche Erwerbstätigkeit der Frau das finanzielle Abhängigkeitsverhältnis der Partnerin vom Ehemann reduziert oder sogar umkehrt, dann kann dieser Mann seine Geschlechtsidentität nicht auch noch dadurch weiter in Frage stellen, dass er die 'weiblichen' Hausarbeitstätigkeiten seiner Frau erledigt oder diese sogar gänzlich übernimmt. Brines erwartet deswegen ein aus der Sicht Vieler paradoxes Muster: In dem Maße, in dem die Ehefrauen durch ihre Erwerbstätigkeit die Ernährerrolle ihrer Ehemänner (mit) übernehmen, wird sich die Arbeitsteilung im Haushalt besonders traditionalisieren. Mit anderen Worten, Männer in Alleinverdiener- oder Zuverdienerehen können es sich durch die Chance, ihre Geschlechtsidentität durch ihre Erwerbsarbeit zu demonstrieren, noch am ehesten leisten, im Haushalt mehr mitzuarbeiten und 'weibliche' Hausarbeiten zu übernehmen. Diese Interpretation steht in direktem Gegensatz zur ökonomischen Theorie der Familie, die für den Fall, dass der Mann der Allein- oder Hauptverdiener ist, nur eine geringe männliche Beteiligung an der Hausarbeit erwartet.

Eine weitere asymmetrische Theorie zur Erklärung der Arbeitsteilung im Haushalt schlagen Bielby/Bielby (1989) mit ihrem so genannten Identitätsformationsansatz vor, in dessen Mittelpunkt die Herausbildung und das Wechselspiel von Berufs- und Familienidentitäten der zusammenlebenden Männer und Frauen stehen. Nach dieser Theorie wird der Prozess der Identitätsformation der Individuen sehr stark von allgemeinen gesellschaftlichen Werten und Normen und vor allem durch die tatsächlichen Aufgaben in der Alltagspraxis geprägt. Insgesamt vollzieht sich nach diesem Ansatz der Wandel der eingeschliffenen Geschlechtsrollenmuster in der Gesellschaft nur relativ träge, so dass sich auch die damit verbundenen arbeitsteiligen Strukturen in der Familie nur sehr langsam wandeln. Bielby/Bielby (1989) kommen aufgrund ihrer Analyse der modernen Gesellschaft zu der Schlussfolgerung, dass den Frauen, relativ unabhängig von ihren Humankapital- und Einkommensressourcen, auch heute noch die Verantwortung für die Hausarbeit und Kindererziehung zugeschrieben wird. Daraus folgt, dass bei den Frauen ein Zuwachs von Berufsidentität zu Lasten ihrer Familienidentität geht, und umgekehrt. Sie müssen im Alltag deswegen immer versuchen, eine Balance zwischen diesen beiden Identitäten zu finden. Die Männer haben dieses Problem nicht, da sie normativ nicht für Familie und Haushalt zuständig betrachtet werden. Aus ihrer Geschlechtsrolle ergibt sich vielmehr, dass sie in dem Maße, in dem sie die Familienernährerrolle übernehmen auch gleichzeitig zu attraktiven Partnern und Vätern werden, weil sie durch ihren Berufserfolg für die jeweils anderen Familienmitglieder den Lebensstandard und den Status maßgeblich definieren. Das Engagement der Männer im Beruf konfligiert also nicht mit ihrer Familienidentität, sondern fördert diese sogar. Für Männer ist es aber auch nicht so leicht, diese männlichen Geschlechtsnormen zu verletzten, d.h., nicht zu arbeiten und nur Hausarbeit zu verrichten. In diesem Fall würde man gemeinhin das Verhalten des Ehemannes nicht automatisch auf seine besonders große Familienidentität zurückführen, sondern vielmehr vermuten, dass er Probleme oder ‚andere gute Gründe' für seine Konzentration auf die Hausarbeit hat. Die Frauen haben es hier leichter: Falls sie einen Ehemann haben der erwerbstätig ist und sie selbst nicht erwerbstätig sind und sich um ihre Kinder sowie den Haushalt kümmern, würde das jeder auf ihre besonders große Familienidentität zurückführen. Aus der Sicht dieses Ansatzes ist demnach der enttraditionalisierte Rollentausch das unwahrscheinlichste Ergebnis der verbesserten Bildungs-, Erwerbs- und Karrierechancen der Frauen.

Kontextspezifische Rahmung der ehelichen Arbeitsteilung

Die Entscheidung, wie bezahlte und unbezahlte Arbeit in einer Paarbeziehung oder Ehe aufgeteilt werden soll, treffen die Akteure nicht in einem gesellschaftlichen Vakuum. Durch institutionelle Strukturen vermittelte länderspezifische Pfadabhängigkeiten spielen eine zentrale Rolle, wenn es darum geht, Veränderungen normativer Bezugsrahmen, z.B. von polaren zu egalitären Geschlechtsrollen, in das alltägliche Leben der Akteure zu übersetzen (z.B. Moen 2003). Je stärker sich Gleichheitsnormen durchsetzen, desto eher impliziert dies eine egalitäre Aufteilung der Zeit für Erwerbsarbeit, als auch eine partnerschaftliche Aufgabenteilung bei der anfallenden Haushaltsarbeit. Speziell Westdeutschland ist in dieser Hinsicht ein äußerst interessantes Studienobjekt um zu untersuchen, wie sich die Rollenideale von Männern und Frauen im Zuge der Herausbildung des Doppelverdienermodells verändern, da diese Entwicklung in Westdeutschland deutlich später eingesetzt hat als beispielsweise in den USA, und die Doppelverdienernorm eher für kinderlose Paare gilt als für Eltern (Blossfeld/Drobnič 2001). Im Gegensatz zu den USA ist zudem der Übergang zur Elternschaft in Westdeutschland noch immer mit der Vorstellung verbunden, dass die ‚gute Mutter' ihre Erwerbskarriere zugunsten des Nachwuchses unterbricht und zumindest für die Zeit die Rolle einer Vollzeithausfrau einnimmt, solange das Kind klein ist (Mühling et al. 2006). Obwohl Väter inzwischen die Elternzeit prinzipiell genauso in Anspruch nehmen können, lastet der normative Druck eher auf den Müttern, ihre Karriere hinter das Familienleben zurückzustellen. Dabei beinhaltet die Hausfrauenrolle in Anlehnung an das bürgerliche Familienideal stets sowohl die Kinderbetreuung und -erziehung, als auch die Hausarbeit, während der Mann und Vater die Familie materiell durch kontinuierliche Vollzeiterwerbstätigkeit versorgt. Insgesamt sind die Rahmenbedingungen junger Familien in Westdeutschland stark auf ein traditionelles Familienmodell ausgerichtet, wie man z.B. am Ehegattensplitting sehen kann oder an der „die Fixierung auf den Mann als den ‚bevorzugten' Arbeitnehmer auf dem Arbeitsmarkt" (Rost 2001: 246). Zusammen mit der unzureichend ausgebauten Kinderbetreuung, besonders für Kinder unter drei Jahren, und dem Schulsystem, das nicht auf die Unterstützung von Doppelverdienereltern angelegt sind, begünstigt dieser institutionelle Kontext nicht nur implizit das Modell des ‚männlichen Brotverdieners' und der ‚weiblichen Hausfrau'. Vor diesem Hintergrund ist mit Blick auf die empirische Analyse zu erwarten, dass Ehepaare, wenn sie den Übergang zur Elternschaft vollziehen, eine deutliche Veränderung ihrer normativen Bezugsrahmen erfahren, die wiederum die Verteilung der Hausarbeit beeinflussen. Wenn ein Kind geboren wird, so die Erwartung, wird sich die Hausarbeit in Richtung eines traditionalen Arrangements verändern, und zwar unabhängig von den relativen Ressourcenkonstellationen im Paar. Diese Erwartung wird z.B. gestützt durch die Ergebnisse Kaufmanns (2005), der in seiner Studie über „schmutzige Wäsche" zeigen konnte, dass selbst in den Paaren, in denen beide Partner das Gleichheitsideal favorisieren, sich langsam und schleichend traditionale Formen der Aufgabenteilung durchsetzen, anstatt täglich gegen die institutionellen Barrieren des Alltagslebens anzukämpfen.

Daten und Methode

Um die Erklärungskraft der eben diskutierten konkurrierenden theoretischen Ansätze empirisch zu testen, werden die Daten des Bamberger Ehepaar-Panels (BEP) verwendet. Das BEP ist eine soziologische Längsschnittstudie zur Familien- und Beziehungsentwicklung, deren Erhebungszeitraum die Jahre von 1988 bis 2002 umspannt. Dazwischen fanden jeweils in den Jahren 1990, 1992 und 1994 Panelerhebungen statt. Zu Beginn der Studie im Jahr 1988 wurden, repräsentativ für Westdeutschland, 1.528 kinderlose Paare kurz nach der Schließung ihrer ersten Ehe befragt. In 95% der Fälle konnten beide Partner einer Ehe mit dem gleichen Instrument und getrennt voneinander befragt werden. Damit liegen auf der Paarebene dieser Eheschließungskohorte Verlaufsdaten über die Arbeitsteilung in der Familie und die Auswirkungen der Elternschaft vor (vgl. Schneewind et al. 1996 für ausführliche Informationen zu dieser Studie).

Die Veränderungen in der Aufteilung der Hausarbeit zwischen den Ehegatten werden mit Hilfe ereignisanalytischer Verfahren untersucht, konkret werden logistische Regressionsmodelle für diskrete Zeitachsen verwendet (vgl. z.B. Blossfeld 2006). Die abhängigen Variablen der Ereignisanalysen sind die zeitbezogenen Übergangsraten für (1) die größere relative Beteiligung des Mannes und (2) die geringere relative Beteiligung des Mannes an der Hausarbeit, jeweils gemessen über einen Beteiligungsindex aus den alltäglichen Routinetätigkeiten Kochen, Abspülen, Putzen und Wäsche machen. Als unabhängige Variablen werden die theoretisch relevanten relativen Ressourcenkonstellationen hinsichtlich des Erwerbsumfangs und des Einkommens, sowie der Übergang zur Elternschaft als jeweils zeitveränderliche Kovariablen berücksichtigt. Für detaillierte Informationen zur methodischen Herangehensweise und den konkreten Operationalisierungen vgl. Schulz/Blossfeld 2006, Grunow et al. 2007, 2009 und Schulz 2009.

Empirische Ergebnisse

Tabelle 1 zeigt, wie sich die Paare kurz nach der Eheschließung die Hausarbeit aufteilen, hier differenziert nach den relativen Bildungskonstellationen der Ehegatten. Im Jahr 1988, teilen sich etwas weniger als die Hälfte der Paare die Hausarbeit ‚partnerschaftlich' auf, unabhängig von den jeweiligen relativen Bildungsressourcen der Partner. Ein weiteres Viertel der Paare, wiederum unabhängig von der relativen Bildung, praktiziert ein ‚stark traditionelles' Muster, und rund 30% können als ‚traditional' beschrieben werden. ‚Nichttraditionale' Organisationsformen, in denen der Mann deutlich mehr von den alltäglichen Routinetätigkeiten übernimmt als die Frau, sind sehr selten zu finden, selbst wenn die Frau über deutlich höhere Bildungsressourcen verfügt.

Tabelle 1:   Arbeitsteilige Arrangements nach relativen Bildungskonstellationen im
Jahr der Eheschließung.

Bildungsrelation der Ehepartner	Arbeitsteiliges Arrangement im Jahr der Eheschließung (1988)				Gesamt	
	starktraditional	traditional	partnerschaftlich	nichttraditional	%	N
Mann > Frau	26,0	27,9	45,2	1,0	100,0	312
Mann = Frau	26,2	29,5	42,1	2,1	100,0	976
Mann < Frau	20,0	28,1	49,6	2,2	100,0	135

Quelle: BEP 1988, eigene Berechnungen, Zeilenprozent.

Der Befund, dass die Arrangements zu Ehebeginn nicht stärker von den relativen
Bildungskonstellationen abhängen, ist ziemlich überraschend. Er kann als ein erster
Hinweis darauf interpretiert werden, dass die ressourcenbasierten Theorien nicht
sehr hilfreich für die Erklärung verschiedener Arbeitsteilungsmuster sind. So würden sowohl Beckers Familienökonomie, als auch die verschiedenen Austauschmo-
delle ‚nichttraditionale' Arrangements im Falle deutlich höherer Ressourcen der
Frau vorhersagen. Darüber hinaus würden die Tauschtheorien ‚partnerschaftliche'
Muster im Falle gleicher Bildungsressourcen prognostizieren. Allerdings ist gerade
der Anteil dieses Musters in diesem Fall am geringsten (42,1%). Folglich deuten die
Ergebnisse in Tabelle 1 eher auf die Gültigkeit der asymmetrischen Erklärungsansätze hin.

Um besser zu verstehen, wie die individuellen Merkmale der Partner und die
Aufgabenverteilung zu Beginn der Ehe zusammenhängen, wurden verschiedene
multinomiale Logitmodelle gerechnet (siehe Schulz/Blossfeld 2006: 37 – 39; Schulz
2009). Diese Modelle stützen die deskriptiven Befunde aus Tabelle 1. Zusammen-
genommen stellen diese Ergebnisse alles andere als eine umfassende Unterstützung
der ökonomischen Erklärungsansätze dar, da diese in ihren Hauptargumenten nur
partiell bestätigt werden können. Die Erklärungsschwäche der ökonomischen
Theorie der Familie und der beiden Austauschtheorien in Bezug auf die Arbeitsteilung in der Ausgangssituation der Ehe könnte aber auch darauf zurückzuführen
sein, dass diese Ansätze sich nicht so sehr auf statische Situationen konzentrieren,
sondern vielmehr auf den Prozess der Arbeitsteilung beziehen. So machen diese
Theorien ganz klare Aussagen darüber, wie sich die Dynamik der Arbeitsteilung im
Haushalt in Abhängigkeit von den Ausgangsbedingungen und den Veränderungen
der Ressourcenkonstellationen der Partner entwickelt. Deshalb wird im Folgenden
mit Hilfe diskreter Ereignisanalysen untersucht, wie sich das Arrangement der Arbeitsteilung im Eheverlauf verändert und welche Faktoren diese Dynamik beeinflussen (Tabellen 2 und 3).

Deskriptive Analysen der Veränderung der Arbeitsteilung zwischen den einzelnen Erhebungswellen des Panels (siehe Grunow et al. 2007: 170 – 172, 2009;
Schulz 2009) haben gezeigt, dass Veränderungen (1) ziemlich häufig beobachtet
werden können, sich (2) in den meisten Fällen in Richtung traditionaler Arrange-

ments vollziehen und (3) recht stark vom Ausgangszustand abhängen. So weisen die ‚stark traditionalen' Arrangements, bei denen eine Verschiebung in Richtung einer noch größeren Beteiligung der Frau ausgeschlossen ist, ein besonders hohes Maß an Stabilität im Eheverlauf auf. In rund 75% der Fälle behalten Paare, die ihre Hausarbeit bereits ‚stark traditional' aufgeteilt haben, dieses Muster bis zum nächsten Beobachtungszeitpunkt bei. Nur in knapp 25% der Fälle beteiligen sich Männer in diesen Ausgangsarrangements mit der Zeit stärker bei der Hausarbeit. Im Falle ‚traditionaler' Arbeitsteilungsarrangements, ist, wie es auch die Familienökonomie vorhersagen würde, die Neigung zu einer noch stärkeren Traditionalisierung im Eheverlauf besonders hoch. In rund 45% dieser Fälle findet bei Paaren mit einem bereits ‚traditionalen' Arrangement eine weitere Umverteilung zulasten der Frau statt, d.h. dass sich die Männer ganz aus der Hausarbeit zurückziehen. In immerhin 40% Fällen behalten ‚traditional' organisierte Paare das bestehende Arrangement bis zum nächsten Beobachtungszeitpunkt bei, und in lediglich 15% der Fälle ist eine Enttraditionalisierung, also eine anteilige Erhöhung des vom Mann geleisteten Anteils bei der Hausarbeit zu beobachten. Bei den ‚partnerschaftlich' organisierten Paaren, bei denen sich beide Partner zu etwa gleichen Teilen bei der Hausarbeit engagieren, kommt es im weiteren Verlauf in 47% der Fälle zu einer Traditionalisierung der Arbeitsteilung, also zu einer anteiligen Erhöhung des von der Frau erledigten Anteils bei der Hausarbeit, mit der eine Verringerung des vom Mann geleisteten Anteils einhergeht. In etwa 50% der Fälle wird jedoch die partnerschaftliche Variante der Arbeitsteilung beibehalten. Bei nur 2% der partnerschaftlich organisierten Paare verringert die Frau im Zeitverlauf ihr Engagement bei der Hausarbeit und der Mann erhöht seinen Anteil.

Tabelle 2 zeigt Ratenmodelle für die Veränderung der Arbeitsteilung zu Gunsten der Frau (Modelle 1a, 2a und 3a) und zu Gunsten des Mannes (Modelle 1b, 2b und 3b) in Abhängigkeit von der Ehedauer und den ökonomischen Ressourcenkonstellationen. Der hochsignifikante negative Effekt für die Ehedauer ist robust und unabhängig von der weiteren Modellspezifikation in Tabelle 2 (und 3). Mit zunehmender Ehedauer scheinen sich die jeweils bereits etablierten Arbeitsteilungsmuster zu verfestigen. Dies gilt sowohl für die Dynamik ehelicher Enttraditionalisierungsprozesse, als auch für Traditionalisierungsprozesse, so dass angenommen werden kann, dass eine Verfestigung geschlechtstypischer arbeitsteiliger Strukturen im Lebensalltag nicht einseitig zulasten der Frauen geht, sondern auch umgekehrt gilt und sich somit allgemein stabilisierend auswirkt.

Tabelle 2:   Relative ökonomische Ressourcen als Determinanten der Veränderung der Arbeitsteilung

	Anteil des Mannes steigt			Anteil des Mannes sinkt		
	1a	2a	3a	1b	2b	3b
Konstante	-2,22**	-2,30**	-2,20**	-1,10**	-0,86**	-0,95**
Ehedauer	-0,17**	-0,16**	-0,18**	-0,13**	-0,14**	-0,14**
Erwerbsrelation						
Mann > Frau		Ref.			Ref.	
Mann = Frau		0,13			-0,29**	
Mann < Frau		0,40			-0,42*	
Einkommensrelation [a]						
Mann > Frau			Ref.			Ref.
Mann = Frau			-0,06			-0,23*
Mann < Frau			-0,07			-0,23
Likelihood Ratio Teststatistik	63,30	65,52	63,52	82,03	93,27	88,76

Anmerkung: [a] *Für fehlende Werte bei der Einkommensrelation wird kontrolliert. In allen Modellen wird zudem für den Ausgangszustand, Panelausfälle, sowie Stichprobenkriterien kontrolliert. Selektivitätstests haben gezeigt, dass Verzerrungen aufgrund von Panelausfällen unwahrscheinlich sind (vgl. Schulz/ Blossfeld 2006; Grunow et al. 2007; Schulz 2009).*

*Quelle: BEP 1988 – 2002, eigene Berechnungen, logistische Regression für diskrete Zeitachsen, Regressionskoeffizienten. Signifikanz: * α ≤ 0.05; ** α ≤ 0.01.*

Während die Erwerbs- und Einkommensrelationen keinen Einfluss auf die Enttraditionalisierungsprozesse haben, was in dieser Deutlichkeit angesichts der aktuellen theoretischen Diskussion sicherlich überrascht, sind die Prozesse, in denen der Mann seinen Anteil an der Hausarbeit reduziert durchaus von diesen Konstellationen beeinflusst. Das ist insofern von Bedeutung, als die Mechanismen eben nicht in ähnlicher Weise auf Enttraditionalisierung und Traditionalisierung wirken, sondern sich in Abhängigkeit von der Entwicklungsrichtung unterscheiden. Die Ergebnisse der Erwerbsrelation (Modell 2b in Tabelle 2) deuten darauf hin, dass die Erwerbstätigkeit der Frau einer weiteren Traditionalisierung des praktizierten Arbeitsteilungsarrangements im Eheverlauf entgegenwirkt. Dabei scheint es jedoch nicht darauf anzukommen, ob die Frau Vollzeit oder Teilzeit erwerbstätig ist, da sich diese Effekte nicht signifikant voneinander unterscheiden (vgl. Grunow et al. 2007). Die Befunde zur Einkommensrelation (Modell 3b in Tabelle 2) innerhalb der Paare entsprechen eher den Erwartungen der Kompensationshypothese (Brines 1994) als denen der ökonomischen Theorien. Zwar weisen Paare, bei denen hinsichtlich ihres Einkommens Ressourcengleichheit herrscht, ein deutlich niedrigeres Traditionalisierungsrisiko auf als Paare mit traditioneller Ressourcenverteilung, jedoch finden wir keinen signifikanten Unterschied zwischen diesem klassischen Fall und der umgekehrten Situation, in der die Frau einen deutlich höheren Anteil zum Haushaltseinkommen beiträgt als der Mann. Bei aller gebotenen Vorsicht angesichts der Fallzahlen scheint sich das Ergebnis in die eingangs angesprochenen Befunde zur geschlechtsspezifischen Bedeutung der relativen Ressourcen zu fügen (vgl. Brines 1994).

Ausgehend von diesen Befunden bezüglich der Wirkung von Ressourcen, illustriert Tabelle 3 nun den Einfluss von Veränderungen der Familiensituation auf die häusliche Arbeitsteilung. Die Hypothese ist hier, dass Ehepaare beim Übergang zur Elternschaft eine Veränderung des für sie geltenden normativen Bezugsrahmens erfahren, was sich beispielsweise darin niederschlagen kann, dass die Gleichheitsideale der Arbeitsteilung im Haushalt von klassisch bürgerlichen Idealen einer geschlechterdivergenten familialen Arbeitsteilung überlagert werden. Die Modelle 1a – 3a in Tabelle 3 zeigen, dass der Übergang zur Elternschaft den erwarteten, stark signifikanten negativen Effekt auf die weitere Beteiligung der Männer an der Hausarbeit hat. Die Geburt des ersten Kindes reduziert die Neigung einer weiteren Beteiligung der Männer an der Hausarbeit drastisch, obwohl der Arbeitsaufwand in der Familie durch die Geburt des Kindes insgesamt massiv ansteigt. Der Übergang zur Elternschaft bremst damit partnerschaftliche Fortschritte und verstärkt den oft latent wirkenden Prozess der Gewöhnung an traditionelle arbeitsteilige Strukturen, z.B. durch eine faktische Spezialisierung in Form der Inanspruchnahme der Elternzeit vor allem durch die Ehefrauen (vgl. Mühling et al. 2006). Aus international vergleichenden Studien ist zudem bekannt, dass die Geburt eines Kindes darüber hinaus das berufliche Engagement von Männern und die Stabilität ihrer Berufsverläufe deutlich erhöht (Blossfeld/Drobnič 2001). Wichtig ist, dass diese Reaktionsweisen der Männer und Frauen nicht ressourcen-, sondern geschlechtsspezifisch gesteuert sind und deswegen eher die asymmetrischen Theorien der familialen Arbeitsteilung stützen.

In die gleiche Richtung deuten die Modelle 1b – 3b in Tabelle 3, die darauf hinweisen, dass die Traditionalisierungsneigung, d.h. dass die Männer ihren Beitrag weiter reduzieren, durch den Übergang zur Elternschaft deutlich ansteigt. Zudem, und das ist an dieser Stelle entscheidend, sind die in Tabelle 2 noch statistisch bedeutsamen Koeffizienten der Erwerbs- und Einkommensrelation nicht mehr signifikant (Modelle 2b und 3b). Dies ist ein deutlicher Hinweis darauf, dass die ökonomischen Ressourcenkonstellationen für die Dynamik der Arbeitsteilung im Haushalt relativ unbedeutend sind, zumindest in der von den ökonomischen Theorien postulierten geschlechtsneutralen Art und Weise. Die Geburt eines Kindes, und weniger die Veränderungen in den relativen Ressourcenkonstellationen, stellt offenbar die einschneidende Zäsur im Partnerschaftsverlauf dar, so dass die Ergebnisse insgesamt sehr stark für die Richtigkeit der symbolischen Austauschtheorien sprechen: Soziale Normen, Geschlechtsrollen, Geschlechtsidentitäten sowie Trägheitsmechanismen im Alltag sind offenbar weit bedeutsamer als Ressourcenkonstellationen sowie Macht- und Verhandlungspositionen.

Tabelle 3: Elternschaft und relative ökonomische Ressourcen als Determinanten der Veränderung der Arbeitsteilung

	Anteil des Mannes steigt			Anteil des Mannes sinkt		
	1a	2a	3a	1b	2b	3b
Konstante	-2,01**	-1,91**	-1,86**	-1,28**	-1,14**	-1,18**
Ehedauer	-0,11*	-0,11*	-0,11*	-0,14**	-0,14**	-0,14**
Erwerbsrelation						
Mann > Frau		Ref.			Ref.	
Mann = Frau		-0,16			-0,14	
Mann < Frau		0,14			-0,27	
Einkommensrelation [a]						
Mann > Frau			Ref.			Ref.
Mann = Frau			-0,28			-0,14
Mann < Frau			-0,25			-0,16
Elternschaft [b]						
Kein Kind	Ref.	Ref.	Ref.	Ref.	Ref.	Ref.
Jüngstes Kind 0-1 Jahr	-0,56**	-0,66**	-0,68**	0,53**	0,42**	0,47**
Jüngstes Kind 2 Jahre	-0,15	-0,24	-0,26	0,27	0,16	0,22
Jüngstes Kind 3+ Jahre	-0,37	-0,44	-0,49*	-0,08	-0,17	-0,16
Likelihood ratio Teststatistik	87,02	88,81	90,99	115,24	117,73	117,95

Anmerkungen: [a] Für fehlende Werte bei der Einkommensrelation wird kontrolliert. [b] Für fehlende Werte beim Kindesalter wird kontrolliert. In allen Modellen wird zudem für den Ausgangszustand, Panelausfälle, sowie Stichprobenkriterien kontrolliert. Selektivitätstests haben gezeigt, dass Verzerrungen aufgrund von Panelausfällen unwahrscheinlich sind (vgl. Schulz/Blossfeld 2006; Grunow et al. 2007; Schulz 2009).

*Quelle: BEP 1988 – 2002, eigene Berechnungen, logistische Regression für diskrete Zeitachsen, Regressionskoeffizienten. Signifikanz: * α ≤ 0.05; ** α ≤ 0.01.*

Schließlich zeigt Tabelle 4, wie sich diese kausale Dynamik in den Querschnittsverteilungen der Arbeitsteilung im Haushalt in den fünf Panelwellen niederschlägt. Die Arrangements der Arbeitsteilung verschieben sich systematisch in Richtung (stark) traditionaler Muster. Nach 14 Ehejahren sind etwa 85% der Paare (stark) traditional organisiert, nur noch etwa 14% partnerschaftlich und nicht viel mehr als 1% nicht traditional. Wie Schulz/Blossfeld (2006) gezeigt haben, sind diese Veränderungen nicht durch Selektionseffekte der Stichprobenzusammensetzung erklärbar (vgl. auch Schulz 2009).

Tabelle 4:   Verteilung der arbeitsteiligen Arrangements zum Zeitpunkt der
                jeweiligen Panelbeobachtungen

	Eheschließung	Ehedauer			
		2 Jahre	4 Jahre	6 Jahre	14 Jahre
stark traditional	25,5	38,7	48,0	55,0	60,2
traditional	29,0	29,9	28,2	25,7	24,9
partnerschaftlich	43,6	30,6	22,9	18,6	13,7
nicht traditional	1,9	0,8	1,0	1,1	1,2
Prozent gesamt	100,0	100,0	100,0	100,0	100,0
Paare gesamt	1.423	870	840	773	518

Quelle: BEP 1988 – 2002, eigene Berechnungen, Spaltenprozent.

Angesichts dieser recht eindeutigen Befunde der zentralen Bedeutung des Übergangs zur Elternschaft und den damit verbundenen sozialen Normen für die Dynamik der Arbeitsteilung im Haushalt wäre zu erwarten, dass der normative Druck auf die Ehepaare nachlässt, sobald die Kinder älter werden und den elterlichen Haushalt verlassen. Damit einher geht die Annahme, dass sich das Arrangement der Arbeitsteilung wieder in Richtung einer partnerschaftlicheren Arbeitsteilung verändern könnte. Diese Überlegungen können mit den Daten des BEP nicht geprüft werden, da die Familien diese Phase noch nicht erreicht haben. Allerdings lassen andere Studien aus Deutschland Zweifel daran aufkommen, dass das tatsächlich der Fall sein könnte: So zeigt beispielsweise auch die Studie von Huinink/Reichart (2008), dass der Weg in die traditionelle Arbeitsteilung offenbar eine „Einbahnstraße" ist. Allerdings gibt es inzwischen auch erste Hinweise auf Basis längerer Panelstudien, die darauf hindeuten, dass es sich bei der Arbeitsteilung um einen „Prozess der verzögerten Anpassung" handelt, und dass langfristig gesehen die Veränderungen in den Lebenszusammenhängen der Frauen, insbesondere im Hinblick auf die Erwerbstätigkeit, doch einen Einfluss auf die Verteilung der Hausarbeit zwischen den Ehegatten haben können (vgl. Cunningham 2007; Gershuny et al. 2005). Erst weitere Längsschnittstudien können die Forschung in dieser Hinsicht voranbringen.

Zusammenfassung und Schlussfolgerungen

Die hier vorgelegte Untersuchung befasste sich vor dem Hintergrund der deutlichen Verbesserung der Bildungs-, Erwerbs- und Karrierechancen der Frauen in den letzten Jahrzehnten mit den theoretischen und empirischen Implikationen einer dynamischen Betrachtung arbeitsteiliger Prozesse im Eheverlauf. Konkret wurde danach gefragt, welche Ereignisse oder Ressourcenkonstellationen Enttraditionalisierungsprozesse, d.h. eine größere Beteiligung der Männer an der Hausarbeit begünstigen oder für Traditionalisierungsprozesse, d.h. den Rückzug der Männer aus

der häuslichen Sphäre verantwortlich sind. Die Datenanalyse erfolgte mit dem In-
strumentarium der diskreten Ereignisanalyse. Bislang gibt es keine weiteren Arbeiten, weder im deutschsprachigen Raum, noch in der internationalen Forschungs-
landschaft, die sich auf diese Weise der häuslichen Arbeitsteilung nähern. Dies ist
insofern erstaunlich, als gerade diese Dynamik ein wesentliches Merkmal der Prozesse häuslicher Arbeitsteilung darstellt. So zeigten die hier präsentierten Analysen,
dass sich der Umfang und die Aufteilung der Arbeiten im Haushalt zwischen den
Ehepartnern im Zuge der Entwicklung der Paarbeziehung deutlich verändern.

Die Hauptergebnisse der empirischen Studie mit dem Bamberger Ehepaar-
Panel belegen, dass die ökonomischen Theorien nicht (oder nur ungenügend) zur
Erklärung des Prozesses der innerfamilialen Arbeitsteilung geeignet sind. Die Er-
gebnisse lassen darauf schließen, dass es andere Einflussgrößen wie beispielsweise
soziale Normen, Rollenerwartungen und Trägheiten im Geschlechterarrangement
sein müssen, mit denen man die Veränderungen im Bereich der Haushaltsarbeit im
Eheverlauf besser verstehen und erklären kann. Die im Einzelfall hinter diesen
Dimensionen liegenden Mechanismen sind jedoch bislang weitgehend unerforscht.
Es muss daher ein Ziel weiterer Fortsetzungsprojekte sein, den Kenntnisstand in
dieser Hinsicht zu erweitern. Insbesondere müssen qualitative Studien danach fragen, welche subjektiven Prozesse der Identitätsbildung bei den Individuen ablaufen
und wie die Akteure mit Geschlechtsnormen umgehen und welche Bedeutung Rou-
tinen (Habits) für den Aushandlungsprozess der Arbeitsteilung haben.

Darüber hinaus konnte recht deutlich herausgearbeitet werden, dass besonders
beim Übergang zur Elternschaft, oftmals unterstützt durch die Inanspruchnahme
der Elternzeit und damit verbunden einen temporären Berufsausstieg der Mütter,
vermehrt traditionale Muster der Alltagsorganisation die Überhand gewinnen, sich
im Laufe der Zeit verfestigen und irgendwann als stabile, schwer veränderliche
Gegebenheit im Alltag akzeptiert werden. Sobald diese Familienereignisse in den
Modellen kontrolliert werden, verschwindet der Einfluss der ökonomischen Ressourcen völlig. Dies ist ein weiterer Hinweis darauf, dass die mit den verschiedenen
Lebensphasen, insbesondere der Elternschaft, verbundenen Normen (v.a. für Mütter) einen großen Einfluss auf die Dynamik der Hausarbeitsteilung haben.

Wenn nun die ökonomischen Ressourcen einen derart geringen Effekt auf de
Dynamik der ehelichen Arbeitsteilung haben, muss die Hoffnung derer gedämpft
werden, die behaupten, dass höhere Ressourcen der Frauen bzw. eine Angleichung
der Ressourcen der Ehepartner zu egalitäreren Arrangements führen würde. Welche
Möglichkeiten gibt es dann, partnerschaftliche Arbeitsteilung herbeizuführen? Ein
möglicher Ansatzpunkt ist hier sicherlich die Bildung der Ehepartner. Wie einschlä-
gige Studien zeigen konnten (z.B. van Berkel/de Graaf 1999), hat die Bildungsexpansion tatsächlich dazu geführt, dass sich mit steigendem Bildungsniveau liberalere
Geschlechtsrollenorientierungen, oder allgemeiner gesprochen, ein reflexiver Umgang mit Normen und Institutionen herausgebildet hat. Eine hohe Bildung beider

Ehepartner könnte folglich der Nährboden für partnerschaftliche Arrangements der Arbeitsteilung sein. Erste Hinweise in diese Richtung sind inzwischen für Deutschland (Schulz 2009), Dänemark (Bonke/Esping-Andersen 2007) und die Niederlande (van Berkel/de Graaf 1999) verfügbar.

Insgesamt hat sich die Längsschnittuntersuchung der Hausarbeitsteilung als fruchtbarer Ansatz erwiesen. Diese Herangehensweise ist der Dynamik innerfamilialer Arbeitsteilung und den auf Prozesse gerichteten Theorien zu ihrer Erklärung angemessener als statische Querschnittsuntersuchungen. Allerdings steht diese Art der Erforschung der Hausarbeit und Arbeitsteilung erst am Anfang. Es muss daher das Ziel weiterführender quantitativer und qualitativer Studien zu diesem Thema sein, sich diese Perspektive zu Nutze zu machen und die hier vorgelegten Ergebnisse kritisch zu prüfen. Vieles wird aber davon abhängen, ob und inwieweit es gelingt, geeignete Daten zu finden oder zu erheben, um so die Arbeitsteilung im Haushalt als abhängigen Prozess quantitativ und qualitativ abbilden und theoretisch erfassen zu können.

Literatur

Baxter, Janeen /Hewitt, Belinda/ Haynes, Michele (2008): Life course transitions and housework: Marriage, parenthood, and time on housework. In: Journal of Marriage and Family, 70. Jg., S. 259–272.

Becker, Gary S. (1998): A Treatise on the Family. 4. Aufl. Cambridge.

Berk, Sarah F. (1985): The Gender Factory: The Apportionment of Work in American Households. New York.

Bielby, William T./ Bielby, Denise D. (1989): Family Ties: Balancing Commitments to Work and Family in Dual Earner Households. In: American Sociological Review, 54. Jg., S. 776 – 789.

Blau, Peter M. (1964): Exchange and Power in Social Life. New York.

Blossfeld, Hans-Peter (2006): Ereignisanalyse. In: Behnke, J./ Gschwend, T./ Schindler, D./ Schnapp, K.-U. (Hrsg.): Methoden der Politikwissenschaft. Neuere qualitative und quantitative Analyseverfahren. Baden-Baden, S. 113–123.

Blossfeld, Hans-Peter/ Drobnič, Sonja (Hg.) (2001): Careers of Couples in Contemporary Societies. From Male Breadwinner to Dual Earner Families. Oxford.

Blossfeld, Hans-Peter/ Timm, Andreas (Hg.) (2003): Who Marries Whom? Educational Systems as Marriage Markets in Modern Societies. Dordrecht.

Bonke, Jens/ Esping-Andersen, Gøsta (2007): Parental investments in children: How bargaining and educational homogamy affect time allocation. Social Policy and Welfare Services Working Paper 09:2007, Kopenhagen.

Brines, Julie (1994): Economic dependency, gender, and the division of labor at home. In: American Journal of Sociology, 100. Jg., S. 652–688.

Bühlmann, Felix/ Elcheroth, Guy/ Tettamanti, Manuel (2009): The division of labour among European couples: The effects of life course and welfare policy on value-practice configurations. Erscheint in: European Sociological Review.

Cunningham, Mick (2007): Influences of women's employment on the gendered division of household labor over the life course: Evidence from a 31-year panel study. In: Journal of Family Issues, 28. Jg., S. 422–444.

Dribe, Martin/ Stanfors, Maria (2009): Does parenthood strengthen a traditional household division of labor? Evidence from Sweden. In: Journal of Marriage and Family, 71. Jg., S. 33 – 45.

Gershuny, Jonathan/ Bittman, Michael/ Brice, John (2005): Exit, voice, and suffering: Do couples adapt to changing employment patterns? In: Journal of Marriage and Family, 67. Jg., S. 656–665.

Grunow, Daniela/ Schulz, Florian/ Blossfeld, Hans-Peter (2007): Was erklärt die Traditionalisierungsprozesse häuslicher Arbeitsteilung im Eheverlauf: soziale Normen oder ökonomische Ressourcen? In: Zeitschrift für Soziologie, 36. Jg., S. 162–181.

Grunow, Daniela/ Schulz, Florian/ Blossfeld, Hans-Peter (2009): What determines change in the division of housework over the course of marriage? Arbeitspapier, Universität Bamberg.

Huinink, Johannes/ Reichart, Elisabeth (2008): Der Weg in die traditionelle Arbeitsteilung – eine Einbahnstraße? In: Bien, W./ Marbach, J. (Hrsg.): Familiale Beziehungen, Familienalltag und soziale Netzwerke. Ergebnisse der drei Wellen des Familiensurvey. Wiesbaden, S. 43–79.

Kaufmann, Jean-Claude (2005): Schmutzige Wäsche. Ein ungewöhnlicher Blick auf gewöhnliche Paarbeziehungen. 2. Aufl. Konstanz.

Moen, Phyllis (2003): Linked lives: Dual careers, gender, and the contingent life course. In: Heinz, W. R./ Marshall, V. W. (Hrsg.): Social Dynamics of the Life Course. Tranistions, Institutions, and Interrelations. New York, S. 237–258.

Mühling, Tanja/ Rost, Harald/ Rupp, Marina/ Schulz, Florian (2006): Kontinuität trotz Wandel. Die Bedeutung traditioneller Familienleitbilder für die Berufsverläufe von Müttern und Vätern. Weinheim.

Ott, Notburga (1992): Intrafamily Bargaining and Household Decisions. Berlin.

Rost, Harald (2001): Väter und „Erziehungszeit" – Ansatzpunkte für eine größere Beteiligung von Vätern an der Erziehungs- und Familienarbeit. In: Leipert, C. (Hg.): Familie als Beruf. Arbeitsfeld der Zukunft. Opladen, S. 235–247.

Schulz, Florian (2009): Verbundene Lebensläufe zwischen neuen Ressourcenverhältnissen und traditionellen Geschlechterrollen. Dissertationsschrift, Universität Bamberg.

Schulz, Florian/ Blossfeld, Hans-Peter (2006): Wie verändert sich die häusliche Arbeitsteilung im Eheverlauf? Eine Längsschnittstudie der ersten 14 Ehejahre in Westdeutschland. In: Kölner Zeitschrift für Soziologie und Sozialpsychologie, 58. Jg., S. 23–49.

Schneewind, Klaus A./ Gotzler, Petra/ Schlehlein, Bernhard/ Sierwald, Wolfgang/ Weiß, Joachim/ Vaskovics, Laszlo A./ Hofmann, Barbara/ Rost Harald (1996): Optionen der Lebensgestaltung junger Ehen und Kinderwunsch. Stuttgart.

van Berkel, Michel/ de Graaf, Nan Dirk: (1999): By virtue of pleasantness? Housework and the effects of education revisited. In: Sociology, 33. Jg., S. 785–808.

West, Candace/ Zimmermann, Don H. (1987): Doing Gender. In: Gender and Society, 1. Jg., S. 125–151.

Hegemoniale Männlichkeit

Michael May

Vor dem Hintergrund ihrer Kritik an der Entsubjektivierung und Enthistorisierung des Geschlechterverhältnisses in der Rollentheorie, suchten Männerforscher nach Anknüpfungspunkten, Maskulinität (und selbstverständlich auch Femininität) nicht als eine bloß aufgezwungene Vorschrift, sondern eine gelebte Erfahrung zu fassen. Ermöglichen sollte dies eine Theorie der Praxis, „die sich darauf konzentriert, was die Menschen tun, wenn sie die gesellschaftlichen Beziehungen gestalten, in denen sie leben" (Connell 1986; S. 339). Mit einer solchen „praxisorientierten Theorie der Geschlechterverhältnisse" (ebd.; S. 343) sollten auch neue Ansatzpunkte für eine Veränderung dieser Verhältnisse durch eine von dieser Theorie inspirierte und neu begründete Geschlechterpolitik gewonnen werden. Von daher lag es nahe, an Antonio Gramscis (vgl. 1999 ff.) Hegemonie-Konzept anzuknüpfen. Gramsci hatte damit ja versucht, die Bedeutung von Kultur für die Aufrechterhaltung und Veränderung von (kapitalistischer) Herrschaft herauszuarbeiten.

Das ursprünglich auf einen Aufsatz der australischen Männerforscher Tim Carrigan, Bob Connell und John Lee (1985) zurückgehende Konzept Hegemonialer Männlichkeit (HM) avancierte seit dieser Zeit zu einem der weltweit bedeutendsten der Geschlechterforschung aus ‚männlicher' Perspektive. ‚Männlich' steht dabei nicht nur deshalb in Anführungszeichen, weil aus Robert W. Connell, der seit dieser Zeit das Konzept maßgeblich mit geprägt hat, per Geschlechtsumwandlung mittlerweile eine Raewyn geworden ist, sondern weil diesem Konzept jeglicher Essentialismus fremd ist.

Im Folgenden will ich die aktuelle Diskussion dieses Konzeptes in der Bundesrepublik aufgreifen und dabei besonders auf die Positionen von Michael Meuser und Lothar Böhnisch eingehen. Dass diese beiden Autoren zu den wohl einflussreichsten Autoren der Bundesrepublik gehören, die sich aus sozialwissenschaftlicher Sicht mit Fragen von Männlichkeit beschäftigen, ist jedoch nicht der einzige Grund, warum ich gerade sie herausgegriffen habe. Vielmehr war für mich bedeutsam, dass beide das Konzept HM sowohl kritisieren als auch beanspruchen, es auf dieser Basis gehaltvoll weiterentwickelt zu haben. Diesen Anspruch will ich zunächst prüfen und in diesem Zusammenhang beide Ansätze einer hegemonietheoretischen Gegenkritik unterziehen. Vor diesem Hintergrund will ich in einem zweiten Schritt auszuloten versuchen, welchen Beitrag eine kritische Reformulierung des Konzeptes HM zu leisten vermag im Hinblick auf eine Analyse der Reproduktion von *Herrschaft* im Geschlechterverhältnis in und durch Familie als einem geschlechterpolitisch überaus bedeutsamen Ort sozialer Ordnung.

Zu den Unterschieden in den aktuellen Rekonstruktionen des Konzeptes HM bei Connell, Meuser und Böhnisch aus hegemonietheoretischer Perspektive

Connell (1999; S. 98) hat HM als „Konfiguration geschlechtsbezogener Praxis" zu definieren versucht, welche die „momentan akzeptierte Antwort auf das Legitimationsproblem des Patriarchats verkörpert und die Dominanz der Männer sowie die Unterordnung der Frauen gewährleistet (oder gewährleisten soll)" (ebd.). Obwohl nur sehr wenige Männer dem in der HM verkörperten kulturellen Ideal entsprächen, wirkten die meisten von ihnen an dessen Aufrechterhaltung deshalb mit, weil sie von der Unterdrückung der Frauen profitierten, mit der HM ganz zentral verknüpft sei. Connell (1987) spricht in diesem Zusammenhang von einer „patriarchalen Dividende". Zu diesen strukturellen Privilegien, von denen Männer ganz unabhängig von ihren subjektiven Einstellungen, Orientierungen und Praktiken profitierten, gehören u.a.:

- ihre im Vergleich zu Frauen bessere Bezahlung,
- ihr leichterer Zugang zu (öffentlichen) Ressourcen,
- die Repräsentation und Vertretung männlicher Interessen in der Öffentlichkeit,
- ihr Schutz vor aufdringlichen Blicken, Sprüchen und sexistischen Übergriffen,
- ihre Möglichkeit, sich geschlechterpolitischen Auseinandersetzungen durch Schweigen zu entziehen.

So wird das Verhältnis zwischen Männern und Frauen von Connell auch nicht als eine Konfrontation zwischen zwei jeweils in sich homogenen Blöcken gesehen. Vielmehr differenziert das Konzept zwischen verschiedenen kollektiven Praxen der Geschlechtlichkeit, die aber insgesamt in einer hegemonialen Struktur zusammengeschlossen seien. Demnach verwirkliche sich HM nach Connell (1995; S. 78ff.) durch Praktiken der Unterordnung, der Komplizenschaft sowie der Marginalisierung. Entsprechend unterscheidet Connell bezüglich der *„internen"* Hegemonie unter den verschiedenen Männlichkeiten in einer Gesellschaft hegemoniale, komplizenhafte, untergeordnete (z.B. Homosexuelle) und marginalisierte Männlichkeiten (Schwarze, Unterprivilegierte).

An dieser Unterscheidung ist ihre beträchtliche begriffliche Unschärfe kritisiert worden (vgl. Budde 2006 & Meuser 2006), seien doch bis auf die hegemoniale „all diese Männlichkeiten [untergeordnet], und marginalisiert ist eher die homosexuelle Männlichkeit als diejenige der Arbeiterklasse, welche sich im Sinne Connells durchaus als ‚komplizenhaft' verstehen ließe" (Meuser 2006; S. 126). Allerdings haben Connell/Messerschmidt (2005; S. 836 ff.) im Hinblick auf kritische Fragen, wer denn nun HM repräsentiere und ob sie ein Ideal, ein Idealtypus, ein Handlungsmodell oder ein Handlungstypus sei, darauf verwiesen, dass HM zwischen diesen Formen zu changieren scheine, und gerade dies wie auch das Überblenden von hegemonialer, komplizenhafter und marginaler Männlichkeiten als hegemoniale Praxis verstanden werden müsse. Dies kann auch als ein Besinnen auf die Intention des Hegemoniekonzeptes interpretiert werden, die Dynamik solcher Prozesse zu rekonstruieren, in denen Hegemonie (re-)produziert wird bzw. Marginalisierungen vollzogen werden, demgegenüber solche Begriffe wie hegemoniale, marginalisierte, unterdrückte oder komplizenhafte Männlichkeiten als eigentlich schon zu starr erscheinen (vgl. Kontos/May 2008; S. 13 Anm. 1).

In ihrer kritischen Reformulierung des Konzeptes HM erinnern Connell/Messerschmidt (2005; S. 848) weiterhin daran, dass das Konzept ursprünglich auch ein Parallelkonzept hegemonialer Weiblichkeit enthielt, das dann (vgl. Connell 1987; S. 183) in ‚emphasized femininity' umbenannt wurde, um die asymmetrische Position von Männlichkeiten und Weiblichkeiten in einer partriarchalen Ordnung kenntlich zu machen. Das „externe" Verhältnis von HM zu den wie auch immer gearteten Weiblichkeiten sei in der Forschungsgeschichte jedoch „aus dem Fokus" geraten, was künftig zu korrigieren wäre. Vor allem müsse die compliance (Mitarbeit, Mittäterschaft, das Mittragen) von Frauen sowie ihre zentrale Rolle bei der Konstruktion und Rekonstruktion von HM – nicht zuletzt im familiären Kontext – stärker berücksichtigt werden als bisher. Das Gleiche gelte für die vielfältigen Veränderungen und Verlagerungen in weiblichen Lebensentwürfen und Lebenspraxen, die in sich ja auch eine Kritik an und eine Auseinandersetzung mit HM darstellten.

Demgegenüber päferiert Michael Meuser eine Sichtweise des Zusammenhangs von homo- und heterosozialer Konstitution von Männlichkeit, der zu Folge „die (beanspruchte) Hegemonie [...] in der heterosozialen Dimension immer auch (symbolischer) ‚Spieleinsatz' in den ernsten Spielen des Wettbewerbs [ist], den die Männer unter sich austragen" (2006; S. 125). Wie für Pierre Bourdieu, ist Männlichkeit auch für Meuser damit ein „eminent relationaler Begriff, der vor und für die anderen Männer und gegen die Weiblichkeit konstruiert ist, aus einer Art Angst vor dem Weiblichen" (Bourdieu 2005; S. 96).

Meuser sieht dies durchaus vereinbar mit Connells Position, dass „in der gegebenen westlichen Geschlechterordnung die Unterordnung von Frauen und die Dominanz von Männern die wichtigste Achse der Macht" (Meuser 2006; S. 125) markiere. Allerdings bedürfe es seiner Ansicht nach dazu „einer Revision des Begriffs der hegemonialen Männlichkeit bzw. einer begrifflichen Unterscheidung einer gesellschaftlichen Suprematie des männlichen Geschlechts einerseits und von hegemonialer Männlichkeit als generativem Prinzip der Konstruktion von Männlichkeit andererseits" (ebd.). Beides werde nicht nur in der Rezeption des Konzepts der HM, sondern auch bei Connell selbst nur unzureichend differenziert.

Deshalb plädiert er – anknüpfend an Bourdieus (1987; S. 279) Bestimmung des Habitus als „System generativer Schemata von Praxis" – für „ein habitustheoretisches Verständnis von hegemonialer Männlichkeit als generativem Prinzip" (Meuser

2006; S. 126.). Seiner Lesart von HM zufolge bezeichnet diese „das Erzeugungs-
prinzip eines vom männlichen Habitus bestimmten doing gender bzw. doing masculinity [...] und nicht die Praxis selbst" (ebd.; S. 123). Zwar werde Männlichkeit
„im Modus der Hegemonie hergestellt" (ebd.). Das Ergebnis dieses Herstellungs-
prozesses sei „aber nicht notwendigerweise und nicht einmal überwiegend" (ebd.)
die Konstitution einer HM, vielmehr werde diese sogar „als institutionalisierte Praxis in aller Regel eher verfehlt" (ebd.), was von Connell/Messerschmidt (2005; S.
836 ff.) ebenfalls so gesehen wird. Im Anschluss an Bourdieu hebt Meuser jedoch
hervor, dass auch der Herstellung untergeordneter Männlichkeiten das gleiche generative Prinzip zugrunde liege. So agierten selbst „diejenigen, die in diesen Macht-
spielen unterliegen, [...] dadurch, daß sie sich auf diese Spiele einlassen – und sich
einlassen heißt vor allem, die Spielregeln zu akzeptieren –, gemäß der Logik des
generativen Prinzips der hegemonialen Männlichkeit. Ihr ‚Spielsinn' ist nicht weniger als derjenige der Überlegenen von diesem Prinzip durchdrungen" (Meuser 2006;
S. 126f.).

Vor diesem Hintergrund konzentrieren sich Meusers soziologische Analysen in
erster Linie auf die „homosoziale", „interne" Dimension. Schon nicht mehr in seinen
Blick kommen kann so, dass bspw. die Spannungen zwischen Vätern und Söhnen –
wie Connell/Messerschmidt hervorheben – ja gerade auch durch die einseitige
Kinderversorgung seitens der Frauen induziert werden. Möglicherweise in Unkennt-
nis von Bourdieus (1997; 2005) eigenen Arbeiten zum männlichen Habitus wirft
Lothar Böhnisch Meuser darüber hinaus vor, er nehme eine „entscheidende und
folgenreiche Reduktion in Kauf, wenn er den bourdieuschen Habitusbegriff, der
sich bei diesem ja vornehmlich auf die Klassenlage bezieht, auf das Geschlecht und
hier vor allem die Dimension der (freilich gesellschaftlich versicherten) Geschlechtsidentität überträgt" (Böhnisch 2003; S. 97). Ähnlich wie Brandes (2002),
„der ihn psychologisch verkürzt an ‚soziale Gruppen' rückbinde[]" (Böhnisch 2003;
S. 97), schneide Meuser diesen Begriff so „von seiner sozialökonomischen Hinter-
grundstruktur und deren Entwicklungsgesetzlichkeit ab" (ebd.) und belasse ihn
damit „auf der sozialkonstruktivistischen Vorderbühne" (ebd.).

Während aus einer hegemonietheoretischen Sichtweise in der Tradition von
Gramsci Böhnischs Argumentation mit einer „Entwicklungsgesetzlichkeit" nicht
ganz unproblematisch ist (s.u.), kann aus dieser Perspektive seinem „Sozialkon-
struktivismus-Vorwurf" durchaus zugestimmt werden. So steht Meusers habitustheoretisches Verständnis von HM in Gefahr, die von Gramsci hervorgehobenen –
und in seiner Nachfolge von Connell dann auf die Analyse von Geschlechterverhältnissen bezogenen – politischen Aspekte der Analyse von in bestimmten soziokulturellen Praktiken und Institutionen sich artikulierenden gesellschaftlichen
Macht- und Interessenkonstellationen aus dem Blick zu verlieren.

Entsprechend haben Connell/Messerschmidt (2005; S. 838) nachdrücklich auf
die Bedeutung einer solchen durchaus auch strukturellen Ebene der Absicherung

und Reproduktion HM verwiesen. Diese scheint für sie von besonderer Bedeutung, gerade um psychologisierenden Deutungen des Konzeptes HM (vgl. z.B. auch Eggert-Schmidt Noerr 2005) vorzubeugen, die auf die zirkuläre Argumentation hinausliefen, aus dem konkreten Verhalten von Männern ein Maskulinitätsmodell herauszudestillieren, welches dann wiederum zur Erklärung ihres Verhaltens herangezogen werde. Bereits in ihrem frühen Aufsatz hatten Carrigan/Connell/Lee (1985; S. 590f) darauf insistiert, dass die soziale Definition der Männlichkeit in die Dynamik solcher Institutionen eingebettet sei, wie die des Staates, der Betriebe, der Gewerkschaften und eben auch der Familien.

Mit Messerschmidt zusammen hat Connell (2005; S. 841) aber ebenso nachdrücklich davor gewarnt, ihre Betonung solch struktureller Verankerungen HM mit Universalisierung und Enthistorisierung zu verwechseln. Zwar verweisen die beiden (ebd.; S. 843) gegenüber einer weitergehenden Diskursivierung HM auf Grenzen, wie sie nicht nur durch ökonomische und institutionelle Strukturen, sondern gerade auch durch deren Sedimentierung im Körper sowie durch vor-reflexive Elemente persönlicher und familiärer Bindungen gesetzt würden. Ebenso entschieden wenden sie sich jedoch gegen einen verbreiteten Funktionalismus in der Gender-Diskussion, nach dem HM ein sich selbst reproduzierendes System sei. Bourdieus Gender-Analyse, die „nicht-diskursive" Aspekte in sein Habitus-Konzept integriert, beziehen sie explizit in diese Kritik mit ein (vgl. ebd.; S. 844).

Allerdings halten Michael Meuser und Cornelia Behnke diesen Funktionalismus Vorwurf an Bourdieu für relativierbar, besteht für sie der „wesentliche Unterschied zwischen Connells und Bourdieus Verständnis des Verhältnisses von ‚agency' und ‚structure'" (Meuser/Behnke 1998; S. 23) doch darin, dass „der eine den ersten Pol, der andere den zweiten Pol stärker akzentuiert" (ebd.). Von daher mag verständlich sein, dass Böhnisch an einer in dieser Weise vorgenommenen Verbindung HM mit Bourdieus Konzept eines ‚männlichen Habitus' kritisiert, sie setze „eine Entsprechung von sozialem Handeln und ökonomisch-gesellschaftlicher Struktur einfach voraus" (Böhnisch 2003; S. 68) obwohl sich doch in der gegenwärtigen „Entwicklung zum digitalen Kapitalismus [...] lebensweltliche und systemische Sphären deutlich"(ebd.) voneinander entkoppelten. Verwunderlich ist jedoch, dass er auch Connell selbst in diese Kritik mit einbezieht.

So kritisiert Lothar Böhnisch, dass um jene in der „Wechselbeziehung von Handeln und Struktur" (2003; S. 69) steckende „Spannung aufzuschließen" (ebd.), es nicht genüge, „die historischen Wandlungen der Handlungsmuster und ihrer Institutionalisierung zu verfolgen – wie dies zum Beispiel im Hegemonialkonzept von Connell geschieht" (ebd.). Vielmehr gelte es „auch die Entwicklung und Veränderung der ökonomisch-gesellschaftlichen Hintergrundstrukturen zu betrachten, vor denen – und in Spannung zu ihnen – sich soziales Handeln entfaltet" (ebd.). Wenngleich Connells „Hegemonialparadigma [...] die strukturelle Dimension der Institutionalisierung [...] und ihre Rückbindung an ökonomische und politische

Machtverhältnisse" (ebd.; S. 97) betone, klopfe es doch nur „an die Tür zur strukturalen Hinterbühne" (ebd.) und verbleibe „in den Grenzen einer kulturellen Modernisierungstheorie, die den ökonomisch-gesellschaftlichen Strukturkern der Entwicklung der Geschlechterverhältnisse nicht erreichen, nur seine lebensweltlichen und institutionellen Entsprechungen und Variationen beschreiben kann" (ebd.).

Dazu ist zunächst einmal anzumerken, dass die Kategorien „System" und „Lebenswelt" bei Habermas (1981 Bd. II, S. 179) als zwei unterschiedliche analytische „Perspektiven" eingeführt werden, die sich hier jedoch bei Böhnisch zu eigenständigen gesellschaftlichen Sphären verselbständigt zu haben scheinen. Demgegenüber ging es Gramsci in seiner Hegemonietheorie gerade umgekehrt darum, solche Unterscheidungen zu überwinden – bspw. mit seinem Begriff der „Zivilgesellschaft" –, und diese Intention hat Connell in seinem Konzept HM bezüglich einer Analyse der Geschlechterverhältnisse und -politiken explizit aufgegriffen. Und auch Böhnischs (vgl. 2001; S. 95f. bzw. 2003, S. 77f.) auf Habermas theoriestrategischer Unterscheidung von System und Lebenswelt sich gründende These einer Entkopplung von System und Lebenswelt, der zufolge „die Menschen" nun „ökonomisierten Machtstrukturen ausgesetzt" seien, die „für sie nicht mehr überschaubar und beeinflussbar" wären, ist mit einer Hegemonietheorie nur schwerlich zu vereinbaren.

Wenngleich Böhnisch vom „Digitalen Kapitalismus" redet und nicht von Neo-Liberalismus, wäre mit Gramsci daran festzuhalten, dass auch das so Bezeichnete – ähnlich wie der Liberalismus, den Gramsci selbst analysiert hatte – „eine ‚Regulierung' staatlicher Natur ist, eingeführt und aufrechterhalten auf dem Wege der Gesetzgebung und des Zwanges: er ist eine Tatsache des sich der eigenen Ziele bewussten Willens und nicht der spontane, automatische Ausdruck der ökonomischen Tatsache" (B7, H13, §18, S. 1566f.). Denn ähnlich wie hinter dem von Gramsci untersuchten Liberalismus verbirgt sich auch hinter Böhnischs „digitalem Kapitalismus" hegemonietheoretisch betrachtet „ein politisches Programm, dazu bestimmt, bei seinem Triumph das Führungspersonal eines Staates und das Wirtschaftsprogramm des Staates selbst auszuwechseln, das heißt, die Verteilung des Nationaleinkommens zu verändern" (ebd.).

Dies ist in den letzten Jahren mit dem Ende jener Gesellschaftsformation, die Gramsci als Fordismus bezeichnet hat, in enormen Maße passiert, und sicher – das sei Böhnisch (vgl. 2001; S. 94; 2003; S. 76) zugestanden – haben an diesem Programm „auch Frauen zunehmend […] partizipieren […] können". So ist die Frauenerwerbstätigenquote, die im Zeitraum von 1960 und 1970 noch zwischen 46% und 48% lag, seither kontinuierlich auf 64% im Jahre 2007 gestiegen, und liegt damit nur etwas über 10% niedriger als die der Männer (BMAS 2008; S. 68). Dies hat sicher zum einen seinen Grund darin, dass in den ökonomischen Krisen seit Mitte der 1970er Jahre sich das mit einem Familienlohn sowie hohen Sozialausgaben verbundene „Ernährermodell" für die Kapitalverwertung als zunehmend unrentabel erwiesen hat und zugleich mit einem Anwachsen des Dienstleistungssektors auch Qualifikationen der weiblichen Arbeitskräfte unter Verwertungsgesichtspunkten interessanter wurden. Hegemonietheoretisch betrachtet geriet jedoch auch die ideologische Akzeptanz des auf diese Weise konstituierten Modells geschlechtshierarchischer Arbeitsteilung im Zusammenhang mit der zweiten Welle der Frauenbewegung zunehmend ins Wanken.

Von Lothar Böhnisch (vgl. 2001; S. 94f. & 2003; S. 77) sind diese Veränderungen dahingehend zu theoretisieren versucht worden, dass der „dialektische Prozess" einer „historische[n] Verschmelzung von patriarchalem Herrschaftsprinzip und kapitalistischem Waren- und Wachstumsprinzip" eine sich nun im „digitalen Kapitalismus" „systemisch verselbständigende" „Struktur" hervorgebracht habe, „die beides und mehr umfaßte: Die Struktur der Externalisierung" (2001; S. 95) als „Abwertung des Innen und der Natur" (Böhnisch 2003; S. 77) sowie „des Schwächeren" (ebd.). „Patriarchales und kapitalistisches Prinzip" als in diesem „dialektischen Sinne zueinander in Spannung stehende Teilprinzipien des übergeordneten Strukturprinzips der Externalisierung" (ebd.), hätten jedoch zunehmend „ihre Eigenheiten und Eigenkräfte im Verlauf der Umwälzung der historischen Struktur entwickeln" (ebd.) können. „Gerade heute" hätten sich die „Eigenkräfte" des „ökonomischen Prinzips [...]" von den konkreten Männern" (ebd.) gelöst und seien „nicht mehr auf sie (in der Masse) angewiesen" (ebd.). Von daher stelle auch nicht HM „das zentrale Strukturprinzip der modernen Vergesellschaftung des Mannes dar, sondern das Strukturprinzip der Externalisierung, das diesem übergeordnet und in dem hegemoniale Männlichkeit ein (bedeutendes) Segment ist" (Böhnisch 2003; S. 76). So habe die „neue Ökonomie" „das geschlechtsindifferente globale Leitbild des ‚abstract worker' [...] hervorgebracht, [...] das von Männern und Frauen gleichermaßen besetzt" (Böhnisch 2001; S. 97) werden könne.

Zwar muss auch für Böhnisch „machttheoretisch erklärt werden" (ebd.), „dass es überwiegend noch Männer sind" (ebd.), die dieses globale Leitbild des ‚abstract worker' „öffentlich besetzen" (ebd.). „Wie auch in der früheren Geschichte" (ebd.) sieht er dabei „die Männerbünde der ‚old boys', die sich immer dann neu formieren, wenn sie Frauenmacht existentiell spüren" (ebd.), am Werk. Allerdings liegt dies für ihn „auf einer anderen Ebene" (ebd.). Denn aus seiner (2003; S. 31) Perspektive hat sich das „männliche Prinzip der Externalisierung" als „hegemoniale Logik" im „Digitalen Kapitalismus" nicht nur „von den konkreten Männern gelöst" und bedürfe auch nicht mehr „der massenweisen Verkörperung" durch die Gruppe der Männer. Vielmehr sei es in seiner „systemischen Verselbständigung" sowohl „global auf die Spitze getrieben" (ebd.) und „mit der prinzipiellen Möglichkeit der Abkopplung der Ökonomie von der menschlichen Praxis"(2001; S. 97) – was immer er damit auch meinen mag – zugleich ein „virtuelles Prinzip" geworden.

Vor diesem Hintergrund liest sich die folgende Kritik Gramscis – obwohl eineinhalb Jahrhunderte zuvor formuliert – als ob sie direkt auf Böhnischs „Externalisierungsparadigma" und seine Analyse dessen, was er als „digitalen Kapitalismus" bezeichnet, ziele. Gramsci schreibt im § 52 des 11. Gefängnisheftes: „Nachdem er [und dieses ‚er‘ könnte meiner Ansicht nach durchaus auch für Lothar Böhnisch stehen d.A.] diese entscheidenden und dauerhaften Kräfte und ihren spontanen Automatismus (das heißt ihre relative Unabhängigkeit von den individuellen Willen und von den willkürlichen Regierungseingriffen) beobachtet hatte, verabsolutierte der Wissenschaftler hypothetisch den Automatismus selbst, isolierte die rein ökonomischen Fakten von den mehr oder minder wichtigen Verbindungen, in denen sie wirklich auftreten, […] und erstellte so ein abstraktes Schema einer bestimmten ökonomischen Gesellschaft" (B6, H11, §52; S. 1465f.). Und auch die von Gramsci angefügte Klammer – „(diese realistische und konkrete wissenschaftliche Konstruktion wurde in der Folge überlagert von einer neuen, verallgemeinerteren Abstraktion des ‚ahistorischen‘, gattungsmäßigen ‚Menschen‘ als solchen") (ebd.) – scheint wie auf Böhnisch gemünzt zu sein, wenn dieser schreibt, dass sich „die männliche Seite des Geschlechterverhältnisses, so wie sie sich historisch-gesellschaftlich entwickelt hat, nicht nur als soziologische Konstruktion sondern genauso – und darin das Soziale stets relativierend – als kulturanthropologische Verstrickung darstellt" (Böhnisch 2001; S. 46).

Diese von Böhnisch – im Anschluss an Arno Gruen (1992) – vor allem an der Gebärunfähigkeit festgemachte „kulturanthropologische […] Benachteiligung des Mannes" (Böhnisch 2001; S. 48) konnte seiner Ansicht nach bisher „gesellschaftlich mediatisiert[]" (ebd.) werden. Hier sieht er nun entscheidende Veränderungen. So sei „die neue Externalisierung […] nicht länger gefühlsfeindlich, sondern emotional angereichert, das Innen wird vom Außen nicht mehr zurückgedrängt, scheint viel mehr in ihm aufzugehen" (ebd.; S. 105). In dieser Weise lasse „das hegemoniale Strukturprinzip der Externalisierung […] die weibliche Beziehungsmacht gesellschaftsfähig werden und in eine bisher nicht gekannte Relation zur Ökonomie treten" (2003; S. 77).

„Mit der Zulassung und Kultivierung des Vereinbarkeitsdiskurses" (2001; S. 44) zwischen Familie und kapitalistischer Produktionstätigkeit wurde aus Böhnischs Sicht sogar „die Voraussetzung für das Entstehen einer weiblichen Hegemonialität geschaffen" (ebd.; S. 44f.). Gestalt gewinnt diese für ihn in der „gut ausgebildete[n] Frau mit Berufsoption, die ihre Kinder- und Familienphasen selber steuert, die ihr Muttersein im modernen Haushaltsmanagement aufgehen und ihre Konsumorientierung nicht mehr feministisch denunzieren lässt und die den Mann eher funktional denn hierarchisch betrachtet" (ebd.; S. 45).

Nicht genug, sieht Böhnisch „in dieser neuen weiblichen Hegemonialität, die mit der männlichen korrespondiert, […] die Frauen, auch wenn sie sich längst in das männliche Prinzip des Industriekapitalismus eingelebt und dieses auch für sich interpretiert haben, etwas den Männern voraus[haben], das wiederum ihr subjektives Überlegenheitsgefühl stärkt und durchaus als ‚weibliche Dividende‘ bezeichnet werden kann. Sie können ihre Naturkarte ausspielen: Frauen haben es nicht nötig, sich so in der externalisierten Massenproduktionsgesellschaft verheizen zu lassen. Das können die Männer für sie machen. [...] Frauen können sich dieser Gesellschaft entziehen, ihre Gebärmacht hat in der Spätmoderne einen hegemonialen Bezug erhalten" (ebd.).

Und gerade hier sieht er auch die Grenzen des – wie er es nennt – „Hegemonialkonzeptes", das „im Grunde nur die Seite der Hegemonialität von Männlichkeit, nicht aber die Seite der männlichen Verfügbarkeit, der abhängigen Verstrickung des Mannes in den industriekapitalistischen Verwertungsprozess aufschließen kann" (ebd.; S. 62). Ja, in seiner Perspektive wird „das Hegemonialkonzept selbst zum *Verdeckungszusammenhang* [...], weil [...] Fragen struktureller Gewalt, unter der Männer leiden (‚Männer als Opfer') [...] nicht mehr thematisiert werden können" (ebd.).

Böhnisch sieht nun das, was er „abhängige [] Verstrickung des Mannes in den industriekapitalistischen Verwertungsprozess (ebd.) nennt, sich „lebensweltlich" eher als „Bedürftigkeit umsetzen, denn als geschlechtshierarchisches Dominanzstreben, wie es bisher Dank der Entsprechung von patriarchaler bis hegemonialer Gesellschaftsstruktur und dominanter männlicher Habitusform der Fall sein konnte" (ebd.; S. 84). Auch die „partriarchale Dividende" werde „als ritualisierte und so formalisierte Selbstverständlichkeit aus dem Alltag sozialer Interaktion verdrängt" (ebd.) und aktiviere sich – nur mehr „verdeckt – über Bedürftigkeiten" (ebd.). Was immer er so auch als ‚patriarchale Dividende' bezeichnen mag, mit dem Connell-schen Begriff dürfte dies nicht mehr allzu viel zu tun haben.

Zur Analyse des gegenwärtigen Verhältnisses von Frauen- und Familienpolitik aus hegemonietheoretischer Sicht

Zweifellos gibt Böhnisch damit auch dem Thema dieses Bandes, „Frauenpolitik in Familienhand", eine ganz eigene Wendung. Und er stellt damit die nicht nur im Konzept HM, sondern auch nahezu allen feministischen Theorien vertretene Grundauffassung auf den Kopf, wonach die Zuweisung der Reproduktion der Gattung und der Ware Arbeitskraft an eine von Frauen in der Privatheit der Familie zu lösende Aufgabe den Kern der kapitalistisch-industriegesellschaftlichen Geschlechterordnung darstellt.

Umgekehrt scheinen vor dem Hintergrund dieser Arbeiten Lothar Böhnischs „kulturanthropologische" Spekulationen doch etwas kühn, konnten doch gerade historisch angelegte Studien zeigen, dass Ehe und Familie als natürliche und sittliche Bestimmung der Frau erst „in dem Augenblick anhand einer Reihe von erstrebenswerten Eigenschaften definiert (worden sind d.A.), als in den sich herausbildenden außerfamilialen Gesellschaftsstrukturen und für den unter diesen Strukturen zum Reüssieren verpflichteten Mann eben diese Eigenschaften jeglichen Wert verloren und als Störfaktoren eliminiert wurden" (Hausen 1978; S. 172).

Auch heute werden in dem, was Böhnisch „digitalen Kapitalismus" nennt, wieder traditionelle Formen sozialer Sicherung und Wohlfahrt, wie die Familie – und mithin unbezahlte bzw. schlecht bezahlte Arbeit von Frauen – unter dem Vorzeichen mobilisiert, diese seien „humaner" als eine entsprechende staatliche Infrastruktur. So verbirgt sich hinter den euphemistischen Begriffen von Subsidiarität und Eigenverantwortung vor allem im Bereich der Pflege schlicht eine Refamiliarisierung der dort nahezu ausschließlich von Frauen geleisteten Arbeit. Solch unbezahlte Arbeit übertraf mit einem Gesamtvolumen von 96 Mrd. Stunden in der BRD auch 2001 noch die insgesamt 56 Mrd. Stunden Erwerbsarbeit um das 1,7 fache und wurde mit 31 Stunden pro Woche hauptsächlich von Frauen geleistet. Während Männer nur 19,5 Stunden/Woche unbezahlt arbeiteten, verwandten sie auf Erwerbsarbeit, einschließlich Arbeitssuche und Wegezeiten, im Schnitt 22,5 Stunden in der Woche, Frauen jedoch lediglich 12 Stunden (BMFSFJ/Statistisches Bundesamt 2003; S. 11).

Zwar hat die strikte Trennung der Sphären von Produktion und Reproduktion bekanntlich nur im Bürgertum so funktioniert. Und so leben auch heute in der BRD nur noch 35% aller Paare mit Kindern unter 15 Jahren allein vom Vater als Familienernährer (Statistisches Bundesamt 2008; S. 18), haben doch sinkende Reallöhne dazu geführt, dass sich nicht nur Einkommensschwache dieses Modell nicht mehr leisten können. Im ideologischen Überbau unserer Gesellschaft jedoch, oder – wie Gramsci sagen würde – in deren „Superstruktur", hat sich das Ideal des Mannes als Ernährer und Oberhaupt der Familie gehalten unabhängig davon, in wie weit es realisiert werden konnte. Dass sich an dieser für HM konstitutiven Ideologie auch heute noch nicht viel geändert hat – obwohl ihr mittlerweile vielfach die ökonomische Grundlage entzogen ist – zeigt Sylka Scholz´ (2004) Studie über ostdeutsche Männer ebenso deutlich wie Michael Meusers Gruppendiskussion mit Facharbeitern (2006; Kap. 7.2). Trotzdem diese Männer in diesen Studien sogar selbst thematisieren, dass zumindest in ihrem sozialen Milieu der Mann nicht mehr derjenige sei, der allein oder überwiegend das Familieneinkommen sichere, halten sie an der hegemonialen Selbstdefinition als Ernährer der Familie fest.

Zurecht weist Michael Meuser – sein habitustheoretisches Verständnis HM überschreitend – im Hinblick auf die „*externe*" Dimension HM daraufhin, dass dieses Ideal „in früheren Generationen" (2008; S. 3) auch von den „Ehefrauen in hohem Maße mitgetragen wurde". Zwar bevorzugt nach einer Untersuchung des Instituts für Arbeitsmarkt- und Berufsforschung nur jede siebte Mutter mit Kindern unter 9 Jahren heute noch das Familien-Ernährer-Modell. Ein Vollzeit-Vollzeit-Modell der Ehepartner wollen allerdings auch nur 20% von ihnen. Die Mehrheit präferiert das Modell Vollzeit (= Mann) / Teilzeit (= Frau). Allein schon aus diesem Grund scheint somit nicht verwunderlich, dass von der Bundesregierung unter dem Stichwort „Vatermonate" erfolgreich eine Teilung der Elternzeit nach dem Modell 12 Monate Mütter + 2 Monate Väter propagiert wird. So beantragen nach jüngsten

Zahlen des Statistischen Bundesamtes von 2007 von den mittlerweile immerhin 9,7% der Väter, die sich für eine Elternzeit entscheiden, über die Hälfte (53%) eine Elternzeit von zwei Monaten, während dies in Umkehrung des Modells bei den Müttern nur etwa ein Prozent sind.

Auf den ersten Blick scheint dies Böhnischs These der „weiblichen Dividende" zu stützen. Dies um so mehr, als in den Interviews, die Patrick Ehnis (2008) mit jungen Vätern geführt hat, die eine Elternzeit genommen haben, zahlreiche Beispiele thematisiert werden, wie Frauen gerade in Bezug auf „Stillen" und Kleinkindbetreuung – in den Worten von Böhnisch – „ihre Naturkarte ausspielen" (2001; S. 45). Patrick Ehnis ist jedoch weit davon entfernt, dies wie Böhnisch als „weibliche Dividende" zu interpretieren. Vielmehr weist er nachdrücklich daraufhin, dass mit Blick auf „die Dimension der Macht [...] Männer Frauen von beruflichen Positionen und Hierarchien ausschließen, während Frauen ein formal nicht-hierarchisch gegliedertes Machtfeld ohne soziale Aufstiegschancen ‚verteidigen'. Männern steht der Zugang zur Elternzeit formal jederzeit offen und sie können ‚Frauenräumen' weitgehend aus dem Weg gehen" (Ehnis 2008; S. 60f.). So ließen sich aus Ehnis Perspektive entsprechende „Ausschlüsse von Männern aus den ‚privaten Sorgearbeiten' [...] schwerlich als Teil eines gesellschaftlichen Herrschaftsverhältnisses von Frauen über Männer beschreiben und zwar in erster Linie deshalb, weil es schlicht die realen Machtverhältnisse zwischen ‚privat' und ‚öffentlich' in modernen Gesellschaften verkennen würde" (ebd.; S. 64).

Vor diesem Hintergrund erscheint es mehr als schlüssig, wenn Ehnis jene „Formen geschlechtsbezogener Praktiken und Zuschreibungen, welche die Präsenz von Müttern (statt von Vätern) bei der Kinderbetreuung sichern und für die Unterordnung und Hierarchisierung abweichender Erziehungspraktiken auch von anderen Frauen genutzt werden können" (ebd.), als „hegemoniale Mütterlichkeit" bezeichnet. Ähnlich wie Connell (vgl. 1987; S. 183), der das soziale Konstrukt einer ‚betonten Weiblichkeit' – verbunden mit Zuschreibungen wie sanftmütig, passiv, fürsorglich, verletzlich, schwach, häuslich – als komplementäres Gegenstück HM zu konzipieren versucht hat, beschreibt auch Ehnis zunächst einmal „hegemoniale Mütterlichkeit" auf gesellschaftlicher Ebene „als *ein* weibliches Pendant" (2008; S. 64) und zugleich „Kehrseite" (ebd.) HM. Kornelia Hauser (2001) spricht in diesem Zusammenhang von einer „unterworfenen hegemonialen Weiblichkeit" deren „konstruierte[r] und imaginäre[r] Kern [...] mit der generativen Fähigkeit von Frauen und deren sozialer – aber naturalisierter – Folgen gebildet" (ebd.) werde, in Verbindung mit einer „Mythologisierung des Ortes, an dem Frauen sich wesentlich aufzuhalten haben" (ebd.): der Familie. Dass einzelne dieser Elemente historisch durchaus unterschiedlich akzentuiert wurden, sieht sie „gesellschaftlichen Widersprüchen geschuldet". So interpretiert sie das, was sie „unterworfene hegemoniale Weiblichkeit" nennt, ganz im Sinne Gramscis – und in seiner Folge auch Connell –

als „ideologische Lösung eines vorfindlichen Problems" (ebd.), dessen Grund sie „in der gesellschaftlichen Aufgabe der Reproduktion der Gattung" (ebd.) ausmacht. Wie dieses Problem sich heute für die Bundesrepublik darstellt, lässt sich besonders gut anhand des Entwurfes einer als „nachhaltig" bezeichneten Familienpolitik ablesen, wie er von Bert Rürup und Sandra Gruescu (2003; S. 52ff.) in einem für das Bundesfamilienministerium verfassten Gutachten ausformuliert wurde. Zwar könne der vorhergesagte drohende Arbeits- und Fachkräftemangel kurzfristig nur durch eine Erhöhung der Frauenerwerbstätigenquote versucht werden abzumildern. Vor allem gelte es jedoch, durch Steigerung der Geburtenrate der drohenden Beeinträchtigung des Sozialprodukts durch den Bevölkerungsrückgang entgegenzuwirken. Vor diesem Hintergrund setzt die von Rürup/Gruescu vorgeschlagene Familienpolitik in erster Linie auf „Formen kostengünstiger familiärer oder halbfamiliärer Betreuungsarbeiten durch steuerliche Absetzungsmöglichkeiten (Kinderbetreuungskosten), staatliche Transferzahlungen (Kinder- und Elterngeld), gesetzliche Regulierungen (Unterhaltszahlungen für Kinder statt für Ehefrauen) sowie Kindertagespflege bei schlecht bezahlten Tagesmüttern" (Winker 2009).

Diese mit Gramsci auf der Ebene der „Superstruktur" zu verortenden staatlichen Regulierungsbemühungen korrespondieren mit einem gegenwärtig vielfältig konstatierten (Pfau-Effinger 2000; Becker-Schmidt 2003) normativen Wandel „von der Vollzeitmutter zur teilzeitberufstätigen Mutter" (Ethnis 2008; S. 65). Seine „ökonomische Basis" findet dieser – wie bereits erwähnt – darin, dass sich das mit einem Familienlohn sowie hohen Sozialausgaben verbundene „Ernährermodell" des Fordismus für die Kapitalverwertung als zunehmend unrentabel erwiesen hat und mit dem Bedeutungsgewinn des Dienstleistungssektors für das Kapital auch Qualifikationen der weiblichen Arbeitskräfte unter Verwertungsgesichtspunkten interessanter wurden. Und so ist es mit Blick auf diese Veränderungen in der ökonomischen Basis auch nicht verwunderlich, dass Unternehmen die Geschlechterfrage vor allem in einer ökonomischen Terminologie thematisieren und den „return of investment" genau berechnen, den familienfreundliche Maßnahmen und Programme zu erbringen versprechen. Da diese sich bisher fast ausschließlich an Frauen bzw. Teilzeitmütter adressieren, wird deren Zuständigkeit für das „Vereinbarkeitsmanagement" (Behnke/Meuser 2005) gleichsam doppelt reproduziert: individuell durch die betroffenen Frauen und institutionell durch eine entsprechende Adressierung solch unterstützender Maßnahmen.

Vor diesem Hintergrund erscheint es geradezu zynisch, wenn Böhnisch die Tatsache (vgl. BMfFSFJ 2005a; S. 12), dass lediglich 27% (in den neuen Bundsländern: 32,4%) der Mütter mit Kinder unter drei Jahren einer Berufstätigkeit nachgehen – Vollzeit sogar nur 6,3% (im Osten 16,3%) – als „weibliche Dividende" (2001; S. 45) bezeichnet. Dass von allen Männern junge Väter im Durchschnitt die höchsten Erwerbsquoten und Arbeitszeiten (vgl. BMfFSFJ 2005b; S. 288f.) aufweisen, mag zwar mit Böhnisch auch als ein „Verheizen" dieser jungen Männer „in der

externalisierten Massenproduktionsgesellschaft" (2001; S. 45) gedeutet werden können. Dass in dieser Weise in den Zeiten nach einer Geburt „das materielle Wohlergehen der familialen Gemeinschaft weiterhin vorrangig an das Einkommen des
Vaters gebunden ist" (Meuser 2008; S. 3), verweist aber in erster Linie auf die „patriarchale Dividende" einer nach wie vor höheren Bezahlung von Männern in unserer Gesellschaft, selbst wenn sie dem gleichen Beruf nachgehen. So liegt der durchschnittliche Bruttostundenverdienst von Frauen in der BRD nach wie vor um 24%
unter dem durchschnittlichen Bruttostundenverdienst von Männern.[1]

Allerdings glaubt Michael Meuser eine Tendenz zur „Entkopplung von ökonomischer Lage und familialer Entscheidungsmacht" (2008; S. 3) beobachten zu
können, wonach Männer ihre „ökonomische Dominanz nicht mehr bruchlos in
eine hegemoniale Männlichkeitsposition in der Familie ummünzen" (ebd.) könnten.
So ist er doch der Ansicht, dass „männliche Hegemonieansprüche in Partnerschaft
und Familie" (ebd.) gegenwärtig „eine diskursive Entlegitimisierung" (ebd.) erführen und bringt damit erneut implizit zum Ausdruck, dass eine Analyse HM doch
schwerlich an der heterosozialen Dimension *„externer"* Hegemonialität vorbei
kommt.

Ethnis verweist in diesem Zusammenhang nicht bloß auf entsprechende
Rückwirkungen, die solche historischen Veränderungen hegemonialer Weiblich-
keitsentwürfe „von der Vollzeitmutter zur teilzeitberufstätigen Mutter" (2008; S. 65)
auf (hegemoniale) Männlichkeiten ausüben. Er zieht daraus zugleich die weitergehende Konsequenz, „Weiblichkeit [...] nicht *ausschließlich* als Reflex [...] auf männliche Herrschaft zu beschreiben" (ebd.), wie dies Connell's (1987; S. 183) Begriff von
„emphazised femininity", Kornelia Hauser's (2001) Begriff einer *„unterworfenen hegemonialen Weiblichkeit"* oder Bourdieu's (2005; S. 78) Begriff der *„Komplizinnenschaft"*
nahe legt. Vielmehr plädiert er dafür, sie „als ein eigenes Machtfeld ernst zu nehmen, das auch gesamtgesellschaftlich wirkt" (Ehnis 2008; S. 65).

Zur Notwendigkeit einer weiteren Reformulierung des Konzeptes HM – insbesondere im Hinblick auf Familie

Aufgeworfen ist durch diese Diskussion um eine Theoretisierung entsprechender
Frauenmacht die Frage, ob und wie – insbesondere mit Bezug auf Familie – Geschlechterverhältnisse und mit ihnen verbundene Interessenskonstellationen sich
noch innerhalb eines Konzeptes thematisieren lassen, dass ja in „Analogie" (Mes-
serschmidt/Connell 2005; S. 832) zu Gramscis klassen- und staatstheoretischen
Begriff der Hegemonie entwickelt wurde. Das Attraktive an diesem theoretischen

---

[1]   http://www.destatis.de/jetspeed/portal/cms/Sites/destatis/Internet/DE/Content/Statistiken/
Verdienste Arbeitskosten/Aktuell__2,templateId=renderPrint.psml

Transfer war sicherlich die Flexibilität und Multidimensionalität des Begriffs hegemonialer Herrschaft, die es erlaubte, die beständigen Verlagerungen und Verschiebungen von Machtverhältnissen zu fassen. In Verbindung mit dieser historischen Unabgeschlossenheit und der aktiven Beteiligung der untergeordneten Gruppe gerieten auch Verwicklungen und Alltagsprobleme der Produktion und Reproduktion von Macht in den Blick, die in den traditionellen Macht- und Herrschaftstheorien wenig Beachtung fanden, für eine Analyse von Geschlechterverhältnissen aber unabweisbar sind.

Nun gibt es in der Geschlechterforschung eine sehr lebhafte Debatte darüber (vgl. May 1996; Kap. 4.1), ob sich das Geschlechterverhältnis als Klassenverhältnis thematisieren lässt – und wenn ja – wie. Diese soll und kann hier nicht noch einmal eigens aufgerollt werden. Diejenigen, die dies generell befürworten, verweisen unter anderem darauf, dass „Doppelmitgliedschaften" (Tyrell 1986; S. 469) in den beiden Geschlechterklassen ausgeschlossen seien. Diejenigen, die dies generell bezweifeln, argumentieren, dass im Unterschied zum Widerspruch zwischen den ökonomischen Klassen der zwischen den Geschlechtern „kein antagonistischer" (Theweleit 1980 Bd. 1; S. 177) sei und somit „nicht in *jeder* gemeinsamen Arbeit [...] die Unterdrückung notwendig schon enthalten sein" (ebd.) müsse – oder, wie es Gerhard Vinnai formuliert hat: „Herren und Kapitalisten sind in einer vernünftig organisierten Gesellschaft überflüssig, Männer nicht ohne weiteres" (1977; S. 128).

Dies verweist darauf, dass im Unterschied zu Klassenverhältnissen, die ungleich stärker an das Medium öffentlicher Auseinandersetzung gebunden sind, Geschlechterverhältnisse sich in einem Kontinuum von Öffentlichkeit über Privatheit bis hin zur Intimität bewegen. Damit weisen sie eine Struktur auf, die sie von allen anderen Herrschaftsverhältnissen deutlich unterscheidet. Zwar beansprucht das Konzept der HM von Anfang an (vgl. Carrigan/Connell/Lee 1985; S. 590f) nicht nur die geschlechtshierarchische Arbeitsteilung und die Machtstruktur, sondern auch die soziale Organisation der Sexualität und Attraktionen analysieren zu können, was Connell (2000) später noch einmal nach Symbolisierungen und emotionalen Bindungsmustern / libidinösen Besetzungen ausdifferenziert hat. Es ist aber sehr die Frage (vgl. Kontos/May 2008; S. 7), ob der Begriff der Hegemonie auch diese von Connell zuletzt angesprochenen emotionalen Beziehungsverhältnisse zu fassen vermag, in der die Partner u.a. in Liebe miteinander verbunden sind – oder eben nicht. Zumindest dürften die Mechanismen, mit denen in solchen intimen wie auch familiären Beziehungsverhältnissen Interessen verfolgt werden und Macht Gestalt gewinnt, andere sein als die von hegemonialen Klassenverhältnissen her bekannten.

So hat Jessica Benjamin (1985) zu Recht darauf aufmerksam gemacht, dass Macht im privaten Kontext eine andere Bedeutung hat als im öffentlichen – insbesondere wenn sie mit Liebe verknüpft ist, die ja einen Teil ihrer Kraft aus der ihr immanenten Paradoxie von freiwilliger Unterwerfung, von Hingabe und Eroberung zieht. Wenn Meuser hervorhebt, dass „männliche Hegemonieansprüche in Partnerschaft und Familie" (2008; S. 3) gegenwärtig „eine diskursive Entlegitimisierung" (ebd.) erführen, kann er sich somit nur auf eine Ebene beziehen, die Connell als „Symbolisierung" thematisiert hat. Das, was Connell als soziale Organisation der Sexualität und Attraktionen bezeichnet, erschöpft sich darin jedoch gerade nicht, sondern umfasst auch jene von Jessica Benjamin angesprochenen emotionalen Bindungsmuster / libidinösen Besetzungen, die in ihren Verkörperungen und vorreflexiven Elementen sich einer Diskursivierung tendenziell eher entziehen. Darüber hinaus zeigen sich gerade in den familiären Verhältnissen Spannungen zwischen verschiedenen Machtdimensionen, wie sie von Caroll Hagemann-White in ihrer Gegenüberstellung von „Ohnmacht der Frauen, Allmacht der Mütter" (1984; S. 86 ff.) besonders deutlich herausgearbeitet wurden.

Vor diesem Hintergrund haben Silvia Kontos und ich (2008; S. 8) vorgeschlagen, bei der Untersuchung von hegemonialen Geschlechterverhältnissen analytisch zwischen

1. strukturellen,
2. normativ / kulturellen und
3. kommunikativ / handlungsbezogenen Ebenen

zu differenzieren – wohl wissend, dass diese Ebenen durchaus miteinander vermittelt sind und Praxen, Institutionen und soziale Definition im Konzept HM bisher immer zusammen betrachtet wurden. Wir plädieren also dafür, hegemoniale Dynamiken in den Geschlechterverhältnissen zunächst einmal spezifisch für die einzelnen Ebenen zu analysieren. So folgt die Herstellung ebenso wie die Auflösung von Hegemonie auf der *strukturellen* Ebene geschlechtshierarchischer Arbeitsteilung sicher anderen Mechanismen als beispielsweise auf der *kommunikativ-handlungsbezogenen* Ebene in den intimen Beziehungs- und familiären Verhältnissen – obwohl beide Ebenen zweifellos miteinander vermittelt sind. Von daher halten wir es für sinnvoll, diese Ebenen zunächst einmal in ihrer Besonderheit zu analysieren, um dann erst in einem zweiten Schritt ihre zum Teil widersprüchlichen Vermittlungen zu untersuchen.

Im Zusammenspiel dieser Ebenen dürften auch weibliche Hegemoniepositionen deutlicher in den Blick kommen. Das theoretische Problem ist, wie die Zuordnung solcher ‚sekundärer' Hegemonie-Positionen von Frauen, wie sie z.B. auch in Ehnis Konzept „hegemonialer Mütterlichkeit" zu fassen versucht wurden, zu einer übergreifenden HM zu konzipieren ist. Connell scheint diesbezüglich nur im Blick zu haben, dass Frauen unter bestimmten Bedingungen – eben z.B. als Mutter – in der Lage sind, auch hegemoniale Positionen einzunehmen. Demgegenüber verspricht eine entsprechende Unterscheidung *struktureller, normativ-kultureller* und *kommunikativ-handlungsbezogener* Ebenen sowie eine diesbezüglich abstraktere Fassung hegemonialer Männlichkeit und Weiblichkeit bzw. Mütterlichkeit, Geschlechterverhältnisse in ihrer z.T. auch widersprüchlichen externen und internen Dynamik genauer analysieren zu können.

Connells Forderung, den Beitrag der Frauen zur Produktion und Reproduktion HM stärker zu gewichten, scheint auf diese Weise ebenfalls eher einlösbar, als mit Hilfe der These einer „allmächtigen" symbolischen Ordnung HM. Vor allem aber können so die komplexen Mischungen von Macht und Ohnmacht, von Dominanz und Regressivität, von Selbstbehauptung und Abhängigkeit stärker in den Blick geraten, die gerade für familiäre Geschlechterverhältnisse typisch sind. Entsprechend lassen sich dann z.B. auf *kommunikativer* Ebene familiärer bzw. intimer Praktiken auch Mechanismen der Delegation und Projektion, die durchaus wechselseitig sein können, untersuchen, ohne deshalb die grundlegenden *strukturellen* A-symmetrien in den Geschlechterverhältnissen, wie sie sich bspw. in der geschlechtshierarchisch organisierten gesellschaftlichen Arbeitsteilung ausdrücken, aus dem Blick zu verlieren.

Demnach gilt es auch klar zu unterscheiden, ob es um die Analyse von Familie als „Ort" geht, an dem sich gesellschaftliche Regulierungen *struktureller* oder *normativ-kultureller* Art – und damit auch HM – in ihren Ausprägungen und Durchsetzungsstrategien abbilden. Oder ob das *kommunikativ-handlungsbezogene* Geflecht einer konkreten familiären Beziehungskonstellation zum Gegenstand der Untersuchung wird. Zu erinnern ist in diesem Zusammenhang an die Argumente von Günter Burkart und Cornelia Koppetsch im Hinblick auf eine klare Unterscheidung „zwischen der Institution (Paarbeziehung) und dem Regulativ (Partnerschaft)" (2001; S. 440) sowie darüber hinaus „zwischen Partnerschaft, Intimität und Liebe; zwischen Diskurs und Praxis" (ebd.).

So haben Burkart/Koppetsch vorgeschlagen „Sexualität nicht in erster Linie als Diskursformation oder geschlechterpolitisches Kampffeld, sondern als praktisches Regulativ von Paarbeziehungen zu betrachten, als körperbezogene, nichtreflexive intime Kommunikation" (ebd.; S. 439). Diese müsse als „Sexualität *im praktischen Sinn* [...] klar unterschieden werden von allen öffentlichen Formen instrumentell-kommerzieller Sexualität, von Sexuierung und sexueller Diskursivierung" (ebd.; S. 440). Aus meiner Sicht korrespondiert dies mit Connells (s.o.) Ausdifferenzierung sozialer Organisation der Sexualität und Attraktionen nach einerseits Symbolisierungen und andererseits emotionalen Bindungsmustern / libidinösen Besetzungen.

Sein analytisches Potenzial gewinnt Burkart/Koppetsch Vorschlag jedoch erst durch die noch weitergehende Unterscheidung dieser praktischen Regulative von Sexualität, Liebe und Intimität von dem ihrer Ansicht nach „aus der öffentlichen Sphäre in die Paarbeziehung übernommenen" (ebd.; S. 441) Regulativ der Partnerschaft. Sie begründen dies damit, dass Letzteres auf einer „Tauschökonomie der Gerechtigkeit" (Hochschild 1989) basiere und sich damit „an rationalen Prinzipien von Verhandlungsgerechtigkeit, [...] Reziprozität und Symmetrie" (Burkart/ Koppetsch 2001; S. 448) orientiere. Konstitutiv für dieses Regulativ der Partnerschaft sei zudem eine Begründungspflicht und die Orientierung, „zumindest im Konfliktfall, auf Autonomie, auf individuelle Rechte, Ansprüche und Interessen" (ebd.; S. 440). Deshalb könne es auch „zu Spannungsverhältnissen zwischen Liebe und Partnerschaft (ebenso wie zwischen Partnerschafts- und Geschlechtsnormen und auch zwischen Liebe und Geschlechtsnormen)" (ebd.; S. 441) kommen.

Wenn Meuser hervorhebt, dass „männliche Hegemonieansprüche in Partnerschaft und Familie" (2008; S. 3) gegenwärtig „eine diskursive Entlegitimisierung" (ebd.) erführen, bezieht er sich also mit hoher Wahrscheinlichkeit auf ein solches Regulativ von Partnerschaft. Für Meusers These spricht, dass im Vergleich zu Befragungen, die in den 1970er und 1980er Jahren durchgeführt wurden (Pross 1978; Metz-Göckel/Müller 1986), neuere Studien (Zulehner/Volz 1998; Zulehner 2003) eine wesentlich größere Orientierung der Männer an egalitären Werten und dem Regulativ der Partnerschaft feststellen konnten in Verbindung mit einer auch höheren Gewichtung ihres Engagements in der Familie.

Dem steht gegenüber, dass zwar im Zeitraum von 1991/92 bis 2001/02 der Anteil, den Männer an der Hausarbeit leisten, um 14 Minuten täglich gestiegen ist (vgl. Döge/Volz 2004). Detailliertere Auswertungen zeigen jedoch, dass es nach wie vor insgesamt wenige Männer sind, die überhaupt regelmäßig täglich Hausarbeit verrichten. „Diejenigen allerdings, die das tun, beteiligen sich mit einem deutlich höheren Zeiteinsatz als in der Vergangenheit" (Meier/Küster/Zander 2004; S. 129.). Nach wie vor leisten jedoch quer durch alle familiären Konstellationen Frauen den größten Teil der Haus- und Betreuungsarbeit (s.o.), und zwar umso mehr, je weniger Zeit sie auf berufliche Arbeit verwenden (BMfFSFJ 2003; S. 16). Und an dieser Mehrbelastung des weiblichen Teils der Bevölkerung mit Arbeit insgesamt hat sich im Zehn-Jahres-Abstand nichts Wesentliches geändert.

Hinzu kommt, dass auch die Zeitbudgetuntersuchung von 2001/02 – ebenso wie einige andere Untersuchungen (vgl. Fthenakis/Minsel 2001; Mühling u.a. 2006; Ethnis 2008) – das schon lange bekannte Muster einer „Retraditionalisierung" der geschlechtsspezifischen Arbeitsteilung nach der Geburt eines Kindes bestätigt. Zwar ist das Engagement von Vätern bei der Kinderbetreuung geringfügig gewachsen (vgl. Döge/Volz 2004). Diese „Kinderbetreuungszeit als Hauptaktivität" findet jedoch nach wie vor hauptsächlich am Wochenende statt und besteht vorzugsweise aus „Spiel und Sport". Erstaunlich ist, dass Väter auf Kosten ihrer Beteiligung an klassischer Hausarbeit auch für Wohnungs- und Fahrzeugreparaturen mehr Zeit aufwenden als kinderlose Männer in Paarbeziehungen.

Koppetsch/Burkart haben in ihrer Studie (1999) „eine starke Diskrepanz zwischen Gleichheitsnormen (Partnerschaftsnormen) und asymmetrischen Geschlechtsnormen" (2001; S. 449) selbst dort feststellen können, wo der einen allgemeinen Wandel suggerierende öffentliche Diskurs um Geschlechterbeziehungen geführt wird: „im großstädtisch-intellektuellem Milieu, im Milieu der Bildungsaufsteiger" (ebd.). Auch in diesen Milieus werde „der Alltag der Paarbeziehung weiterhin [...]"

durch Geschlechtsnormen reguliert" (ebd.). Eine Erklärung dafür sehen sie darin, dass in Paarbeziehungen „die Geschlechterdifferenz [...] insbesondere durch die Verknüpfung mit Liebe [...] zu Komplementarität abgeschwächt" (ebd.; S. 443) werde. Anders als im öffentlichen Kontext kristallisiere sich die Abgrenzung von Männlichkeit und Weiblichkeit in Paarbeziehungen, „nicht an hierarchisierbaren Unterschieden" (ebd.), sondern zeige sich „in der affektiv stabilisierten Ergänzung" (ebd.). Und so orientiere sich auch „die interne Rollenverteilung [...] – im Unterschied zur Außendarstellung – weniger an diskursiven Überzeugungen [...], sondern mehr an habituellen und inkorporierten *Gewissheiten*, die sich in der Praxis im Rahmen der Kontextstruktur (Paardyade, Liebe, Intimität) entwickeln" (ebd.).

So sind mit Blick auf die *normativ-kulturelle* Ebene HM Geschlechtsnormen zwar ohne Zweifel an der Vergeschlechtlichung von Berufen, der geschlechtshierarchischen Regulierung von Arbeitsteilung, wie auch anderen von Connell mit dem Begriff der „patriarchalen Dividende" zu fassen versuchter Privilegien von Männern im öffentlichen Bereich (s.o.) maßgeblich beteiligt. Hegemonietheoretisch interessant ist in diesem Zusammenhang jedoch der Hinweis von Burkart/Koppetsch, dass „*Geschlechtsnormen* [...] ihre normative Kraft weniger qua expliziter Vorschrift als durch Habitualisierung und Inkorporation erhalten [...], deren Enttäuschung auf der elementaren Ebene des ‚praktischen Sinns' (Bourdieu) und der körperlich verankerten, lebensweltlichen Gewissheiten Irritationen erzeugt und Missbilligung auslöst" (ebd.; S. 442). Gestützt auf Bourdieu heben sie hervor, dass „praktisches Wissen und Körpersymbolik [...] Gegenstände par excellence für die Naturalisierung des Sozialen" (ebd.; S. 439) seien.

Entsprechend würden „durch das Paar in seiner Außendarstellung [...] Unterschiede zwischen den Geschlechterklassen, die als solche gar nicht sichtbar wären, weil sie nur Durchschnittsunterschiede mit großem Überschneidungsbereich sind, auf eine Dichotomie reduziert – und damit als Norm festgeschrieben" (ebd.; S. 445). Diesbezüglich verweisen Burkart/Koppetsch auf das Beispiel der Geschlechternorm des Größenunterschieds zwischen Männern und Frauen in Paarbeziehungen. In den libidinösen Verhältnissen muss dies nicht mit einer Machtungleichverteilung einhergehen. Aus ihrer Sicht handelt es sich bei diesem Beispiel jedoch um eine der „vielleicht [...] wirkungsvollsten sozialen Normen überhaupt [...], weil es die Symbolik der Geschlechterdifferenz auf einen Größenunterschied" (ebd.) festschreibe und damit das „Zweigeschlechterklassensystem" (ebd.) stabilisiere, sei doch „von hier [...] der Schritt nicht weit zur erotisierten Symbolisierung männlicher Überlegenheit" (ebd.; S. 446).

Umgekehrt trage die Sexuierung weiblicher Arbeit – ‚Emotionsarbeit' als deren ‚natürliche' Eigenschaft – in der Übertragung des privaten Paar-Modells auf berufliche Beziehungen massiv zu einer „Übersetzung von Hierarchie in Differenz" (Wetterer 1995; S. 19ff.) bei. Burkart/Koppetsch sehen dies „besonders deutlich zum Ausdruck [kommen] beim ‚Paar' Chef/Sekretärin" (ebd.). Darüber hinaus trage „die latente Erotisierung beruflicher Beziehungen" (ebd.) maßgeblich dazu bei, das Aufbrechen von Herrschafts- und Machtstrukturen im gesellschaftlichen Geschlechterverhältnissen abzufedern. Eine ähnliche Funktion erfüllten Rituale der Besänftigung gegenüber Frauen in Gestalt von Höflichkeit, Galanterie oder Verehrung weiblicher Schönheit.

Vor diesem Hintergrund wird deutlich, weshalb HM auf einer *normativ-kulturellen* Ebene in vielen Bereichen auf moralische Sanktionen verzichten kann. Da es sich bei Geschlechtsnormen in dieser Weise ganz zentral auch um „Gefühlsnormen" (Landweer 1997) handelt, vermögen diese ihre hegemoniale Wirkung vor allem über solche Aspekte wie „emotionale Ablehnung, Anerkennungsverlust, praktische Missbilligung" (Burkart/Koppetsch 2001; S. 442) zu entfalten. Und so verweist auch Michael Meuser darauf, dass „in privaten Beziehungen zwischen Frauen und Männern [...] die Erotisierung der Dominanz und die Tatsache, daß solche Beziehungen nicht selten auf Liebe gründen, die ‚Komplizenschaft'" (2006; S. 123) unterstützen. Gesellschaftlich sieht er dies „abgesichert durch einen kulturellen Moralkonsens sowie durch einen Rekurs auf allgemeingültige Deutungsmuster" (ebd.).

Burkart/Koppetsch Analysen können meiner Ansicht jedoch in diesem Zusammenhang als ein starker Hinweis darauf gelesen werden, wie auch Sexualität – „als praktisches Regulativ von Paarbeziehungen" (ebd.; S. 439) – die für HM konstitutive heterosexuelle Matrix zu stabilisieren vermag, selbst wenn deren Funktionalität im Modernisierungsprozess und den für ihn typischen Moraldiskursen zunehmend strittig wird. Besonders bedeutsam halte ich an ihren Arbeiten, dass sie diesbezüglich nicht nur auf die auch von Meuser im Anschluss an Bourdieu gesehenen „habituellen und inkorporierten *Gewissheiten*" abheben, die aus solchen körperbezogenen, nichtreflexiven intimen Beziehungsregulationen auf *kommunikativ-handlungsbezogener* Ebene entstehen. Vor allem haben sie die Wirkung jener Geschlechtsnormen herausgearbeitet, die in diesen Interaktionsformen zur Geltung gebracht und damit keineswegs nur von außen sexualisiert, sondern so zugleich auch libidinös besetzt, dann als Stützung HM auf einer *normativ-kulturellen* Ebene fungieren.

Über die von ihnen in dieser Weise analysierte Bedeutung der Repräsentanz und Symbolisierung von Differenz in der Außendarstellung von Paaren heben Burkart/Koppetsch in diesem Zusammenhang zudem Formen der „Koalitionsbildung" (2001; S. 447) hervor, mit denen Paare auch in der öffentlichen Sphäre „Einheit" betonen und damit den „Geschlechterkampf dämpf[en]" (ebd.). Allerdings nötigt die Untersuchung von Cornelia Behnke und Michael Meuser (vgl. 2005) zu Doppelkarrierepaaren in dieser Hinsicht empirisch zu einer nicht unwichtigen Differenzierung. So bestätigte sich zwar in ihrem Untersuchungsmaterial in Bezug auf Freiberufler Burkart/Koppetschs Diagnose von der „Koalitionsbildung" und „Einheit" von Paaren in der Hinsicht, dass diese dort ihre Arbeits- und Paarbeziehung überwiegend als „gelungenes Gesamtprojekt" zu beschreiben trachten. Demgegenüber fanden sich jedoch bei Managerpaaren im Angestelltenverhältnis, die häufig sogar im selben Unternehmen beschäftigt waren, mal eher implizit, oft jedoch sogar explizit Leistungsvergleiche; und entsprechende berufliche Konkurrenzaspekte wurden dann häufig auch als destabilisierend für den privaten Bereich geschildert.

Für bedeutsam halte ich diese empirische Differenzierung vor allem auch deshalb, weil sie nachdrücklich auf die Rückwirkungen *struktureller* Dimensionen auf familiäre Beziehungskonstellationen verweist. Und so wurde auch in Parick Ehnis (2008) Untersuchung deutlich, wie gerade „sozio-ökonomische Ungleichheiten zwischen den Geschlechtern [...] ‚egalitäre Paararrangements‘, insbesondere nach den reinen ‚Elternzeiten‘ verhindern" (2008; S. 67 Anm. 3). Konkret erwiesen sich in seinem Sample „vor allem die Einkommensdifferenzen zwischen den Eltern, die unterschiedlichen Auswirkungen, die eine Geburt auf Männer und Frauen mit befristeten Beschäftigungsverhältnissen hat, mangelnde Kinderbetreuungseinrichtungen und -zeiten, zu lange ‚normale‘ Arbeitszeiten sowie eine von Überstunden geprägte Betriebskultur" (ebd.) als entsprechende „Retraditionalisierungsfallen" (Rüling 2007).

Zwar verweist Meuser darauf, dass „aus der Perspektive einer Familienforschung, die stärker auf die Generationen- als auf die Geschlechterrelation in der Familie schaut, [...] der sich intensiver seinen Kindern zuwendende Vater einen bedeutsamen Wandel markieren" (2008; S. 2) mag. Aus Perspektive der Geschlechterforschung sei jedoch darauf hinzuweisen, „dass dies durchaus innerhalb des tradierten Musters geschlechtlicher Arbeitsteilung in der Familie erfolgen kann" (ebd.). „Das 2007 in Kraft getretene Bundeselterngeld- und Elternzeitgesetz, dem zufolge Elterngeld für 14 Monate in der Regel nur dann gezahlt wird, wenn beide Elternteile Elternzeit in Anspruch nehmen" (ebd.), kommentiert Meuser jedoch nur dahingehend, dass dies „die Forderung der deutschen Familienministerin Ursula von der Leyen nach einem Ende der ‚vaterlosen Gesellschaft‘" (ebd.) unterstreiche. Weder findet bei ihm die von der Bundesregierung unter dem Stichwort „Vatermonate" erfolgreich propagierte Teilung der Elternzeit nach dem Modell 12 Monate Mütter + 2 Monate Väter (s.o.) Erwähnung, noch dass das gesetzlich verbürgte Elterngeld in erster Linie tendenziell besser verdienende Beschäftigte fördert, da es sich um eine staatliche Lohnersatzleistung handelt, deren Höhe sich bis zur Höchstgrenze von € 1800 monatlich am bisherigen Einkommen des betreuenden Elternteils orientiert. Dass es wesentlich mehr Männer sind, die über dieser Höchstgrenze liegen, ist sicher ein wesentlicher Grund dafür, weshalb es für viele dieser Familien dann doch attraktiver ist, dass die Mütter den Hauptteil der Elternzeit übernehmen. Antragsteller ohne Einkommen erhalten nur ein einkommensunabhängiges Mindestelterngeld in Höhe von € 300 pro Monat, so dass das neue Elterngeld Hausfrauen und (so es sie überhaupt gibt) -männer oder Menschen in der Ausbildung deutlich schlechter stellt als zuvor, da für diese Gruppe das bisherige Erziehungsgeld mit einem Regelbetrag von € 300 zwei Jahre lang gezahlt wurde.

Statt eines Schlusswortes: HM und Familie

Zwar hebt Michael Meuser hervor, dass „der enge Nexus von hegemonialer Männlichkeit als institutionalisierte Praxis und gesellschaftlicher Macht [...] nicht zwingend [impliziert], daß es in einer Gesellschaft nur eine hegemoniale Männlichkeit geben kann" (2006; S. 130). „Der ‚neue‘, der ‚aktive‘, der ‚engagierte‘, der ‚involvierte‘ Vater" (Meuser 2008; S. 2) hat sich aber vor diesem Hintergrund mit Sicherheit noch nicht zu einer solchen entwickelt. Etwas mehr präzisieren lässt sich allerdings die „hegemoniale Mütterlichkeit". So zeigt das 2007 in Kraft getretene Bundeselterngeld- und Elternzeitgesetz, dass im Fokus derzeitiger Familienpolitik nicht Hausfrauen und schlecht verdienende Mütter, sondern hoch qualifizierte berufstätige Frauen stehen, die der finanziell gut gestellten stabilen Mittelschicht angehören und die motiviert werden sollen, die neue Generation von Arbeitskräften auf die Welt zu bringen und entsprechend der erhöhten Bildungsanforderungen zu erziehen. Diese noch unter Kornelia Hausers (2001) Kategorie „unterworfener hegemonialer Weiblichkeit" zu subsumieren, scheint mir allerdings unangebracht, da hier ja doch deutlich auch politische Interessen von Frauen aufgegriffen wurden.

Ein solches Aufgreifen politischer Interessen von Frauen, wohlgemerkt jedoch – wie es der Titel dieses Bandes andeutet – aus familienpolitischer Perspektive, widerspricht nun keineswegs der mit dem Konzept HM vorgeschlagenen analytischen Perspektive. Ganz im Gegenteil zeigt sich, wie hier auch Interessen bestimmter Frauen in den ‚Konsens‘ HM eingemeindet werden. So hat schon Gramsci darauf aufmerksam gemacht, dass „die Tatsache der Hegemonie [...] zweifellos voraus[setzt], daß [...] sich ein gewisses Gleichgewicht des Kompromisses herausbildet, dass also die führende Gruppe Opfer korporativ-ökonomischer Art bringt" (B7, H13, §18; S. 1566f.). Allerdings besteht für ihn „auch kein Zweifel, daß solche Opfer und ein solcher Kompromiß nicht das Wesentliche betreffen können, denn wenn die Hegemonie politisch-ethisch ist, dann kann sie nicht umhin, auch ökonomisch zu sein, kann nicht umhin, ihre materielle Grundlage in der entscheidenden Funktion zu haben, welche die führende Gruppe im entscheidenden Kernbereich der ökonomischen Aktivität ausübt" (ebd.).

Die „führende Gruppe" in unserer Gesellschaft, sind jedoch nicht die „abstract worker". Vielmehr sind die Führungsentscheidungen von Wirtschaftsunternehmen in keinem europäischen Land noch so in Familienhand wie in Deutschland, und nirgendwo anders reproduziert sich in der EU die Führungsspitze von Unternehmen so aus dem familiären Kontext wie hier. Mit den „old boys", die Böhnisch (2001; S. 97) anspricht (s.o.), wäre also sehr viel treffender jene alte und keineswegs vergangene, sondern nach wie vor sehr machtvolle Konstellation HM bezeichnet, wie sie in der sozialen Figur des (Groß-)Unternehmers Gestalt gewonnen hat. Vor diesem Hintergrund hat Meuser sicher Recht, wenn er darauf verweist, dass es „in einer Gesellschaft [nicht d.A.] nur eine hegemoniale Männlichkeit geben kann"

(2006; S. 130). Und so darf neben der neuen HM des „abstract worker" die keineswegs veraltete des „(Groß-)Unternehmers" nicht vergessen werden.

Alle vorliegenden Studien über männliche geschlechtsbezogene Orientierungen in Deutschland kommen aber darin überein, dass in keinem Milieu unserer Gesellschaft diesbezüglich so konservative Vorstellungen vorherrschen, wie in dem, der führenden ökonomischen Klasse. Dass diese in der Familienpolitik nun zum Teil aufgeweicht werden, ist sicher auch ein verspäteter Erfolg der zivilgesellschaftlichen Macht, die diesbezüglich die 2. Frauenbewegung entwickeln konnte. Mit Gramsci (s.o.) kann dies als „Opfer korporativ-ökonomischer Art" (B7, H13, §18; S. 1566) interpretiert werden, welches die „ökonomisch führende Gruppe" (ebd.) zu erbringen hatte. Dennoch muss daran festgehalten werden, dass dieser „Kompromiß" nicht das Wesentliche" (ebd.) des von Böhnisch als „digitaler Kapitalismus" bezeichneten, sich gegenwärtig neu herausbildenden Akkumulationsregimes betrifft. Und mit Gramsci ist daran festzuhalten, dass dieser „Kompromiß" seine „materielle Grundlage in der entscheidenden Funktion" (ebd.) hat, „welche die führende Gruppe im entscheidenden Kernbereich der ökonomischen Aktivität ausübt" (ebd.).

Darüber hinaus wurde in diesem „Kompromiss" weder die für jene klassische HM konstitutive heterosexuelle Matrix ernsthaft angetastet. Ja, es hat sich damit nicht einmal grundlegend etwas an der geschlechtshierarchischen Arbeitsteilung und der Delegation von Hausarbeit und Care-Tätigkeiten an Frauen geändert. So hat Saskia Sassen (1996) in ihrer Untersuchung überzeugend dargelegt, wie der „urban-industrielle Produktionskomplex" aus hochwertigen Dienstleistungen zur Organisation weltweiter Verflechtungen des Kapitals unterstützt wird durch geringwertige, häufig von Migrantinnen sogar illegal erbrachten Dienstleistungen – nicht nur, aber gerade auch – in den Familien. Entsprechend geht der Siebte Familienbericht (BMFSFJ 2006; S. 92) davon aus, dass der Privathaushalt der Beschäftigungssektor mit dem höchsten Anteil ungeschützter Beschäftigung ist. Primär illegalisierte Migrantinnen aus Osteuropa, aber auch aus Lateinamerika und Asien, übernehmen dort vielfältigste Reproduktionstätigkeiten gegen einen geringen Stundenlohn, ohne Absicherung bei Krankheit und ohne Ansprüche auf Urlaub.

Die schlechte Entlohnung in diesem informellen Sektor der „Schattenglobalisierung" ermöglicht nun nicht nur die Verringerung der Reproduktionskosten im hochwertigen Dienstleistungsbereich, können sich viele Privathaushalte der abstract worker doch reguläre Arbeitskräfte nicht leisten. Die „Schattenarbeit" der Migrantinnen in diesen Haushalten schafft auch erst die Grundlage für jene Flexibilisierung der Arbeitsbeziehungen in diesen Familien sowie die Realisierung der damit verbunden individualisierten Lebensstile, wie sie für diese kulturellen Milieus charakteristisch sind.

Interessant ist, dass obwohl solche in Privathaushalten beschäftigte Migrantinnen häufig nicht nur „für das Einkommen des Haushalts in ihrem ‚Aufenthaltsland'" (Caixeta 2007; S. 83f.), sondern auch in ihrem Herkunftsland sorgen müssen, sie „innerhalb staatlicher Programmatiken der Vereinbarkeit von Familie und Beruf außen vor" (ebd.; S. 89) bleiben. Wie die Studie von Luzenir Caixtea zeigt, sind sie darüber hinaus nicht nur angesichts ihres prekären Aufenthaltsstatus gezwungen, möglichst unsichtbar zu bleiben, sondern tauchen auch „als geschlechtlicher Körper im Aushandlungsprozess bezahlter und unbezahlter Arbeit" (ebd.) kaum auf. „Als Frau mit Geschichte, mit einer Familie" (ebd.), fallen sie also gleich mehrfach aus der Wahrnehmung.

Obwohl sie durch ihre Tätigkeit „die Arbeitgeberin vom Attribut der ‚weiblichen Rolle', (ebd.; S. 87) befreien und ihr so eine Paarbeziehung ermöglichen, die sich außerhalb der sozialen Konstruktionen traditioneller Geschlechtlichkeit zu bewegen scheint, vermitteln die unmittelbaren Aushandlungen in den Haushalten – nach Erkenntnissen von Caixeta – „nicht nur Geschlechterbeziehungen wider, sondern auch die Logik der Heteronormativität, die die Körper besetzen und durchkreuzen" (ebd.). Caixeta interpretiert dies dahingehend, dass sich in diesen Haushalten als „Verhandlungsorten", die den Gleichheitsnormen des Regulativs der Partnerschaft zumindest in den Beziehungen des Elternpaares zu folgen scheinen, quasi hinter dem Rücken der Handelnden „die Wirkung staatlicher Anrufungspolitiken" (ebd.; S. 85) durchsetzten. Obwohl ich in dieser Hinsicht die von Burkhard/Kopetsch herausgearbeiteten „praktischen Regulative" privater Familiennormen für bedeutsamer erachte, ist dennoch daran festzuhalten, dass die in Privathaushalten beschäftigten Migrantinnen als Nicht-Empfängerinnen wohlfahrtsstaatlicher Leistungen auf jeden Fall die Staatskassen der Zielländer nicht nur hinsichtlich ihrer eigenen Ausbildung, Kranken- und Rentenversicherung entlasten. Sie „gewährleisten gleichzeitig soziale Dienste und Reproduktionsleistungen in schlecht bezahlten und ungesicherten Beschäftigungsverhältnissen, die sie aufgrund ihres Status als Migrantin einzugehen gezwungen sind" (Haidinger 2007; S. 70).

Von besonderer Bedeutung sind dabei Pflegedienste, die ansonsten zum allergrößten Teil von weiblichen Familienmitgliedern – geringfügig finanziell unterstützt über Transferzahlungen der Pflegeversicherung – übernommen werden. Denn wenn Familien die anfallenden Pflegeleistungen nicht mehr alleine übernehmen können, haben – auch von Seiten der Sozialpolitik – kostengünstige, zumeist weiblich/migrantische Pflegekräfte in den Haushalten, die von der Steuer absetzbar sind, sowie ambulante Unterstützungsleistungen Vorrang vor der kostenintensiven stationären Unterbringung. Somit setzt sich im Pflegebereich das Prinzip, dass staatlich organisierte Transferleistungen gegenüber dem Ausbau staatlicher Infrastruktur zu bevorzugen sind, noch deutlicher durch als bei der Kinderbetreuung (vgl. Winker 2008).

Nun konnten ja bezahlte Pflegetage – vergleichbar mit der Freistellung bei Krankheit von Kindern – im 2008 verabschiedeten Pflegegesetz nicht durchgesetzt werden. Vielmehr sieht das Gesetz für Pflegende, die erwerbstätig sind, lediglich

einen Anspruch auf eine unbezahlte sechsmonatige Freistellung vor. Deutlich wird
so, dass es sich bei den im neuen Bundeselterngeld- und Elternzeitgesetz sowie dem
zaghaften Ausbau von Kleinkinderbetreuungsangeboten sich ausdrückendem geschlechterpolitischen „Kompromiß" vor allem um die Sicherung eines zukünftigen
qualifizierten Arbeitskräftereservoirs geht.

Selbst in den wohlfahrtsstaatlichen Analysen von Esping-Andersen et al.
(2002) werden Kinder vorrangig in ihrer Rolle als zukünftige Arbeitskräfte und
nicht als Kinder hier und jetzt mit eigenen Bürgerrechten (und -pflichten) betrachtet. Die Einführung des Begriffs der „generationalen Ordnung" in den europäischen
wohlfahrtsstaatlichen Diskurs (vgl. Wintersberger et al. 2007) verweist in diesem
Zusammenhang darauf, dass das Konzept HM wohl ebenfalls noch einer Erweiterung um die Generationenperspektive bedarf.

Dies im Blick, lassen sich die referierten Ansätze einer Umsetzung des Konzeptes einer sog. „nachhaltigen Familienpolitik" zusammenfassend dahingehend interpretieren, dass die in den modernen Formen „hegemonialer Mütterlichkeit" sich
ausdrückenden frauenpolitischen Interessen keinesfalls im Gegensatz zumindest zu
den modernen Formen HM geraten müssen. Und wo der in den privaten familiären
Verhältnissen im Regulativ der Partnerschaft sich ausdrückende „Kompromiß"
gefährdet scheint, kann er über den ‚Arbeitsmarkt Privathaushalt' mit seiner „geschlechtsspezifisch ethnisierten Segregation" (Haidinger 2007; S. 74) stabilisiert
werden.

Letzteres weist nachdrücklich daraufhin, dass auch Kornelia Hausers (2001)
Kategorie einer „unterworfenen hegemonialen Weiblichkeit" nach wie vor ein em-
pirisches Substrat aufzuweisen hat – und dies nicht nur in der Migrantin, die durch
pflegende Tätigkeit ihre eigenen Haushalt samt Kinder ökonomisch absichert. Neben den ‚reinen' Hausfrauen zielt diese Kategorie aus meiner Perspektive so auf
diejenigen Frauen, die sich über Teilzeit, Mini- oder Midi-Jobs selbst keine Existenz
sichernde Perspektive erarbeiten können und somit vom Haupternährer abhängig
bleiben. Sie zielt darüber hinaus auch auf jene Frauen, deren Abhängigkeit als
Hausfrau vom Familienernährer nun ersetzt wurde durch eine Pflicht zur Vermark-
tung der eigenen Arbeitskraft unter prekären Bedingungen oder durch ein Leben
unter den rigiden Einschränkungen und Zwängen von ALG II, auch in Zeiten
hoher Reproduktionsanforderungen. All diese Frauen sind Leittragende der gegenwärtig zu beobachtenden (Re-)Familiarisierung von Reproduktionsarbeit, die meines
Erachtens auch als Strategie HM zu interpretieren ist.

Zu vermuten ist, dass in Zukunft sich nur noch wenige Familien die ‚reine
Hausfrauentätigkeit' leisten können. Somit wird auch für jene „unterworfene hegemoniale Weiblichkeit" die Doppelbelastung enorm zunehmen. Denn einerseits
steigt für sie der Druck, über Erwerbsarbeit möglichst viel zum Familieneinkommen beizutragen. Umgekehrt sind jedoch soziale Risiken wie Krankheit und Pfle-
gebedürftigkeit durch die Einschränkungen in der Sozialversicherung ebenfalls von

ihnen abzudecken. Dies gilt nun nicht nur für Migrantinnen, sondern auch jene mehrheitsdeutschen Frauen, die in einer so genannten Bedarfsgemeinschaft leben und den Anforderungen des Arbeitslosengelds II unterworfen sind, jeglichen ihnen angebotenen Job annehmen zu müssen. Von Böhnischs „weiblicher Dividende" können sie nur träumen. Zwar wird ihnen ein geringfügiger Schonraum für Kindererziehung und Pflegetätigkeiten der Gestalt gewährt, dass der Druck, jede Erwerbsarbeit anzunehmen, etwas eingeschränkt wird solange das jüngste Kind unter drei Jahre alt ist oder wenn es keine andere Lösung für die Übernahme von Pflegetätigkeiten bei Angehörigen gibt. Da jedoch Familien von der Grundsicherung kaum leben können, unternehmen diese Frauen meist darüber hinaus vielfältigste Aktivitäten, um aus der gleichermaßen prekären wie oft auch demütigenden Situation herauszukommen. Auch diese Art Frauen-Sozialpolitik „von unten" liegt damit zumeist in Familienhand.

Literatur

Becker-Schmidt, Regina (2003): Zur doppelten Vergesellschaftung von Frauen. Soziologische Grundlegung, empirische Rekonstruktion. In: gender...politik...online

Becker-Schmidt, Regina (2005): Rationalisierung und androzentrische Logik, Rationalisierungsprozesse und gesellschaftliche Relationalität. In: Aulenbacher, B. / Beckmann, F. / Geideck, S. / Rau, A. /Weber, J. (2005) (Hrsg.): Alles nur eine Frage der Effizienz? Denkmuster der Rationalisierung. Frankfurt a.M., S. 33-48

Behnke, Cornelia / Meuser, Michael (2005): Vereinbarkeitsmanagement. Zuständigkeiten und Karrierechancen bei Doppelkarrierepaaren in: In: Solga, H. / Wimbauer, C. (Hrsg.): „Wenn zwei das Gleiche tun ..." – Ideal und Realität sozialer (Un-)Gleichheit in Dual Career Couples. Opladen, S. 123-139

Böhnisch, Lothar (2001):Männlichkeiten und Geschlechterbeziehungen – Ein männertheoretischer Durchgang. In: Brückner, M. / Böhnisch, L. (2001) (Hrsg.): Geschlechterverhältnisse. Gesellschaftliche Konstruktionen und Perspektiven ihrer Veränderung. Weinheim / München, S. 39-118

Böhnisch, Lothar (2003): Die Entgrenzung der Männlichkeit: Verstörungen und Formierungen des Mannseins im gesellschaftlichen Übergang. Opladen

Bourdieu, Pierre (1997): Die männliche Herrschaft. In: Dölling, I. / Krais, B. (1997) (Hrsg.): Ein alltägliches Spiel. Geschlechterkonstruktion in der sozialen Praxis. Frankfurt, S. 153-217

Bourdieu, Pierre (2005): Die männliche Herrschaft. Frankfurt a. M.

Bundesministerium für Familie, Senioren, Frauen und Jugend (BMfFSFJ) (2003): Wo bleibt die Zeit? Die Zeitverwendung der Bevölkerung in Deutschland 2001/02. Bonn

Bundesministerium für Familie, Senioren, Frauen und Jugend (BMfFSFJ) (2005a): Erosion des männlichen Ernährermodells. Die Erwerbstätigkeit von Frauen mit Kindern unter drei Jahren. Osnabrück

Bundesministerium für Familie, Senioren, Frauen und Jugend (BMfFSFJ) (2005b): Gender-Datenreport. 1. Datenreport zur Gleichstellung von Frauen und Männern in der Bundesrepublik Deutschland. München.

Burkart, Günter /Koppetsch, Cornelia (2001). Geschlecht und Liebe. Überlegungen zu einer Soziologie des Paares. In: Heintz , B. (2001) (Hrsg.): Geschlechtersoziologie. (Kölner Zeitschrift für Soziologie und Sozialpsychologie, Sonderband 41). Opladen, S. 431-453

Caixeta, Luzenir (2007): Politiken der Vereinbarkeit verqueren oder „...aber hier putzen und pflegen wir alle". Heteronormativität, Einwanderung und alte Spannungen der Reproduktion. In: Bankosegger, K. / Forster, E. J. (2007) (Hrsg.): Gender in Motion. Genderdimensionen der Zukunftsgesellschaft. Wiesbaden, S.77-91

Connell, Robert William (1986): Zur Theorie der Geschlechterverhältnisse. In: Das Argument 157, S. 330 ff.

Connell, Robert William (1987): Gender and Power, Cambridge

Connell, Robert William (1990): The State, Gender and Sexual Politics. Theory and Apraisal In: Theory and Society 5, S. 507-544

Connell, Robert William (1999): Der gemachte Mann. Konstruktion und Krise von Männlichkeit. Opladen

Connell, Robert William (2000): Globalisierung und Männerkörper – Ein Überblick. In: Feministische Studien 2/2000

Connell, Raewyn / Messerschmidt, James W. (2005): Hegemonic Masculinity: Rethinking the Concept. In: Gender & Society, vol. 19, 6, Dec 2005, S. 829-859

Esping-Andersen, Gøsta et al. (2002): Why we need a new welfare state. Oxford/ NewYork

Döge; Peter / Volz, Rainer (2004): Männer – weder Paschas noch Nestflüchter. Aspekte der Zeitverwendung von Männern nach den Daten der Zeitbudgetstudie 2001/2002 des Statistischen Bundesamtes. In: Aus Politik und Zeitgeschichte (APuZ), (2004) 46, S. 13-23

Eggert-Schmid Noerr, Annelinde (2005): Junge Männer in männeruntypischen Studiengängen am Beispiel der Soziale Arbeit. In: King, V. / Flaake, K. (2005) (Hrsg.): Männliche Adoleszenz. Sozialisation und Bildungsprozesse zwischen Kindheit und Erwachsensein. Frankfurt / New York, S. 121-139

Ehnis, Patrick (2008): Hegemoniale Mütterlichkeit. Vom selbstverständlichen Einverständnis in die geschlechtstypische Arbeitsteilung nach der Geburt eines Kindes. In: Marburger Gender-Kolleg (2008) (Hrsg.): Geschlecht Macht Arbeit. Münster, S. 56-69

Fthenakis, Wassilios E. / Minsel, Beate (2001): Die Rolle des Vaters in der Familie. Eine repräsentative Studie über Vaterschaft in Deutschland. Berlin

Gramsci, Antonio (1999 ff.): Gefängnishefte Bd.1-10. Hamburg

Haidinger, Bettina (2007): She Sweeps for Money! Bedingungen der informellen Beschäftigung von Migrantinnen in österreichischen Privathaushalten. In: Bankosegger, K. / Forster, E. J. (2007) (Hrsg.): Gender in Motion. Genderdimensionen der Zukunftsgesellschaft. Wiesbaden, S.55-76

Hausen, Karin (1978): Die Polarisierung der ‚Geschlechtscharaktere' – Eine Spiegelung der Dissoziation von Erwerbs- und Familienleben. In : Rosenbaum, H. (1978) (Hrsg.): Seminar Familie und Gesellschaftsstruktur. Materialien zu den sozioökonomischen Bedingungen von Familienformen. Frankfurt

Hauser, Kornelia (2001): Frauen-Männer-Genderforschung. Ein kritisch-analytischer Literaturbericht. In: SOZIOLOGISCHEN REVUE, Heft 4, 2001, Konstanz

Klinger, Cornelia (2000): Die Ordnung der Geschlechter und die Ambivalenz der Moderne: In: Becker, S. / Kleinschmidt, G. / Nord, I. / Schneider-Lurdorff, G. (2000) (Hrsg.): Das Geschlecht der Zukunft. Zwischen Frauenemanzipation und Geschlechtervielfalt. Köln, S. 29-63

Kontos, Silvia / May, Michael (2008): Hegemoniale Männlichkeit und männlicher Habitus: Überlegungen zu einem analytischen Bezugsrahmen zur Untersuchung von Geschlechterverhältnissen. In: Zeitschrift für Frauenforschung und Geschlechterstudien 26. Jahrgang 2008 Heft 1, S. 3-15

Koppetsch, Cornelia / Burkart, Günter (1999): Die Illusion der Emanzipation. Zur Wirksamkeit latenter Geschlechtsnormen im Milieuvergleich. Unter Mitarbeit von Maja S. Maier, Konstanz

May, Michael (1996): Prolegomena zu einer materialistischen Theorie der Geschlechtlichkeit. Versuch einer Grundlegung für die Pädagogik. Habilschrift. Frankfurt

Meier, Uta / Küster, Christine / Zander, Uta (2004): Alles wie gehabt? – Geschlechtsspezifische Arbeitsteilung und Mahlzeitenmuster im Zeitvergleich. In: Statistisches Bundesamt (Hrsg.): Alltag in Deutschland. Analysen zur Zeitverwendung. Schriftenreihe Forum der Bundesstatistik, Band 43, Stuttgart, S. 114-130

Meuser, Michael (2006): Geschlecht und Männlichkeit: Soziologische Theorie und kulturelle Deutungsmuster. Wiesbaden

Meuser, Michael (2008): Vaterschaft im Wandel. Perspektiven aus der Männlichkeitsforschung. In: beziehungsweise. Informationsdienst des Österreichischen Instituts für Familienforschung 08 Sept. 2008, S. 2-3

Metz-Göckel, Siegrid / Müller, Ursula (1986): Der Mann. Eine repräsentative Untersuchung über die Lebenssituation und das Frauenbild 20 – 50jähriger Männer. Weinheim/Basel

Pinl, Claudia (2004): Wo bleibt die Zeit? Die Zeitbudgeterhebung 2001/02 des Statistischen Bundesamts. In: Aus Politik und Zeitgeschichte Nr. 31-32 / 26.07.2004

Pfau-Effinger, Birgit (2000): Kultur und Frauenerwerbstätigkeit in Europa. Theorie und Empirie des internationalen Vergleichs. Opladen

Pross, Helge (1984): Die Männer. Eine repräsentative Untersuchung über die Selbstbilder von Männern und ihre Bilder von der Frau. Reinbek

Rüling, Annelie (2007): Jenseits der Traditionalisierungsfallen. Wie Eltern sich Familien- und Erwerbsarbeit teilen. Frankfurt /New York

Sassen, Saskia (1996): Metropolen des Weltmarktes. Frankfurt

Statistisches Bundesamt (Hrsg.) (2007): Öffentliche Sozialleistungen. Statistik zum Elterngeld. Wiesbaden

Tyrell, Harmann (1986). Geschlechtliche Differenzierung und Geschlechterklassifikation. In: Kölner Zeitschrift für Soziologie und Sozialpsychologie, 38, S. 450-489

Weber, Martina (2003): Heterogenität im Schulalltag. Konstruktion ethnischer und geschlechtlicher Unterschiede. Opladen

Winker, Gabriele 2008: Neoliberale Regulierung von Care Work und deren demografische Mystifikationen. In: Buchen, S. / Maier, M. S. (2008) (Hrsg.): Älterwerden neu denken. Interdisziplinäre Perspektiven auf den demografischen Wandel. Wiesbaden, S. 47-62

Winker, Gabriele (2009): Fragile Familienkonstruktionen in der gesellschaftlichen Mitte. Zum Wandel der Reproduktionsarbeit und den politischen Konsequenzen. In: Widersprüche Heft 111/ 2009. S. 49-62

Wintersberger, Helmut et al. (Hg.) (2007): Childhood, generational order and the welfare state. Odense

Zulehner, Paul M. / Volz, Rainer (1998): Männer im Aufbruch. Wie Deutschlands Männer sich selbst und wie Frauen sie sehen. Ein Forschungsbericht, Ostfildern

Zulehner, Paul M. (Hrsg.) (2003): MannsBilder. Ein Jahrzehnt Männerentwicklung. Ostfildern

Kindertagesbetreuung – Familienergänzende oder familienersetzende Leistung?

Bernt-Michael Breuksch

Einleitung

Letztens war im ICE von Düsseldorf nach Münster Folgendes zu beobachten: Eine junge Mutter unterhält sich viel mit ihrer vielleicht 1½ jährigen Tochter, die altersgemäß noch sehr undeutlich spricht. Plötzlich sagt das kleine Mädchen, ohne Zusammenhang mit dem, von dem die Mutter gerade sprach: „Buggy – piep – piep – piep". Mutter antwortet: „Der Buggy piept doch nicht!", was Töchterchen nicht abhält, ihren Satz stereotyp zu wiederholen. Mutter spricht in klaren, einfachen, vollständigen Sätzen unbeirrt weiter über verschiedene Sachen, die sich im Zug um die beiden so ereignen. Plötzlich die Mutter: „Jetzt weiß ich, was du vorhin gemeint hast: Die Tür hat gepiept, als wir einstiegen und den Buggy abgestellt haben! Weißt du noch? Aber dein Buggy, der piept nicht!" Als das kleine Mädchen nur ihren Satz wiederholt, geht die Mutter noch einmal geduldig, freundlich darauf ein: „Nein, das glaube ich nicht, nicht der Buggy, die Tür hat gepiept!"

Was war der Hintergrund dieser kleinen Geschichte: Der Schaffner hat den Sicherheitsmechanismus für die Tür aktiviert, so dass sie nicht automatisch kurz vor der Abfahrt zuschlägt. Dieser Sicherheitsmechanismus erzeugt einen Warnton zur Erinnerung, dass er wieder abgestellt werden muss, damit die Tür beim nächsten Mal wieder automatisch schließt. Diesen Warnton hatte das Kind gehört und mit dem Abstellen des Buggys im Türraum des Wagons in Verbindung gebracht.

Dieses Beispiel ist eine positive Alltagserfahrung: Es ist sehr wichtig, mit kleinen Kindern viel zu sprechen und ihnen „auf Augenhöhe" zu begegnen. Jedes Kind will in seiner Persönlichkeit ernst genommen werden und braucht das auch für seine Entwicklung. Alles dies berücksichtigt die Mutter in dem Eingangsbeispiel. Sie lebt dies offenbar mit ihrem Kind.

Doch haben wir immer so positive Erfahrungen, muss man fragen angesichts der beinahe täglichen Berichterstattung in den Medien über Kindesvernachlässigung? Und unabhängig von dieser Problematik: Gehen Eltern immer so mit ihrem Kind um, wie die Mutter in dem Beispiel es tut? Und man muss hinzufügen: Kann das jede Mutter so?

Im 12. Kinder- und Jugendbericht (BMFSFJ 2005) ist als eine Kernaussage für die Bildungsprozesse in der frühen Kindheit festgehalten worden: „Die Verantwortung dafür, dass Kinder sich positiv entwickeln, kann nicht einseitig der einzelnen Familie übertragen werden; sie muss im Rahmen eines neuen Verständnisses von öffentlicher Verantwortung gemeinsam übernommen werden." Die Entwicklung der letzten Jahre macht deutlich, heißt es weiter, „dass die gesamte Dynamik und Entwicklung des öffentlichen Bildungs-, Betreuungs- und Erziehungssystems inzwischen auch eine erhebliche arbeitsmarktpolitische Bedeutung erlangt hat; dass dieses Arbeitsmarktsegment für die Entwicklung der Erwerbstätigkeit von Frauen bis heute ein wesentlicher Motor gewesen ist; dass die Veränderungen von Familie und Lebenswelt zu diesem stetigen und nachhaltigen Ausbau beigetragen haben. Gegenwärtig ergänzen sich die private und öffentliche Verantwortung von Bildung, Betreuung und Erziehung mehr denn je" (BMFSFJ, 2005:22). Die Entwicklung von Kindern muss „sowohl als eine Angelegenheit der Eltern als auch der Gesellschaft insgesamt betrachtet werden. Das angesammelte Wissen über Entwicklungsbedingungen, Entwicklungsbeeinträchtigungen und -risiken von kleinen Kindern macht einen Dialog und eine gemeinsam geteilte Verantwortung für das Aufwachsen der Kinder erforderlich ... Es liegt im öffentlichen Interesse, dass die Kinder sich förderlich und ihre Möglichkeiten ausschöpfend entwickeln können, damit sie an der Gesellschaft umfassend teilhaben können, die ihrer bedarf" (BMFSFJ, 2005:27). Das Leitmotiv des „Aufwachsens in privater und öffentlicher Verantwortung", das bereits der 11. Kinder- und Jugendbericht (BMFSFJ, 2002:56 ff) herausgearbeitet hat, ist damit fortgeschrieben worden.

Der Bildungsgipfel der Bundeskanzlerin mit den Regierungschefs im Oktober 2008 in Dresden greift dieses Leitmotiv auf:

- Bildung ist der Schlüssel für die Zukunft unseres Landes
- Bildung muss deshalb auch in Zukunft oberste Priorität haben
- Jedem muss unabhängig von seiner Herkunft ein bestmöglicher Start ins Leben und Aufstieg durch Bildung ermöglicht werden
- eine bessere Bildung von Anfang an ist notwendig
- Sprache ist Schlüssel zur Bildung

Ist also das Kindeswohl und Allgemeinwohl beeinträchtigt, muss man vor diesem Hintergrund fragen, wenn einem Kind nicht alles das geboten wird, was es braucht, um Grundkompetenzen für das Leben zu erwerben, eine Persönlichkeit auszubilden, die es befähigt, selbständig sein Leben in der Gesellschaft zu gestalten und seinen für den Bestand und die positive Weiterentwicklung der Gesellschaft notwendigen Beitrag zu leisten?

Auch Nordrhein-Westfalen hat seine Reform des Kindergartenrechts mit dem Leitmotiv, wie es auf dem Bildungsgipfel zum Ausdruck gekommen ist, betrieben. Das Land hat das frühere „Gesetz über Tageseinrichtungen für Kinder" abgelöst durch das „Gesetz zur frühen Bildung und Förderung von Kindern", das Kinderbildungsgesetz oder kurz KiBiz genannt. In dieser Bezeichnung kommt eine neue, fachpolitisch beabsichtigte Programmatik für die Kindertagesbetreuung in Nordrhein-Westfalen zum Ausdruck: Es geht nicht mehr um die Tageseinrichtung als solche, wie im Vorgänger-Gesetz, sondern im Zentrum steht das Kind und seine Bildungsprozesse.

Aufgabe der Kindertagesbetreuung ist sicherlich, Kinder so zu fördern, dass ihnen unabhängig von den sozioökonomischen und soziokulturellen Ausgangsbedingungen in ihrer Familie der Zugang zu Bildungsperspektiven offen steht. Denn die entscheidenden Grundlagen für den Bildungserfolg werden für das Kind bereits im frühen Alter gelegt. Jedenfalls fällt es leichter, lebenslang zu lernen, wenn die Basis dafür im frühen Kindesalter gelegt ist. Die moderne Kognitionsforschung kann offenbar belegen, dass in diesem Alter die Arbeitsweise unseres Gehirns so ausgebildet wird, das es vielfältig zu differenzieren vermag. Dafür braucht es vielfältige Anregungen.

Die Notwendigkeit, in die frühkindliche Bildung zu investieren, ist daher heute unbestritten. Der Spannungsbogen, in dem sich dieser Beitrag bewegt, ist aber erst vollständig, wenn der Aspekt hinzugefügt wird, in wie weit seitens des Staates detaillierte Vorgaben gemacht werden dürfen für pädagogische Konzeptionen in der Kindertagesbetreuung und ob hierbei auch gegen den Willen der Eltern gehandelt werden darf. Die Möglichkeiten, die das Jugendhilferecht gibt, und die Grenzen, die es setzt, sollen in diesem Beitrag anhand der Rechtsentwicklung in Nordrhein-Westfalen skizziert werden.

Erste Antwort

§ 22 SGB VIII[1] beantwortet die Fragestellung dieses Beitrages sehr klar und unmissverständlich. Dort heißt es in Absatz 2, dass Tageseinrichtungen für Kinder und Kindertagespflege die Erziehung und Bildung in der Familie unterstützen und ergänzen sollen. Kindertagesbetreuung, also das Angebot der Kindertageseinrichtung wie auch das Angebot der Kindertagespflege, ist somit kraft Gesetz familienergänzend konzipiert.

Das neue Kinderbildungsgesetz (KiBiz) in Nordrhein-Westfalen greift dieses auf. Das ist nicht überraschend, da das Kinderbildungsgesetz auch ein Ausführungsgesetz zum Kinder- und Jugendhilfegesetz ist. In § 2 KiBiz heißt es: Kindertageseinrichtungen und Kindertagespflege ergänzen die Förderung des Kindes in der Familie und unterstützen die Eltern in der Wahrnehmung ihres Erziehungsauftrages.

Postuliert ist damit ein Primat der elterlichen Verantwortung für die Erziehung, Bildung und Betreuung ihres Kindes. Diese Normierung entspricht auch dem Selbstverständnis der Kindertageseinrichtungen. Gibt man im Internet den Begriff

[1] Paragrafen ohne Gesetzesangabe beziehen sich im Folgenden auf das Sozialgesetzbuch 8. Buch; synonym dazu wird auch der Begriff „Kinder- und Jugendhilfegesetz" verwandt.

„Kindertagesbetreuung als familienergänzendes Angebot" ein, dann erhält man sehr viele Hinweise auf Programme von Kindertageseinrichtungen. Es scheint ein Standard für die Kindergärten zu sein, sich als ein familienergänzendes Angebot darzustellen. Umgekehrt bleibt die Suche nach dem Begriff „Kindertagesbetreuung als familienersetzendes Angebot" erfolglos.

Begriffsklärung

Was ist aber unter „familienersetzend" und „familienergänzend" zu verstehen? Der Begriffsinhalt scheint klar, da weder Gesetz, noch Rechtsprechung und Literatur diese Begriffe definieren. Offenbar werden die beiden Bezeichnungen des Verständnisses von Kindertagesbetreuung als gegensätzliche Kennzeichnung verstanden. Vielleicht kann Kindertagesbetreuung aber auch „familienergänzend" *und* „familienersetzend" sein.

Ergänzen bedeutet etwas hinzufügen. Im Sinne von „sich ergänzen" meint es auch: zu einander passen, wobei dem Sprichwort nach („Gegensätze ziehen sich an") auch gegensätzliche Eigenschaften sich ergänzen können. Also: Es ergänzt sich etwas, wenn etwas Unvollständiges ganz gemacht wird. Das würde allerdings im Umkehrschluss bedeuten, dass ohne die Ergänzung der ergänzte Gegenstand unvollständig ist. Übertragen auf den Gegenstand „Förderung von kleinen Kindern", um den es hier geht, könnte dieser Umkehrschluss bedeuten, dass eine vollständige Förderung des Kindes nur erreicht werden kann, wenn das Kind eine Förderung in der Familie *und* in der – öffentlichen – Kindertagesbetreuung erfährt.

Der Blick in das Kinder- und Jugendhilfegesetz zeigt, dass das Gesetz neben dem bereits zitierten § 22 an vier weiteren Stellen den Begriff „ergänzend" kennt:

- In der Gliederung des Gesetzes gibt es Jugendhilfeleistungen und ergänzende Leistungen sowie auch ergänzende Vorschriften.
- Das Jugendamt hat darauf hinzuwirken, dass für Kinder vom vollendeten dritten Lebensjahr bis zum Schuleintritt neben dem Rechtsanspruch auf einen Kindergartenplatz auch ein bedarfsgerechtes Angebot an Ganztagsplätzen und ergänzend Förderung in Kindertagespflege zur Verfügung steht (§ 24 Abs. 1).
- In den Arbeitsgemeinschaften nach § 78 sollen die Träger der Jugendhilfe darauf hinwirken, dass die geplanten Jugendhilfemaßnahmen sich gegenseitig ergänzen.

In allen diesen Zusammenhängen wird deutlich: Erst durch die Ergänzung wird der beschriebene Gegenstand vollständig, und zwar das Gesetz insgesamt, die Kindertagesbetreuung für die drei Jahre alten Kinder und das Jugendhilfeangebot vor Ort insbesondere.

Überträgt man diese Überlegungen auf die Kindertagesbetreuung, so könnte sich das Modell einer Arbeitsteilung zwischen Eltern und pädagogischen Fachkräften ergeben: Die Eltern sind für die Förderung bestimmter Grundkompetenzen zuständig, die Kindertagesbetreuung ergänzt diese um die Förderung bestimmter weiterer Kompetenzen. Doch wie wäre es zu bewerten, wenn die Eltern sich entscheiden, die – nach diesem Modell – ergänzenden Kompetenzen bereits ihrem Kind zu vermitteln? Darf sich der Kindergarten dann noch einmischen, weil er zum Beispiel meint, die Eltern machen das nicht richtig oder nicht genügend? Wer entscheidet eigentlich, welches die Grundkompetenzen und welches die ergänzenden Kompetenzen sind? Oder ist das Modell so zu verstehen, dass selbstverständlich die Eltern sämtliche Kompetenzen ihrem Kind zu vermitteln aufgerufen sind, die in der Kindertagesbetreuung dann durch das professionelle pädagogische Konzept vervollkommnet werden?

Die aufgeworfenen Fragen können nur beantwortet werden, wenn auch geklärt ist, was unter „ersetzen" zu verstehen ist. Man ersetzt zum Beispiel einen Schaden oder man setzt etwas an die Stelle von etwas. Der Blick in verschiedene Wörterbücher der deutschen Sprache zeigt: Entscheidend für das Ersetzen ist, dass auch die Funktion des ersetzten Gegenstandes übernommen wird.

Das Kinder- und Jugendhilfegesetz hat dieses Wortverständnis offenkundig im Sinn:

- Die Willenserklärung der Eltern wird – unter bestimmten Voraussetzungen – durch das Familiengericht ersetzt (§§ 51 und 58 a, sowie § 98 bei der Beschreibung der in der Statistik zu erhebenden Merkmale).
- Kosten der Kinderbetreuung konnten nach dem alten § 23 im Rahmen der Kindertagespflege vom Jugendamt ersetzt werden.

Klarer wird der Zusammenhang, wenn man sich über die systematische Einordnung dem Inhalt nähert. Ins Auge fallen hier zunächst zwei Angebote des Kinder- und Jugendhilferechts, die dadurch gekennzeichnet sind, dass das Kind nicht mehr in seiner Familie, sondern in einer anderen Familie/Institution betreut wird:

- Heimerziehung (§ 34): Unterbringung über Tag und Nacht in einer Einrichtung.
- Vollzeitpflege (§ 33): Unterbringung über Tag und Nacht in einer anderen Familie.

Die Unterbringung außerhalb der eigenen Familie muss dabei keineswegs immer im Wege der einseitigen Intervention durch das Jugendamt passieren. Das zeigt das Instrument der Inobhutnahme. Hier kann unter bestimmten weiteren Voraussetzungen das Jugendamt ein darum bittendes Kind bei einer geeigneten Person, in einer geeigneten Einrichtung oder in einer sonstigen Wohnform unterbringen, § 42 Abs. 1 Satz 2.

Von Interesse ist auch ein Blick in das Schulrecht. Nach Artikel 8 der Landesverfassung besteht, wie in jedem anderen Bundesland auch, eine allgemeine Schulpflicht, die im nordrhein-westfälischen Schulgesetz näher ausgestaltet ist, vgl. § 34 SchulG NRW. Das Schulverhältnis ist öffentlich-rechtlich, § 42 SchulG NRW. Die Schule hat dabei den Auftrag, das Kind zu erziehen und zu unterrichten, § 2 Abs. 1 SchulG NRW. Die Eltern sind verpflichtet dafür zu sorgen, dass das Kind am Unterricht teilnimmt, § 41 SchulG NRW.

Spannend ist die Antwort auf die Frage, ob Eltern auf die Erziehung ihres Kindes in diesen beschriebenen Angeboten den bestimmenden Einfluss haben?

- Schule, die vom Schulrecht ebenfalls als ein Angebot ausgestaltet ist, vgl. § 1 SchulG NRW, achtet das Erziehungsrecht der Eltern und arbeitet partnerschaftlich mit den Eltern zusammen (§ 2 Abs. 3 SchulG NRW). Allerdings wird durch Hoheitsrecht – und damit nicht durch die Eltern – festgelegt, was unterrichtet wird (§ 52 SchulG NRW). Auch kann die Schule erzieherische Maßnahmen ergreifen (§ 53 SchulG NRW), denen sich das Kind, aber auch die Eltern zu beugen haben. Die Schulpflicht beschneidet die elterlichen Rechte, was verfassungsrechtlich durch Artikel 7 Abs. 1 Grundgesetz zulässig ist (Wabnitz S. 33 ff mit weiteren Nachweisen).
- Für die Heimerziehung und Vollzeitpflege hingegen gilt: Die Rechte der Eltern und ihre sorgerechtlichen Befugnisse ruhen bei Fremdunterbringung nicht. Vollzeitpflege und Heimerziehung sind Angebote der Hilfe zur Erziehung, auf die ein Personenberechtigter Anspruch hat bei der Erziehung seines Kinder, wenn eine dem Wohl des Kindes entsprechende Erziehung nicht gewährleistet ist und die Hilfe für seine Entwicklung geeignet und notwendig ist, § 27 Abs. 1.
- Besonders deutlich wird dies im Fall des § 42. Widersprechen die Eltern der Inobhutnahme, dann gibt es für das Jugendamt nur zwei Möglichkeiten: Entweder wird das Kind zu den Eltern zurückgebracht oder das Jugendamt führt eine Entscheidung des Familiengerichts herbei, § 42 Abs. 3.

Vor diesem Hintergrund kann ein Angebot nicht schon dadurch als familienersetzend charakterisiert werden, das tatsächlich die Förderung außerhalb der Familie stattfindet. Familienersetzend ist ein Angebot vielmehr nur dann, wenn es mit einem gesetzlichen oder gerichtlichen Machtanspruch gegen die Eltern hinsichtlich der Förderung des Kindes auftritt. Alle anderen Angebote sind solche, die im Rechtssinne die Förderung in der Familie ergänzen.

Für Jugendhilfeleistungen bedeutet dies: Solange durch das Jugendamt nicht eine gerichtliche Entscheidung über den Entzug des Sorgerechts getroffen ist, behalten Eltern das Bestimmungsrecht über die Erziehung und Förderung ihres Kindes. Was für die Heimunterbringung gilt, gilt für die Kindertagesbetreuung erst Recht. Eltern entscheiden also über die Förderung ihres Kindes. Sie können mit dem Träger der Kindertageseinrichtung eine „Arbeitsteilung" verabreden. Auch darf der Kindergarten kraft seiner pädagogischen Kompetenz auf die Eltern zugehen und Hilfe für die Förderung des Kindes anbieten, und er soll das auch, wie das Landesprojekt „Weiterentwicklung der Kindertageseinrichtungen zu Familienzentren" in Nordrhein-Westfalen zeigt. Hieraus leitet sich aber nicht ein Anspruch gegen den Träger des Jugendhilfeangebotes ab, das Kind in einer bestimmten Weise zu fördern. Der Träger des Angebotes ist, soweit nicht im Betreuungsvertrag etwas anderes geregelt ist, in der Gestaltung des Angebotes autonom. Unzufriedenen Eltern bleibt nur, sich einen Träger zu suchen, der die Förderung so vornimmt, wie die Eltern es für ihr Kind wünschen.

Verfassungsrechtlicher Hintergrund

Für eine Auslegung, dass Kindertagesbetreuung familienergänzend zu gelten hat, gibt es in Artikel 6 des Grundgesetzes einen klaren verfassungsrechtlichen Hintergrund. Nach Absatz 2 dieses Grundgesetzartikels ist die Pflege und Erziehung des Kindes das natürliche Recht der Eltern und die zuvörderst ihnen obliegende Pflicht. Über die Betätigung dieser Pflicht wacht die staatliche Gemeinschaft.

Aus der Rechtsprechung des Bundesverfassungsgerichts (vgl. Zusammenfassung und weitere Nachweise in der Begründung zum Entwurf der Bundesregierung für ein „Gesetz zur Erleichterung familiengerichtlicher Maßnahmen bei Gefährdung des Kindeswohls" vom 24.10.2007, BT Drs. 16/6815) lassen sich zehn Kernaussagen formulieren:

- Das Elternrecht ist als Recht und als Pflicht ausgestaltet.
- Das Elternrecht steht den Eltern auch nicht im eigenen Interesse zu, sondern im Interesse und zum Wohl des Kindes.
- Dieses ist deswegen so von der Verfassung ausgestaltet worden, weil die natürliche Verbindung zwischen Eltern und Kind eine umfassende Sorge für das Kind besser gewährleisten als die Wahrnehmung durch jede andere Person oder Institution.
- Wenn die Eltern die ihnen obliegende Pflicht nicht wahrnehmen oder ihre Grenzen überschreiten, dann besteht eine Verantwortung der staatlichen Gemeinschaft einzuschreiten.
- Dieses Recht des Staates ist ebenfalls nicht nur eine Berechtigung, sondern ebenfalls eine Pflicht.
- Allerdings bedeutet das nicht, dass jedes Versagen oder jede Nachlässigkeit die staatliche Gemeinschaft berechtigen oder verpflichten würde, die Eltern von der Pflege und Erziehung ihres Kindes auszuschalten oder selbst diese Aufgabe zu übernehmen.

- Vielmehr muss der Staat zunächst durch helfendes, unterstützendes Handeln versuchen, ein verantwortungsgerechtes Verhalten der Eltern herzustellen oder wiederherzustellen.

- Kinder- und Jugendhilfe hat somit die Aufgabe, die Eltern bei ihrer Aufgabe zu unterstützen.

- Die Herausforderung für den Träger der öffentlichen Jugendhilfe besteht darin, bei den Eltern die notwendige Einsicht für ein verantwortungsvolles Handeln gegenüber ihrem Kind zu wecken.

- Bedarf es zur Abwehr einer Kindeswohlgefährdung eines Eingriffs in die elterliche Sorge, so ist dieses nur mit familiengerichtlichen Maßnahmen möglich.

Dieser verfassungsrechtliche Regelungszusammenhang bindet den Gesetzgeber bei seinen legislativen und das Jugendamt bei seinen administrativen Maßnahmen. Ein nicht so verständiger Umgang mit seinem Kind, wie er im Ausgangsbeispiel aufgezeigt ist, würde jedenfalls eine die elterliche Sorge einschränkende Maßnahme nicht rechtfertigen, da eine manifeste konkrete Gefahr für das Kindeswohl nicht vorliegt.

Kindertagesbetreuung in Nordrhein-Westfalen

Bevor im Folgenden der Auftrag der Kindertagesbetreuung näher beleuchtet wird, um dann zu einer abschließenden Antwort der gestellten Frage zu kommen, soll hier zunächst ein Überblick über die „Landschaft der Kindertagesbetreuung" am Beispiel Nordrhein-Westfalens gegeben werden. Die Daten sind, soweit nicht anders angegeben, der Kinder- und Jugendhilfestatistik zum Stand 15.03.2007 entnommen.

Die Grunddaten:
- 539.006 Kinder werden in
- 9.264 Kindertageseinrichtungen durch
- 73.500 pädagogisch tätige Personen betreut,
- die zu 58,8 % in Vollzeit tätig sind.
- Die dominante Qualifizierung des pädagogischen Personals ist „staatlich anerkannte Erzieherin" bzw. „staatlich anerkannter Erzieher" (68,4 %).
- 10.065 Kinderpfleger/-innen mit staatlicher Anerkennung sind tätig (13,7 %) und
- 5.613 Personen, die nicht fachlich qualifiziert oder ohne Ausbildung sind (7,6 %).
- Die Akademikerquote beträgt 2,9 %.

Die 9.264 von der Kinder- und Jugendhilfe erfassten Kindertageseinrichtungen verteilen sich auf die Träger folgendermaßen:

- 2.724 katholisch/Caritas
- 2.038 kommunal
- 1.600 evangelisch/Diakonie
- 1.054 Paritätischer Wohlfahrtsverband
- 655 Arbeiterwohlfahrt
- 273 Deutsches Rotes Kreuz
- 920 sonstige Träger

In der öffentlich geförderten Kindertagespflege waren zu diesem Stichtag 7.373 Tagesmütter und -väter tätig, die insgesamt 14.509 Kinder, davon 8.163 Kinder im Alter von unter drei Jahren und 2.780 Kinder im Alter von drei Jahren bis zu Einschulung fördern. 2.348 Tagespflegepersonen hatten einen fachpädagogischen Berufsausbildungsabschluss, das sind immerhin 31,8 %. Weitere 3.587 Tagespflegepersonen, möglicherweise auch aus der Gruppe derjenigen, die eine fachpädagogische Berufsausbildung haben, hatten einen Qualifizierungskurs absolviert.

Die Inanspruchnahme der Angebote der Kindertagesbetreuung in den ersten fünf Lebensjahren (in Prozent des jeweiligen Jahrgangs) stellt sich so dar:

NRW	Kindertageseinrichtungen	Kindertagespflege	gesamt
unter 1 Jahr	0,7	1,0	1,6
ein Jahr alt	3,2	2,1	5,3
zwei Jahre alt	11,4	2,2	13,5
drei Jahre alt	71,2	0,8	72,1
vier Jahre alt	91,7	0,4	92,1
fünf Jahre alt	93,1	0,4	93,5
gesamt	46,7	1,1	47,8

Die Tabelle zeigt in den ersten fünf Lebensjahren einen kontinuierlichen Anstieg der Inanspruchnahme des Angebotes „Kindertageseinrichtungen". In dem Angebot „Kindertagespflege" gibt es hingegen einen Anstieg in den ersten drei Lebensjahren, dann aber entsprechend dem deutlichen Anstieg der Inanspruchnahme der Kindertageseinrichtung ein Absinken.

Der Auftrag der Kindertagesbetreuung

Nach dem eingangs bereits zitierten § 22 hat die Kindertagesbetreuung einen dreifachen Auftrag: Kindertagesbetreuung soll die Entwicklung des Kindes zu einer eigenverantwortlichen und gemeinschaftsfähigen Persönlichkeit fördern, die Erziehung und Bildung in der Familie unterstützen und ergänzen sowie den Eltern dabei helfen, Erwerbstätigkeit und Kindererziehung besser miteinander vereinbaren zu können. Dieser Auftrag gilt sowohl der Kindertageseinrichtung wie der Kindertagespflege.

Die Förderung des Kindes wird dabei umfassend als Trias von Erziehen, Bilden und Betreuen des Kindes verstanden, und zwar in einem unteilbaren, also nicht in die drei benannten Bestandteile dieses Komplexbegriffs zerlegbaren Begriffsverständnisses. Das heißt mit anderen Worten: Wer vom Bildungsauftrag der Kindertagesbetreuung spricht, hat zugleich auch die Erziehung und Betreuung des Kindes im Blick und muss dieses sicherlich auch haben.

Hintergrund für dieses Verständnis ist der Auftrag der Kinder- und Jugendhilfe, junge Menschen dahin in ihrer Entwicklung zu fördern, dass sie eine eigenverantwortliche und gemeinschaftsfähige Persönlichkeit werden. Kinder sollen die Welt, in die sie hineinwachsen, verstehen und in ihr kompetent und verantwortlich handeln können (BMFSFJ, 1998:189). Dazu sollen die Angebote der Kinder- und Jugendhilfe junge Menschen befähigen. Dies aber nicht in einem Verständnis von Anforderungen der Erwachsenenwelt, eines „Noch nicht", das erst noch lernen muss (Krappmann, 2004: 402), sondern in einem Verständnis der Unterstützung eines Bildungsprozesses, den das Kind von Geburt an durchläuft (Schäfer, 2004:123). Bei viel fachlicher Diskussion im Detail kreist der Konsens um die Vorstellung des aktiven, des forschenden, des mit anderen Menschen Wissen, Regeln und Sinn ko-konstruierenden Kindes (Krappmann, 2004:402).

Der Förderungsauftrag zielt also auf die Entwicklung der Persönlichkeit des jungen Menschen ab. Es ist nicht das Ziel, dass das Kind nachprüfbare Kompetenzen oder abfragbares Wissen durch diese Förderung erlangt. Kindern muss es in der frühkindlichen Bildung erlaubt sein, frei zu erkunden und auszuprobieren – so der gemeinsame Rahmen der Länder für die frühe Bildung in Kindertageseinrichtungen (JMK/KMK 2004). Nach diesen Ministerkonferenzbeschlüssen steht die Vermittlung grundlegender Kompetenzen und die Entwicklung und Stärkung persönlicher

Ressourcen im Vordergrund, die das Kind motivieren und darauf vorbereiten, künftige Lebens- und Lernaufgaben aufzugreifen und zu bewältigen, verantwortlich am gesellschaftlichen Leben teilzuhaben und ein Leben lang zu lernen. „Vermittlung" heißt hier, darauf ist zu achten, nicht „Beibringung", auch wenn die Umgangssprache dem Vermitteln von Kenntnissen und Fertigkeiten diesen Begriffsinhalt häufig unterlegt. Vermittlung meint hier vielmehr eine Verbindung herzustellen zwischen Lerninhalten und Lebenswelt des Kindes und anzuknüpfen an den Interessen des Kindes.

Diese für die Kindertageseinrichtungen getroffenen grundlegenden Aussagen können, wenn auch möglicherweise graduell unterschiedlich, grundsätzlich auf die Kindertagespflege übertragen werden, nach dem diese im Kinder- und Jugendhilfegesetz mit der institutionellen Kindertagesbetreuung gleichgestellt worden ist (vgl. dazu die Verlautbarungen des Deutschen Vereins für öffentliche und private Fürsorge 2005 und 2008).

In den Ländern sind in den letzten Jahren Rahmenpläne für die Förderung von Kindern in Kindertageseinrichtungen entwickelt worden, die das genannte Ziel näher beschreiben und Empfehlungen für die Umsetzung in der Praxis der Kindertageseinrichtungen geben. Nordrhein-Westfalen ist im Jahr 2003 den Weg gegangen, mit den Trägerverbänden und den Kirchen eine „Vereinbarung zu den Grundsätzen über die Bildungsarbeit der Tageseinrichtungen für Kinder" zu treffen. Diese Vereinbarung konzentriert sich auf die Beschreibung des zu erreichenden Ziels und des dahinter liegenden Konzeptes frühkindlicher Bildungsprozesse. Sie schließt ab mit einer Handreichung zur Entwicklung träger- oder einrichtungsspezifischer Bildungskonzepte. Die Bildungsvereinbarung versteht sich also als eine Hilfestellung und will Orientierung geben für das Erstellen eines Bildungskonzeptes durch den Träger des Angebotes.

Unter Beachtung trägerspezifischer Bildungsbereiche sieht die nordrheinwestfälische Bildungsvereinbarung im Sinne eines Mindestbildungsprogramms die Einbindung der Bildungsbereiche (1) Bewegung, (2) Spielen und Gestalten, Medien, (3) Sprache(n) und (4) Natur und kulturelle Umwelt(en) in ein Bildungskonzept der Kindertageseinrichtung vor. Das heißt: Der Träger der Einrichtung kann und soll weitere, muss aber auf jeden Fall diese vier aufgezählten Bildungsbereiche in seinem Bildungskonzept anbieten.

In dem gemeinsamen Rahmen von JMK und KMK aus dem Jahr 2005 sind in der Gesamtschau aller Länder die nachfolgenden sechs Bildungsbereiche identifiziert worden, die für die Bildungsarbeit im Elementarbereich essentiell sind:
- Sprache, Schrift, Kommunikation
- personale und soziale Entwicklung, Werteerziehung / religiöse Bildung
- Mathematik, Naturwissenschaften, (Informations-) Technik
- Musische Bildung / Umgang mit Medien

- Körper, Bewegung, Gesundheit
- Natur und kulturelle Umwelten

Der gemeinsame Rahmen betont dabei als prägend für die Bildungsarbeit in den Kindertageseinrichtungen das Prinzip der ganzheitlichen Förderung. Das bedeutet, dass eine Orientierung an Fächern oder Wissenschaftsdisziplinen dem Elementarbereich fremd ist. Vielmehr sollen sich die Förderschwerpunkte gegenseitig inhaltlich durchdringen. Dieses Grundprinzip darf aber nicht, so beide Ministerkonferenzen in ihrem Beschluss, dahingehend missverstanden werden, dass auf eine Beschreibung von einzelnen, in dem Bildungskonzept der Kindertageseinrichtung zu berücksichtigenden Themen verzichtet werden sollte. Vielmehr ist das Aufzeigen solcher Themen sinnvoll, weil sie das Förderungskonzept des Kindes in der Einrichtung konkretisieren.

Für die ganzheitliche Förderung sind, so der gemeinsame Rahmen der Länder für die frühkindliche Bildung, Aspekte zu beachten, die den Charakter von Querschnittsaufgaben haben. Dazu gehören

- das Fördern, das Lernen zu lernen,
- eine entwicklungsgemäße Beteiligung an Entscheidungen,
- die interkulturelle Bildung,
- eine geschlechtsbewusste pädagogische Arbeit,
- die spezifische Förderung von Kindern mit Entwicklungsrisiken und
- die Förderung von Kindern mit besonderen Begabungen.

Das Konzept der frühkindlichen Förderung, das hinter diesen Aussagen der Jugendminister- und der Kulturministerkonferenz liegt, bewegt sich in einem Rahmen für eine Steuerung der Wahrnehmung des Förderungsauftrages, den das Kinder- und Jugendhilfegesetz vorgibt, und schöpft diesen weitestgehend aus. Verpflichtungen, die das Kinder- und Jugendhilfegesetz begründet, richten sich gegen den öffentlichen Träger. Das Angebot „Kindertageseinrichtung" wird zum Beispiel in Nordrhein-Westfalen zu 68 % von anerkannten freien Trägern der Jugendhilfe gemacht (Angabe der Kinder- und Jugendhilfestatistik, Stand: 15. März 2007; ohne kommunale und sonstige Träger). Dem Grundsatz der Subsidiarität des öffentlichen Angebotes, der in § 4 Abs. 2 statuiert ist, ist damit in Nordrhein-Westfalen in besonderer Weise Rechnung getragen. Hinzu kommt, dass der freie Träger Autonomie in Zielsetzung und Durchführung der Aufgaben genießt, § 4 Abs. 1. Der Leistungsberechtigte – hier das Kind, vertreten durch seine Eltern – soll wählen können zwischen den Angeboten verschiedener Träger. Zwar soll das Jugendamt die Qualität in den eigenen Einrichtungen und die Realisierung des Förderungsauftrages in den Einrichtungen des freien Trägers sicherstellen, § 22 a. Auch kann das Jugendamt die finanzielle Förderung des freien Trägers, die dieser zur Gewährung von Leistungen des Kinder- und Jugendhilferechts erbringt, davon abhängig machen, dass der freie Träger bereit ist, sein Angebot nach Maßgabe der örtlichen Jugendhilfeplanung und unter Beachtung der in § 9 normierten Grundrichtung bei der Ausgestaltung des Angebotes beachtet, § 74 Abs. 2. Das Gesetz stellt aber zugleich klar, dass das Jugendamt dabei die Autonomie des freien Trägers nach § 4 Abs. 2 nicht einschränken darf, § 74 Abs. 2 Satz 2.

Werden Kindertageseinrichtungen familienersetzend?

Das bisher gezeichnete Bild geht von zwei Annahmen aus. Zum einen das aktive Kind, das bereit und in der Lage ist, sich einzubringen in den Prozess, und zum anderen Eltern, die bereit und in der Lage sind, ihr Kind in diesem Prozess zu unterstützen. Berichte aus der Praxis der Kindertageseinrichtungen zeigen aber:

- „Eltern geben ihr Kind lediglich bei uns ab!"
- „Kinder kommen hungrig und unzureichend gekleidet in die Einrichtung!"
- „Eltern unterstützen unsere Sprachförderung zuhause nicht!"
- „Zuhause gucken die Kinder am Wochenende viel zu viel Fernsehen und wir müssen das am Montag erst wieder aufarbeiten!"

Diese Zitate beschreiben sicherlich nicht abschließend, womit das pädagogische Personal in den Kindertageseinrichtungen konfrontiert wird und was es als familienersetzend versteht. Und die Dimension des nicht mitmachenden Kindes wird mit dieser Selbstbeschreibung der Praxis noch nicht einmal erfasst.

Fakt ist, dass die Tageseinrichtungen für sehr Vieles als Lösungsansatz herhalten müssen: Geht es um eine bessere Vereinbarkeit von Familie und Beruf wird sofort nach mehr Kinderbetreuung gerufen, seltener allerdings nach mehr Förderung des Kindes. „Mehr frühkindliche Bildung!" wird als Antwort auf Armut und soziale Ungleichheit und die Benachteiligung von Kindern mit Zuwanderungsgeschichte gegeben. Das gilt auch als Antwort auf Bedarfe der Wirtschaft. Frühkindliche Förderung in der oben beschriebenen triassischen Bedeutung hat sicherlich ihre Funktion in der Lösung all dieser gesellschaftlichen Aufgabenstellungen. Sie erschöpft sich aber nicht darin, sondern hat ihre eigenständige Bedeutung bei der Lösung der aufgezeigten Problemstellungen. Eine familienersetzende Funktion im Rechtssinne kommt alldem aber nicht zu.

Gibt es gleichwohl Ansätze, die Kindertagesbetreuung als familienersetzend erscheinen lassen?

a) Kindergartenpflicht
Nach geltendem Recht ist die Teilnahme an den Angeboten der Kindertagesbetreuung freiwillig. Eine immer wieder gehörte These lautet nun: Besucht das Kind nicht

den Kindergarten, verschlechtern sich seine Bildungschancen. Auch wenn die Teilnahmequote, wie die obige Übersicht in Auswertung der Kinder- und Jugendhilfestatistik 2007 zeigt, bereits sehr hoch ist, besuchen nicht alle Kinder einen Kindergarten. Also, so eine mögliche Schlussfolgerung, muss eine Kindergartenpflicht eingeführt werden.

Im Zusammenhang dieses Beitrags stellt sich nicht die Frage, ob eine Kindergartenpflicht eingeführt werden sollte, eine solche verfassungskonform eingeführt werden kann und welche rechtlichen Voraussetzungen geschaffen werden müssen sowie wer dafür die Gesetzgebungskompetenz hätte, wenn man sie einführen wollte. Jedenfalls müssten weitere Regelungen getroffen werden, die sicherstellen, dass in die so neu verstandene Aufgabenerledigung auch die freien und die kirchlichen Träger einbezogen werden können, wofür es im Recht der Ersatz- und Ergänzungsschulen Vorbilder geben könnte. Bildungspolitisch steht eine Kindergartenpflicht derzeit allerdings nicht auf der Agenda. Eine Kindergartenpflicht wäre aber, wie die Schulpflicht auch, ein Eingriff in das Elternrecht. Nach der oben gefundenen Definition würde damit die Kindertagesbetreuung familienersetzend.

b) Kinderbildungsgesetz in Nordrhein-Westfalen

Das Land Nordrhein-Westfalen hat mit einer Reform des Kindergartenrechts ein Kinderbildungsgesetz (KiBiz) geschaffen. Erklärtes Ziel ist, die frühkindliche Bildung zu verbessern. Die Motivation des Gesetzgebers ist dabei ausweislich der Gesetzesbegründung die Überlegung, dass Bildung die Voraussetzung für gesellschaftliche Teilhabe und Chancengerechtigkeit für alle Kinder und zugleich die Basis für den sozialen Zusammenhalt und die Zukunftsfähigkeit unserer Gesellschaft ist. Die Ergebnisse der Pisa-Studie zeigen, so heißt es weiter in der Gesetzesbegründung (LT Drs. 14/4410, S. 1), dass auch in Nordrhein-Westfalen erheblicher Nachholbedarf in der Bildung und Förderung von Kindern besteht, so dass die frühe Bildung gestärkt werden müsse.

Das neue Gesetz enthält dazu eine Reihe von Bestimmungen. Zur Ausgestaltung dieser Aufgabe wird das Land nach der vorgesehenen Ermächtigungsgrundlage keine Ausführungsbestimmungen erlassen, sondern mit den Spitzenverbänden der öffentlichen und freien Wohlfahrtspflege sowie den Kirchen Vereinbarungen über die Grundsätze der Bildungs- und Erziehungsarbeit in den Kindertageseinrichtungen, über die Fortbildung der pädagogischen Kräfte und über deren Qualifikation sowie den Personalschlüssel treffen. Die letztgenannte Vereinbarung liegt vor, an den ersten beiden – und somit auch an der Weiterentwicklung der Bildungsvereinbarung aus dem Jahr 2003 – wird derzeit gearbeitet.

In den Regelungen des KiBiz sind neben der näheren Beschreibung des Bildungsauftrages in den Paragrafen 13 und 14 zwei Grundsätze deutlich zum Ausdruck gebracht:

- In § 3 Abs. 2 KiBiz ist festgelegt, dass das Personal der Kindertageseinrichtungen und die Tagesmütter und -väter den Bildungs- und Erziehungsauftrag im
regelmäßigen Dialog mit den Eltern durchzuführen und deren erzieherischen
Entscheidungen zu achten haben. Das Primat der Eltern in Bezug auf die Förderung ihrer Kinder ist damit gesetzlich im nordrhein-westfälischen Kinderbildungsgesetz fest verankert.

- Das gilt auch für die Trägerautonomie in der Gestaltung pädagogischer Konzepte. In § 13 Abs. 1 KiBiz heißt es, dass Tageseinrichtungen die Bildung,
Erziehung und Betreuung nach einem eigenen träger- oder einrichtungsspezifi-
schen pädagogischen Konzept durchführen.

Das KiBiz zeigt somit an dieser Stelle keinen Ansatz für ein familienersetzendes
Verständnis der Wahrnehmung des Förderungsauftrages.

c) vorschulische Sprachförderung nach dem Kinderbildungsgesetz
Im Hinblick auf die vorschulische Sprachförderung ist in Nordrhein-Westfalen eine
Besonderheit geschaffen worden. Durch eine Änderung des Schulgesetzes sind alle
Kinder, die zwei Jahre vor der Einschulung stehen, dazu verpflichtet worden, sich
einem Test zu unterziehen, in dem geprüft wird, ob die Sprachentwicklung alters-
gemäß ist und ob sie die deutsche Sprache hinreichend beherrschen, § 36 Abs. 2
SchulG NRW. Dazu ist von der TU Dortmund im Auftrag der Landesregierung das
Verfahren „Delfin 4" entwickelt worden. Besteht das Kind den Test nicht, dann
kann es zur Teilnahme an einem vorschulischen Sprachförderkurs verpflichtet werden, wenn das Kind nicht in einer Kindertageseinrichtung sprachlich gefördert wird.
Der Test wird vom Schulamt durchgeführt. Es soll dabei mit den Schulen und den
Kindertageseinrichtungen zusammenarbeiten.
    Korrespondierend dazu ist auch die Sprachförderung in der Kindertagesbe-
treuung durch das Kinderbildungsgesetz neu gestaltet worden. Die Sprachförderung
ist als Regelaufgabe der Einrichtungen aufgenommen worden mit dem Ziel, dass
jedes Kind bei Schuleintritt die deutsche Sprache so beherrscht, dass es dem Unterricht von Anfang an ohne Probleme folgen kann (LT Drs. 14/4410, S. 2). Das
pädagogische Konzept muss Ausführungen zur Förderung der Sprache enthalten,
damit u.a. auch für Außenstehende erkennbar wird, dass und wie die Kindertageseinrichtung die Sprachentwicklung in der deutschen Sprache bei den Kindern fördert, wie es in der Gesetzesbegründung (LT Drs. 14/4410, S. 49) weiter heißt. Für
die Förderung in der Kindertagespflege gelten diese Regelungen entsprechend, § 17
Abs. 1 KiBiz.
    Das Kinderbildungsgesetz unterscheidet somit zwischen der kontinuierlichen
Förderung der Sprachentwicklung des Kindes, die zur Erfüllung des Bildungs- und
Erziehungsauftrages gehört, und der zusätzlichen Sprachförderung, die jedes Kind
erfährt, das den vorschulischen Sprachtest nicht besteht, § 13 Abs. 6 KiBiz. Für die

zusätzliche Sprachförderung leistet das Land einen jährlichen Zuschuss von 340 EUR zusätzlich zu seiner Beteiligung an den Betriebskosten der Kindertageseinrichtungen, die rund ein Drittel der im Rahmen des Finanzierungssystems anerkannten Kosten ausmacht. Im letzten Jahr sind 30.500 Kinder als zusätzlich sprachförderbedürftig identifiziert worden. In diesem Jahr rd. 37.000 Kinder, so dass im laufenden Kindergartenjahr 2008/09 insgesamt 67.500 Kinder zusätzlich zur grundständigen Sprachförderung eine Sprachförderung in der deutschen Sprache erhalten.

Die nordrhein-westfälischen Regelungen zur vorschulischen Sprachförderung zeigen weitergehende Aspekte in der hier zu untersuchenden Thematik auf. Die bisher herausgearbeiteten Prinzipien sind: Kindertageseinrichtungen arbeiten in Nordrhein-Westfalen auf der Grundlage der Paragrafen 22 ff des Kinder- und Jugendhilfegesetzes und des Kinderbildungsgesetzes. Sie ergänzen und unterstützen die Förderung in der Familie. Die Teilnahme an der Förderung in den Kindertageseinrichtungen ist freiwillig. Auch die die Förderung anbietenden Träger der Kindertageseinrichtungen sind autonom in der Gestaltung der Förderung. § 13 Abs. 6 Satz 3 KiBiz postuliert im Gegensatz dazu für die zusätzliche Sprachförderung eine Verpflichtung des Trägers der Einrichtung: Die Tageseinrichtung hat dafür Sorge zu tragen, dass das Kind, wenn es nicht im altersgemäß üblichem Umfang über deutsche Sprachkenntnisse verfügt, eine zusätzliche Sprachförderung erhält. Hierbei ist eine Lösung im Jugendhilferecht realisiert worden. Auch das Kind, resp. seine Eltern sind nicht frei, ob das Kind an der Sprachstandsfeststellung und an einem vorschulischen Sprachförderkurs teilnimmt, wenn es zu Letzterem durch das Schulamt verpflichtet worden ist. Hier ist das Land den Weg einer vorgezogenen Schulpflicht gegangen, es ist also eine schulrechtliche Lösung gefunden worden. Diese Lösung zeigt, jedenfalls in dem Zusammenspiel von Kinder- und Jugendhilferecht und Schulrecht, Anzeichen eines familienersetzenden Verständnisses der Wahrnehmung der Aufgabe „zusätzliche Sprachförderung der Kinder, die nicht in altersgemäß üblichem Umfang über deutsche Sprachkenntnisse verfügen".

Damit korrespondiert, dass seitens des Landes auch verstärkt auf die inhaltliche Ausgestaltung der Sprachförderung in den Kindertageseinrichtungen Einfluss genommen wird. Es gibt zwar eine gemeinsam mit dem Schulministerium herausgegebene Empfehlung bzgl. des zeitlichen Umfangs der zusätzlichen Sprachförderung. Die zusätzliche Sprachförderung soll 200 Stunden pro Kindergartenjahr umfassen und von einer geeigneten Fachkraft durchgeführt werden. Als geeignet werden in der Regel Erzieherinnen oder Erzieher angesehen, die sich für diesen Zweck besonders fortgebildet haben. Von der TU Dortmund sind zur Gestaltung der Sprachförderung in den Kindertageseinrichtungen „Sprachförderorientierungen" (Fried u.a. 2008) im Auftrag der Obersten Landesjugendbehörde erarbeitet worden. Diese geben dem pädagogischen Personal in den Kindertageseinrichtungen wissenschaftlich fundierte Empfehlungen zur Gestaltung von Sprachförderung und Elternarbeit. Weiterhin zeigt sich die stärkere Einbindung in die Wahrnehmung der

Aufgabe „zusätzliche Sprachförderung" durch die Oberste Landesjugendbehörde auch in der Fort- und Weiterbildung. Diese ist eigentlich eine Aufgabe, die dem Träger und den Landesjugendämtern obliegt. Gleichwohl hat die Oberste Landesjugendbehörde flächendeckende Fortbildungsmaßnahmen für das mit dieser Aufgabe betraute pädagogische Personal der Kindertageseinrichtungen bei den Landesjugendämtern in Auftrag gegeben und finanziert. Diese gesteigerte Verantwortung des Staates für den Inhalt der Aufgabenerfüllung scheint mir die Kehrseite der Medaille zu sein, wenn der Staat Verpflichtungen zur Teilnahme an einem (Jugendhilfe-) Angebot ausspricht.

d) Übertragung auf weitere Bildungsbereiche?

Kann die in Nordrhein-Westfalen zur zusätzlichen Sprachförderung in den Kindertageseinrichtungen gefundene Lösung auf andere Bildungsbereiche übertragen werden? Die Oberste Jugendbehörde in Nordrhein-Westfalen erreichen z.B. immer wieder Forderungen der Eltern von Kindern mit besonderen Begabungen, die in gleicher Weise eine besondere Förderung ihrer Kinder wie bei der zusätzlichen Sprachförderung einfordern. Im Kontext der Thematik dieses Bandes könnte auch daran gedacht werden, eine die unterschiedlichen Lebenslagen von Mädchen und Jungen berücksichtigende, Benachteiligungen abbauende und die Gleichberechtigung von Mädchen und Jungen fördernde Erziehung und Bildung in gleicher Weise wie die zusätzliche vorschulische Sprachförderung zu behandeln, vgl. § 9 SGB VIII.

Im Vorfeld der Entwicklung des Konzeptes der zusätzlichen vorschulischen Sprachförderung hatte die Oberste Jugendbehörde in Nordrhein-Westfalen ein Rechtsgutachten eingeholt, dass die in Aussicht genommene und nunmehr realisierte Lösung einer „partiell vorgelagerten Schulpflicht" für verfassungsrechtlich unbedenklich eingestuft hat (Wabnitz, 2006:17). Da ohne hinreichende Sprachfähigkeiten bereits vor Beginn des Schulbesuchs Kindern das Erreichen von Bildungsabschlüssen wesentlich schwerer fallen wird als anderen Kindern, stellen Sprachstandsfeststellung und vorschulische Sprachförderung faktische Voraussetzung für die Realisierung des in Artikel 8 Absatz 1 Satz 1 der Landesverfassung abgesicherten Bildungsanspruchs des Kindes dar (Wabnitz, 2006:49/50).

Es ist fraglich, ob diese Voraussetzung für andere Bildungsbereiche auch festgestellt werden kann. Wenn man das wollte, könnte dies nur im Wege des Vorziehens der Schulpflicht umgesetzt werden. Es wäre dann allerdings kein partielles Vorziehen der Schulpflicht mehr. Nach dem Gutachten ist ein generelles Vorziehen der Schulpflicht in Abwägung mit den Elternrechten verfassungsrechtlich bedenklich, weil die Eltern-Kind-Beziehung in qualitativer wie zeitlicher Hinsicht in der Regel noch zu ausgeprägt, intensiv und dominant ist (Wabnitz S. 43-45).

Abschließende Antwort

Kindertagesbetreuung, so lässt sich nach alledem feststellen, ist familienergänzend. Diese Aussage gilt auch dann, wenn die Kindertagesbetreuung möglicherweise Aufgaben übernimmt, die den Pflichtenkreis der Eltern berühren. Eltern haben verfassungsrechtlich verbürgt Vorrang in der Erziehung und Bildung ihres Kindes.

Die Aufgabe der Kindertagesbetreuung würde familienersetzend, wenn eine Kindergartenpflicht gesetzlich statuiert würde. Eltern sind dann in ihrem Elternrecht eingeschränkt.

Ansätze eines familienersetzenden Verständnisses finden sich in dem nordrhein-westfälischen Sprachstandsfeststellungsverfahren, in dem alle Kinder im Rahmen einer teilweisen Vorverlegung der Schulpflicht zwei Jahre vor der Einschulung getestet und bei unzureichenden Deutschkenntnissen verpflichtet werden können, an einer vorschulischen Sprachförderung teilzunehmen, die zusätzlich zu der ohnehin in den Tageseinrichtungen stattfindenden Sprachförderung erfolgt. Wegen der besonderen Bedeutung hinreichender Deutschkenntnisse schon beim Schuleintritt kann dies allerdings nicht auf andere Bildungsbereiche ausgedehnt werden.

Schließlich bleibt die Möglichkeit, dass der Besuch einer Kindertageseinrichtung vom Familiengericht unter Einschränkung des elterlichen Sorgerechts angeordnet wird. Im Rahmen des neuen § 1666 Abs. 1 BGB kann das Familiengericht die zur Abwendung einer Gefahr für das körperliche, geistige oder seelische Wohl des Kindes erforderlichen Maßnahmen treffen.

Literatur

BMFSFJ: 12. Kinder- und Jugendbericht, Bericht über die Lebenssituation junger Menschen und die Leistungen der Kinder und Jugendhilfe in Deutschland, 2005

BMFSFJ: 11. Kinder- und Jugendbericht, Bericht über die Lebenssituation junger Menschen und die Leistungen der Kinder und Jugendhilfe in Deutschland, 2002

BMFSFJ: 10. Kinder- und Jugendbericht, Bericht über die Lebenssituation von Kindern und die Leistungen der Kinderhilfen in Deutschland, 1998

Beschlüsse der Jugendministerkonferenz vom 13./14. Mai 2004 und der Kultusministerkonferenz vom 3./4. Juni 2004

Deutscher Verein für öffentliche und private Fürsorge (2005): Überarbeitete Empfehlungen des Deutschen Vereins zur Ausgestaltung der Kindertagespflege nach den §§ 22, 23, 24 SGB VIII. Berlin

Deutscher Verein für öffentliche und private Fürsorge (2008): Diskussionspapier des Deutschen Vereins zur qualitativen, rechtlichen und finanziellen Ausgestaltung der Kindertagespflege – Ergänzung der Empfehlungen von 2005. Berlin

Die Bundesregierung und die Regierungschefs der Länder (2008): Aufstieg durch Bildung – Die Qualifizierungsinitiative für Deutschland

Fried, Lilian, Briedigkeit, Eva und Schunder, Rabea (2008), (Hrsg. Ministerium für Generationen, Familie, Frauen und Integration des Landes Nordrhein-Westfalen): Delfin 4 – Sprachförderorientierungen. Eine Handreichung. Düsseldorf

Krappmann, Lothar (2004): Qualitätsentwicklung in Kindertageseinrichtungen, in Wehrmann, Ilse (Hrsg.): Kindergärten und ihre Zukunft. Weinheim, Basel, Berlin

Schäfer, Gerd E. (2004): Bildung von Anfang an, in Wehrmann, Ilse (Hrsg.): Kindergärten und ihre Zukunft. Weinheim, Basel, Berlin

Wabnitz, Reinhard J. (2006), (Hrsg. Arbeitsgemeinschaft für Kinder- und Jugendhilfe): Rechtliche Möglichkeiten der Verpflichtung zur Durchführung verbindlicher Sprachstandserfassung für Kinder im vierten Lebensjahr und verpflichtender vorschulischer Sprachfördermaßnahmen für Kinder in Kindertageseinrichtungen und Schulen in Nordrhein-Westfalen. Rechtsgutachten im Auftrag des Ministeriums für Generationen, Familie, Frauen und Integration des Landes Nordrhein-Westfalen. Berlin

weitere Informationen, insbesondere zur Sprachförderung, im Internetangebot des Landes Nordrhein-Westfalen: www.mgffi.nrw.de und www.schulministerium.nrw.de

Autorinnen und Autoren

Blossfeld, Hans-Peter, Prof. Dr., Lehrstuhl für Soziologie I an der Universität Bamberg, Leiter des Staatsinstituts für Familienforschung (ifb) sowie Leiter des Nationalen Bildungspanels (NEPS). Arbeitsschwerpunkte: Soziale Ungleichheit; Familien-, Bildungs- und Arbeitsmarktsoziologie, soziale Mobilität, internationaler Vergleich, Methoden der quantitativen Daten- und Längsschnittanalyse
soziologie1@sowi.uni-bamberg.de

Böllert, Karin, Prof. Dr., Professorin für Erziehungswissenschaft mit dem Schwerpunkt Sozialpädagogik am Institut für Erziehungswissenschaft, Abtlg. II: Sozialpädagogik, der Westfälischen Wilhelms-Universität Münster, Arbeitsschwerpunkte: Theorien der Sozialen Arbeit, Soziale Arbeit/ Sozialpolitik und sozialer Wandel, Kinder- und Jugendhilfe
kaboe@uni-muenster.de

Breuksch, Bernt-Michael, Leitender Ministerialrat, Ministerium für Generationen, Familie, Frauen und Integration des Landes Nordrhein-Westfalen; Leiter der Gruppe „Kinder" mit den Aufgabenfeldern: Kindertagesbetreuung, Frühe Hilfen und Familienzentren, Kinderfreundliches Nordrhein-Westfalen
Studium der Rechtswissenschaften in Köln und Münster
bernt-michael.breuksch@mgffi.nrw.de

Heite, Catrin, Dr., akademische Rätin an der Westfälischen Wilhelms-Universität Münster, Institut für Erziehungswissenschaft, Abtlg. II: Sozialpädagogik, Arbeitsschwerpunkte: Professionalisierung Sozialer Arbeit, Gendertheorien, Diversity und Anerkennung
catrin.heite@uni-muenster.de

Hüning, Johannes, Diplom-Pädagoge, Diplom-Sozialpädagoge (FH), Leiter des sozialpädagogischen Fachdienstes „Hilfen für Kinder, Jugendliche und Familien" beim Katholischen Sozialdienst Hamm (SKM/SkF); Vormund; Lehrbeauftragter am Institut für Erziehungswissenschaft (Abteilung II: Sozialpädagogik) der Westfälischen Wilhelms-Universität Münster
j.huening@t-online.de

Jurczyk, Karin, Dr., Deutsches Jugendinstitut e.V. in München, Leiterin der Abteilung Familie und Familienpolitik, Arbeitsschwerpunkte: Familie, Familienpolitik, Gender, Arbeit, Zeit, Lebensführung
jurczyk@dji.de

May, Michael, Prof. Dr. habil., FH-Wiesbaden, FB Sozialwesen, Arbeitsschwerpunkte: Pädagogik und Politik des Sozialen, Sozialraumorientierung, Diversity
may@sozialwesen.fh-wiesbaden.de

Oelkers, Nina, Prof. Dr., Lehrgebiet Soziale Arbeit und Devianz an der Hochschule Vechta, Institut für Soziale Arbeit, Bildungs- und Sportwissenschaften (ISBS). Arbeitsschwerpunkte: Wohlfahrt und Wohlergehen, Punitivität und Devianzkontrolle, Transformationsprozesse Sozialer Arbeit
nina.oelkers@uni-vechta.de

Peter, Corinna, Diplom-Pädagogin, Diplom-Sozialarbeiterin (FH), Wissenschaftliche Mitarbeiterin am Institut für Erziehungswissenschaft, Abteilung II: Sozialpädagogik, der Westfälischen Wilhelms-Universität Münster. Arbeitsschwerpunkte: Kinder- und Jugendhilfe, Hilfen zur Erziehung und familiale Transformationsprozesse
corinnapeter@uni-muenster.de

Richter, Martina, wissenschaftliche Mitarbeiterin am Institut für Soziale Arbeit, Bildungs- und Sportwissenschaften, Hochschule Vechta, Arbeitsschwerpunkte: Theorien Sozialer Arbeit, Kinder- und Jugendhilfe, Familie, Sozialpädagogische Familienhilfe, Ganztägige Bildungssettings, Qualitative Forschung
martina.richter@uni-vechta.de

Riegraf, Birgit, Prof. Dr., Universität Paderborn, Fakultät für Kulturwissenschaften/Soziologie. Arbeitsschwerpunkte: Theorien und Methodologien der Frauen- und Geschlechterforschung, Wissenschaftsforschung, Arbeits- und Organisationssoziologie, Staats- und Verwaltungsmodernisierungen im internationalen Vergleich.
riegraf@gmx.de

Schulz, Florian, Wissenschaftlicher Mitarbeiter am Lehrstuhl für Soziologie I an der Universität Bamberg im DFG-Projekt „Prozesse der Partnerwahl bei Online-Kontaktbörsen". Arbeitsschwerpunkte: Familie, Partnerwahl und Arbeitsteilung.
florian.schulz@uni-bamberg.de

Lehrbücher Soziale Arbeit

Karl-Heinz Braun / Martin Felinger /
Konstanze Wetzel
Sozialreportage
Einführung in eine Handlungs- und For-
schungsmethode der Sozialen Arbeit
2009. ca. 220 S. Br. ca. EUR 19,90
ISBN 978-3-531-16332-1

Karl August Chassé
Unterschichten in Deutschland
Materialien zu einer kritischen Debatte
2009. ca. 200 S. Br. ca. EUR 16,90
ISBN 978-3-531-16183-9

Katharina Gröning
Pädagogische Beratung
Konzepte und Positionen
2006. 166 S. Br. EUR 16,90
ISBN 978-3-531-14874-8

Christina Hölzle / Irma Jansen (Hrsg.)
**Ressourcenorientierte
Biografiearbeit**
Einführung in Theorie und Praxis
2009. 341 S. Br. EUR 19,90
ISBN 978-3-531-16377-2

Fabian Kessl / Melanie Plößer (Hrsg.)
**Differenzierung, Normalisierung,
Andersheit**
Soziale Arbeit als Arbeit mit den Anderen
2009. ca. 200 S. Br. ca. EUR 19,90
ISBN 978-3-531-16371-0

Erhältlich im Buchhandel oder beim Verlag.
Änderungen vorbehalten. Stand: Juli 2009.

Michael May
**Aktuelle Theoriediskurse
Sozialer Arbeit**
Eine Einführung
2., überarb. und erw. Aufl. 2009. 321 S.
Br. EUR 29,90
ISBN 978-3-531-16372-7

Brigitta Michel-Schwartze (Hrsg.)
Methodenbuch Soziale Arbeit
Basiswissen für die Praxis
2., überarb. u. erw. Aufl. 2009. 346 S.
Br. EUR 19,90
ISBN 978-3-531-16163-1

Herbert Schubert (Hrsg.)
Netzwerkmanagement
Koordination von professionellen Vernet-
zungen – Grundlagen und Praxisbeispiele
2008. 272 S. Br. EUR 19,90
ISBN 978-3-531-15444-2

Mechthild Seithe
Engaging
Möglichkeiten Klientenzentrierter
Beratung in der Sozialen Arbeit
2008. 141 S. Br. EUR 14,90
ISBN 978-3-531-15424-4

Wolfgang Widulle
**Handlungsorientiert Lernen
im Studium**
Arbeitsbuch für sozialpädagogische Berufe
2009. 254 S. Br. EUR 24,90
ISBN 978-3-531-16578-3

www.vs-verlag.de

VS VERLAG FÜR SOZIALWISSENSCHAFTEN

Abraham-Lincoln-Straße 46
65189 Wiesbaden
Tel. 0611.7878-722
Fax 0611.7878-400